JOCHEN BLOCK

Beziehungen zwischen dem normativen und dem produktiven Aspekt einer Demokratisierung der Wirtschaft

Soziologische Schriften

Band 22

Beziehungen zwischen dem normativen und dem produktiven Aspekt einer Demokratisierung der Wirtschaft

Überlegungen zum Problem der Übertragbarkeit des Demokratiemodells auf die Wirtschaft

Von

Dr. Jochen Block

DUNCKER & HUMBLOT / BERLIN

CIP-Kurztitelaufnahme der Deutschen Bibliothek

Block, Jochen

Beziehungen zwischen dem normativen und dem produktiven Aspekt einer Demokratisierung der Wirtschaft: Überlegungen zum Problem d. Übertragbarkeit d. Demokratiemodells auf d. Wirtschaft. — 1. Aufl. — Berlin: Duncker und Humblot, 1977.
(Soziologische Schriften; Bd. 22)
ISBN 3-428-03845-2

Gedruckt 1977 bei Buchdruckerei A. Sayffaerth - E. L. Krohn, Berlin 61
Printed in Germany

ISBN 3 428 03845 2

Inhaltsverzeichnis

1. Vorwort

Mit aller Vehemenz ist seit einiger Zeit erneut die Diskussion über die Grundlagen unserer Gesellschafts- und Wirtschaftsordnung aufgelebt. Als einer der Kristallisationspunkte des öffentlichen Disputs ist die Forderung nach Demokratisierung, insbesondere nach Demokratisierung der Wirtschaft, in das Zentrum der Auseinandersetzungen geraten.

Nach einer Zeit relativer politischer und wirtschaftlicher Stabilität, die geprägt war durch die Anstrengungen, die politischen und wirtschaftlichen Trümmer im Gefolge der Zeit des Nationalsozialismus zu beseitigen und die Verhältnisse auf neuer Grundlage zu konsolidieren und zu entwickeln, wurde das Erreichte hinsichtlich vor allem seines demokratisch-normativen Anspruchs einer kritischen Bestandsprüfung unterzogen.

In vielfältiger Weise wurden Diskrepanzen zwischen Verfassungsanspruch bzw. Verfassungsideal und Verfassungswirklichkeit festgestellt. Vor allem die zunächst als „Wirtschaftswunder" empfundene, in unerwarteter Steigerung des Sozialprodukts und des allgemeinen Wohlstands sich ausdrückende Situation der Wirtschaft geriet mehr und mehr in das Blickfeld der Kritik. Besonders aus den Unversitäten, und in ihnen von den Sozialwissenschaften, wurden kritische Impulse ausgelöst.

In einer Zeit, da die drückende Last möglicher Arbeitslosigkeit und des Ringens um die tägliche materielle Existenzerhaltung für die meisten Bundesbürger in beruhigende Ferne gerückt schien, fielen zunehmend Argumente auf fruchtbaren Boden, die nunmehr die Kehrseite des so erfreulichen Wohlstands zu beleuchten begannen. Fragen nach der Verteilungsgerechtigkeit von Einkommen und Vermögen wurden gestellt; nach der Gleichgewichtigkeit von „privatem Reichtum" und der Versorgung mit „öffentlichen Gütern" wie Bildungs-, Kultur- und Sozialeinrichtungen; nach dem existentiellen Wert von individuellem materiellen Wohlstand überhaupt; nach der Erhaltung einer gesunden Umwelt; nach der Kontrolle ökonomischer und politischer Macht; nach der Möglichkeit individueller Selbstbestimmung; nach der faktischen Realisierung individeueller Chancengleichheit u. a. wurde gefragt.

Kurz, die Öffentlichkeit wurde in zunehmendem Maße (unterstützt vor allem durch gesteigerte Intensität der Meinungsbildung in dieser Richtung im Rahmen der Massenmedien) sensibilisiert in bezug auf Probleme der Gerechtigkeit und Sinnhaftigkeit gesellschaftlicher, speziell auch ökonomischer Ordnung. Dieser Sensibilisierung des öffentlichen Bewußtseins entsprach das politisch mobilisierende Schlagwort der „Reform".

Reformerische Veränderungen gesellschaftlicher Gegebenheiten wurden jedoch nicht so sehr nur unter dem pragmatischen Gesichtspunkt einer Verbesserung der eher technizistischen Funktionalität gesellschaftlicher Regelungen angestrebt bzw. in Angriff genommen, sondern die gewüschten Veränderungen wurden mehr und mehr unter einem spezifisch normativen Anspruch betrieben, der seinen Niederschlag im Begriff der „Demokratisierung" fand.

Sehr schnell wurde dann allerdings klar, daß sich hinter dem intentionalen Klammerbegriff Demokratisierung z. T. gravierend unterschiedliche und manchmal sich in der letzten Konsequenz auch gegenseitig ausschließende Analyse- und Strategiepositionen verbergen.

U. a. aus aktuellen Anlässen gesetzlicher Reformeingriffe bzw. Eingriffsvorhaben in das System der Wirtschaft, wie z. B. der Neufassung des Betriebsverfassungsgesetzes, der Novellierung des Gesetzes gegen Wettbewerbsbeschränkungen, Anstrengungen in Richtung auf ein neues Bodenrecht, Vorhaben zur Verbesserung der Vermögensbeteiligung der Arbeitnehmer am Produktionsvermögen, Vorschlägen zu Änderungen der Bildungs- und Ausbildungsregelungen und auch der Steuergesetze und schließlich den Plänen zur Ausweitung der paritätischen Unternehmensmitbestimmung auf die Großunternehmen der deutschen Wirtschaft, anläßlich also derartiger Gestaltungsakte bzw. Absichten dazu prallten und prallen im Prinzip und im Detail unterschiedliche Positionen der Demokratisierungsdiskussion aufeinander.

Sind es zum einen die Differenzen, die die Auseinandersetzungen kennzeichnen, zwischen solchen Positionen, die mit dem Prinzip bzw. dem Begriff der Demokratie selbst und demzufolge auch mit dem Begriff Demokratisierung abweichende und z. T. äußerst schillernde und auch diffuse Ziel- und Methodenvorstellungen verbinden, so werden zum anderen dem Gebrauch des Begriffes Demokratisierung überhaupt und der damit verbundenen Annahme einer Übertragbarkeit des Prinzips der Demokratie aus dem politischen Bereich in andere Bereiche der Gesellschaft und besonders in den Bereich der Wirtschaft grundsätzliche Bedenken entgegengebracht.

Neben Ansichten, Demokratie sei nur ein Ordnungskonzept des Politischen und nicht übertragbar[1], stehen apodiktische Pauschalmeinungen des Inhalts, die „Demokratisierung der Wirtschaft ist so unsinnig wie eine Demokratisierung der Schulen, der Kasernen oder der Zuchthäuser"[2], die in verfeinerter Form bis zur Furcht vor der Gefährdung der

[1] Vgl. u. a. *Schleyer*, H. M. (215), besonders S. 78 ff.

[2] Industriekurier v. 7. 10. 1965. Zitiert nach *Hillmann*, G. (111), S. 7.

ganzen Kultur durch eine Geisteshaltung, die sich des Begriffes Demokratisierung bediene, führt: „Ich scheue mich nicht zu sagen, daß das, was sich hinter diesem Begriff verbirgt, auf die Preisgabe von Grundlagen der abendländischen politischen Kultur hinausläuft, wie sie einschneidender nicht gedacht werden kann." Am Ende stehe gar die „Agonie der Freiheit"[3].

Solche theoretischen Differenzen, eine bisweilen mit geradezu dogmatischer Verbissenheit geführte Auseinandersetzung und eine z. T. durch hektischen Übereifer gekennzeichnete Reformpraxis leisten m. E. der Gefahr Vorschub, die für eine im Wandel befindliche Gesellschaft wie die der Bundesrepublik als notwendig zu erachtenden Reformbemühungen — um nämlich die Glaubwürdigkeit des Wertanspruchs, eine freiheitliche Gesellschaftsordnung zu sein, zu bewahren — grundsätzlich zu diskriminieren.

Dieser Arbeit liegt daher die Annahme zugrunde, daß der in der öffentlichen Auseinandersetzung offen zutagegetretene Dissens über die Reichweite des Demokratiemodells gesellschaftlicher Ordnung einer konstruktiven Konzentration der gesellschaftlichen Energien auf eine stabile Weiterentwicklung der realen Gesellschaftsordnung und damit des Gesellschaftssystems der Bundesrepublik insgesamt hinderlich im Wege steht; daß eine derart kontroverse Diskussion aber auch die Chance bietet, nochmals in aller Offenheit die Ordnungsgrundlagen und die daraus abzuleitenden Zielvorstellungen für eine zukünftige Entwicklung zu überdenken und auf diesem Wege das mögliche und nötige Konsenspotential auszuloten[4].

Daher wird weiterhin angenommen, daß, was immer man im einzelnen unter Schlagworten wie „Systemveränderung" oder „Systemerhaltung" verstehen will, eine Gesellschaft nicht daran vorbeikommt, einerseits ihre wertemäßigen und normativen Grundlagen den sich wandelnden Umweltbedingungen anzupassen, wie sie andererseits zu überprüfen hat, ob und inwieweit die tatsächlichen gesellschaftlichen Regelungen und Zustände diesen wertemäßigen und normativen Grundlagen entsprechen. Sie kommt aber auch nicht daran vorbei, auf der Basis bestimmter Werte- und Normenorientierungen mit aller Intensität die Effizienzbedingungen insgesamt zum Erhalt und zur Steigerung des materiellen Niveaus der Gesellschaft bzw. zur Stabilisierung des Erreichten zu verbessern oder zumindest zu bewahren. Die Erhaltung bzw. Steigerung gesellschaftlicher Produktivität ist eine der wichtigsten dieser allgemeinen Effizienzbedingungen[5].

---

[3] *Hennis*, W. (109), S. 22 und S. 39.

[4] Wenn man will, ist eine solche kritische Bestandsprüfung eine der, wie ich meine, wichtigsten Voraussetzungen für das Wirken sogenannter „aufbauender Kräfte", die z. B. *Sontheimer* beschwört (*Sontheimer*, K.: Perspektiven der deutschen Demokratie. In: *Sontheimer*, K. [226], S. 264).

Gerade diese Spannung jedoch zwischen dem normativ Gewollten und dem produktiv Möglichen bzw. das Verhältnis zwischen produktiven Voraussetzungen und normativen Wünschen ist es, die in der aktuellen Diskussion eine häufig zu geringe Beachtung erfährt. Als unangemessen muß gelten, wenn von Befürwortern einer Demokratisierung allzu sehr nur der normative, während von Gegnern allzu leicht nur der produktive Aspekt gesehen wird.

Da mit großer Heftigkeit die öffentlichen Auseinandersetzungen um eine Demokratisierung der Gesellschaft besonders am Beispiel der Wirtschaft geführt werden, erscheint es dringend geboten, die Forderung nach einer Demokratisierung der Wirtschaft erneut unter dem Doppelaspekt des Normativen und der Produktivität zu überdenken. Insgesamt ist also die gesellschaftliche Funktion der faktischen Wirtschaftsordnung in bezug auf die normative Klammer der Gesamtordnung der Gesellschaft zu hinterfragen[6].

Geht man von der grundrechtlichen Forderung nach freier Entfaltung der Persönlichkeit aus, so kann man davon ausgehen, daß hinter den erhobenen Forderungen nach Demokratisierung der Wirtschaft die Annahme steht, die Voraussetzungen individueller Entfaltungsfreiheit seien im Bereich der Wirtschaft nicht oder noch nicht ausreichend gegeben, vor allem die Arbeitssituation sei für die Masse der Beschäftigten durch ihr aufgezwungene Abhängigkeiten, also solche Machtverhältnisse ge-

---

[5] Die Verwendung der Begriffe Effizienz und Produktivität decken sich weitgehend mit ihrer Anwendung bei *Boettcher*, E. (29): „Die Darlegungen sind bewußt auf das Gegensatzpaar von Produktivität, dem nach außen gerichteten Erfolg der Kooperation [gemeint ist ein auf ein gemeinsames Ziel gerichteter Leistungsprozeß, Anm. d. Verf.] und Effektivität, dem Nutzen, den die Kooperation für ihre Mitglieder stiftet, zugespitzt." (S. 17, besonders auch S. 69 ff.).

[6] Ein solcher Ansatz folgt im Prinzip einer Forderung, die in jüngster Zeit von W. *Littek* (149) im Rahmen einer Kritik an dem seiner Meinung nach zu einseitigen Problemaufwurf der traditionellen Industrie- und Betriebssoziologie erhoben worden ist. Er weist darauf hin, daß von vielen Soziologen der spezifische Herrschaftsaspekt, der nur aus dem ökonomischen Verwertungsinteresse der privaten Kapitaleigner zu erklären sei und der die besondere Unfreiheit der Arbeit ausmache, nicht oder ungenügend in ihre Analysen einbezogen würde und daß damit der spezifische Bezug zur Gesamtordnung nicht hergestellt würde.

Im Rahmen dieser Arbeit und für weiterführende Überlegungen ist positiv zu vermerken, daß auch im Rahmen der neueren Betriebswirtschaftslehre diesem erweiterten Frageansatz Rechnung getragen wird, indem das Unternehmen aus der engeren Sicht als „wirtschaftliches Aktionszentrum" (*Kosiol*, E. [133]) in eine erweiterte Betrachtung als soziales Aktionszentrum, als „produktives soziales System" geführt wird. Vgl. *Ulrich*, H. (234). Nur mühsam vollzogen wird diese Umorientierung, wenn davon ausgegangen wird, daß das Unternehmen eher ein Sozialsystem hat, als daß es eines ist. Dazu bei *Heinen*, E. (108), S. 24 ff. Auch *Littmann*, C. (150), S. 25 ff. Zur klaren Unterscheidung der Systemaspekte vgl. *Bleicher*, K. (22), S. 11 ff. Weniger auf der eher abstrakten als der ganz konkreten Problemebene wird der sich vollziehende und vollzogen habende gesellschaftliche Wandel am Beispiel des Führungsstilwandels sehr klar herausgearbeitet bei *Witte*, E. (247), S. 595 ff.

kennzeichnet, die durch die einseitige Bevorzugung bestimmter Interessen und die Unterwerfung der Arbeitnehmer unter deren Herrschaftsanspruch die Selbstbestimmung aller verhindere, derart im Widerspuch zum demokratischen Anspruch stehe und die es daher zu beseitigen bzw. zu verändern gelte.

Zu fragen wäre demnach nach den Determinanten der Arbeitssituation, speziell nach dem Verhältnis zwischen produktionstechnisch und herrschaftlich bedingten Abhängigkeiten, und danach, welche Veränderungen besonders die Herrschaftsverhältnisse im historischen Verlauf bereits erfahren haben bzw. unter dem Aspekt des demokratischen Ideals möglichster Selbstbestimmung noch erfahren sollen bzw. erfahren können, ohne die notwendige materielle Basis zu gefährden bzw. im Gegenteil die produktive Leistungsfähigkeit der Wirtschaft zu erhalten oder gar zu fördern.

In jüngster Zeit sind erste theoretische Ansätze erkennbar, die das Ordnungsproblem der Wirtschaft in dieser doppelten Hinsicht normativer und produktiver Anforderungen thematisieren. Ihnen allen ist gemeinsam, daß sie mehr oder weniger ungebrochen Begriff und normativen Inhalt von Demokratie als für die Erörterung des ökonomischen Ordnungsproblems und damit seiner Abhängigkeits- und Machtphänomene geeignet erachten[7]. Ihnen ist aber auch gemeinsam, daß sie das Problem einer Demokratisierung, also der Ausweitung von Entfaltungschancen, in einer m. E. zu starken Einengung nur in bezug auf eine Ausdehnung der Mitwirkungsmöglichkeiten an Entscheidungen abhandeln.

Führt man sich die ganze Breite der Kontroverse um die erhobenen Demokratisierungsforderungen vor Augen, geht es in ihr jedoch nicht nur um Art und Ausmaß möglicher Demokratisierungen, sondern vorab um die grundsätzliche Frage, ob denn das inhaltliche und begriffliche Instrumentarium des Demokratiekonzepts überhaupt auf gesellschaftliche Teilbereiche wie die Wirtschaft übertragbar ist, und wenn ja, welches Modell von Demokratie zur Anwendung kommen soll.

Eines der gravierendsten und offenbar bisher unzureichend geklärten Probleme der Demokratisierungsdiskussion ist damit in der Existenz ganz unterschiedlicher Demokratieverständnisse und der dann notwendigerweise aus diesem gezogenen Konsequenzen hinsichtlich der Übertragbarkeit auf gesellschaftliche Teilbereiche zu sehen.

Im Rahmen dieser Arbeit soll daher der Versuch unternommen werden, an Hand eines dem normativen und produktiven Aspekt des Problems Rechnung tragenden Begriffs von Demokratisierung abzuleiten, daß eine Übertragbarkeit des Demokratiemodells auf gesellschaftliche Teilbereiche und insofern eine Integration der Wirtschaft in das demokratische

---

[7] Vgl. u. a. *Naschold*, F. (185), *Grand*, J. (96), *Hondrich*, K. O. (116), *Graetz*, W. (95).

Ordnungssystem der Gesamtgesellschaft nicht nur möglich, sondern, speziell entsprechend auch des Verfassungskonzepts der Bundesrepublik, als notwendig angesehen werden muß. Darüber hinaus soll gezeigt werden, daß m. E. der Demokratisierungsprozeß als historischer Prozeß bereits seit langem abläuft, daß Demokratisierung mehr umfaßt als nur Mitwirkung bei Entscheidungen, daß aber dem Problem der Mitbestimmung dennoch eine besonders prinzipielle Bedeutung im Rahmen des Herrschaftsaspekts gesellschaftlicher Ordnung zukommt, und wo und mit welcher spezefischen Wirkabsicht Demokratisierungselemente im ökonomischen Bereich der Bundesrepublik bereits zu verzeichnen und weitere Chancen und Notwendigkeiten zu sehen sind.

In einem ersten Abschnitt (2.) werden einige mir wichtig erscheinende Gründe für die Dauerhaftigkeit der Diskussion über das Problem der Demokratie aufgezeigt, um deutlich zu machen, daß den Prozeß der Einführung und Verwirklichung von Demokratie seit Anbeginn immer solche Auseinandersetzungen begleiten und daß Demokratisierung zunächst nichts anderes als der begriffliche Ausdruck der historischen Dimension von demokratischer Ordnung ist.

Es schließt sich die Erörterung grundsätzlicher Probleme politischer Demokratie an, deren je unterschiedliche Bewertung als Implikationen bestimmter Demokratisierungsforderungen zu bewerten sind.

Sodann wird die den Demokratisierungsforderungen allen zugrunde liegende Annahme von der gesellschaftsumfassenden Gültigkeit demokratischer Ordnung abgehandelt, deren Anerkennung oder Ablehnung prinzipielle Antipositionen in der Demokratisierungsdiskussion begründen.

Nach dieser Behandlung allgemeiner Grundlagen von Demokratisierungsforderungen und ihrer unterschiedlichen Bewertungen ist ein nächster Abschnitt (3.) der Ableitung einer systematischen Begründung für die These von der generellen Anwendbarkeit und damit Übertragbarkeit des Demokratiemodells auf alle gesellschaftlichen Teilbereiche gewidmet. Unter Rückgriff auf systemtheoretische Ansätze wird die m. E. notwendige Übertragung demokratischer Ordnungselemente auf alle gesellschaftlichen Teilbereiche letztlich damit begründet, daß Demokratie zugleich ein Wertsystem und ein auf dessen Realisierung gerichtetes Ordnungssystem darstellt. Es soll gezeigt werden, daß, da die Wertorientierung einer freien Entfaltung aller Individuen als gesellschaftlich-universelles Kriterium zu gelten hat, dessen Verwirklichung auch nur universell vollzogen werden kann.

Hinsichtlich des Begriffs von Demokratisierung wird auf die Notwendigkeit abgestellt, im Sinne der umfassenden Berücksichtigung aller Interessen, also tendenziell gleicher Entfaltungschancen der Gesellschaftsmitglieder, die Qualität, genauer die Interessenqualität also gesellschaftlicher Entscheidungen zu verbessern, und d. h. sowohl den normativen als auch den produktiven Aspekt zu berücksichtigen.

Um die besonderen Probleme einer Demokratisierung der Wirtschaft angemessen erfassen zu können, werden im nächsten Abschnitt (4.1.) Arbeit und Wirtschaften als generelle Erscheinungen gesellschaftlicher Existenz und der für die Demokratisierungsdiskussion besonders bedeutsame Doppelaspekt des Wirtschaftens, nämlich zugleich produktiver und Herrschaftsprozeß zu sein, herausgearbeitet.

Da sich Demokratisierungsabsichten in der Wirtschaft auf die Veränderung primär der Arbeitssituation beziehen, wird es als notwendig erachtet, in einem kurzen Überblick zum einen den Wandel der historischen Arbeitssituation, zum anderen vor allem aber den Umstand herauszuarbeiten, daß Arbeit schon immer sowohl vom Entwicklungsstand der Produktionstechnik als auch von spezifischen Herrschaftsstrukturen geprägt worden ist.

Im folgenden Abschnitt (4.2.) werden daher die Arbeitssituation und ihre Wandlungen für die Entwicklungsphase vorindustrieller Gesellschaften dargestellt, um sodann im nächsten Abschnitt (4.3.) das ökonomische System der Industriegesellschaft zu analysieren. Denn m. E. ist erst nach einer zutreffenden Erfassung der Charakteristiken industrieller Arbeitssituation unter den Bedingungen eines auf privatem Eigentum an den Produktionsmitteln basierenden ökonomischen Herrschaftssystem eine Aussage darüber möglich, worauf sich denn Demokratisierungsabsichten richten bzw. richten können. Zum Schluß dieser Analyse und Darstellung wird darauf eingegangen, daß mit zunehmender Komplexität der gesellschaftlichen Leistungsprozesses insgesamt auch die Wirtschaft aus einer Sphäre eher privater Art zu einer Angelegenheit öffentlicher Art transformiert wird, damit zum Objekt öffentlichen Ordnungshandelns gerät, und die ökonomische Ordnung mehr und mehr hinsichtlich ihrer Übereinstimmung mit der demokratischen Leitmaxime des politischen Ordnungsmodells gewertet wird.

Aus der Forderung der Angleichung ökonomischer Ordnung an das demokratische Ordnungskonzept erwächst zugleich aber auch eine Forderung nach weiterer Anpassung des Staates selbst an die demokratische Maxime. Der allmähliche Prozeß der Durchsetzung der demokratischen Idee für die Gesellschaft als ganze vollzieht sich m. E. als historischer Vorgang bereits seit Beginn der Entfaltung der Industriegesellschaft. Seinen Niederschlag und Ausdruck hat er gefunden u. a. in der Geschichte der Mitbestimmung. Der nächste Abschnitt (5.) dient daher dem Beleg der These, daß der Demokratisierungsprozeß auch der Wirtschaft schon lange abläuft und daher eigentlich die Frage nach der Möglichkeit einer Demokratisierung der Wirtschaft historisch in dieser absoluten Form der Fragestellung überholt ist.

Um den Stellenwert der Bemühungen um eine Demokratisierung der Wirtschaft und speziell der Mitbestimmung innerhalb des Ordnungsrahmens der Bundesrepublik angemessen gewichten zu können, folgt im nächsten Abschnitt (6.) eine gedrängte Darstellung dieses Ordnungsmodells, wobei besonders auf den Charakter des Grundgesetzes als einer Gesellschaftsverfassung und den aus dem Sozialstaatsprinzip abgeleiteten demokratischen Gestaltungsauftrag des Staates abgehoben wird. Gewicht wird zudem auf die Ansicht gelegt, daß Demokratisierung, abgestellt auf die Wirkungen entsprechender Maßnahmen, weiter zu begreifen ist als nur in bezug auf die Mitbestimmung, daß das System der Sozialen Marktwirtschaft ebenfalls in den Demokratisierungsvorgang einzubeziehen ist, daß aber dennoch der Mitbestimmung insofern eine besondere Bedeutung zukommt, also ihre Regelungen am unmittelbarsten auf das Herrschaftsproblem gerichtet sind und den Selbstbestimmungsaspekt im Arbeitsbereich selbst ansprechen. Abschließend werden typische Abweichungen, aber auch m. E. zu verzeichnende Annäherungen in der Mitbestimmungsdiskussion vorgestellt, die das zu nutzende Konsenspotential größer erscheinen lassen, als in der aktuellen Diskussion zu merken ist.

In einem letzten Abschnitt (7.) werden sodann Möglichkeiten und Bedingungen einer Demokratisierung der Wirtschaft durch Mitbestimmung der Unternehmensentscheidungen untersucht. Hier soll am konkreten Beispiel eines sich vollziehenden Demokratisierungsprozesses noch einmal verdeutlicht werden, wie sich der Zusammenhang zwischen produktivem und normativem Aspekt darstellt, daß es nicht ausreicht, gesetzliche Regelungen zu verankern, um bereits qualitative Demokratisierung zu erreichen, und welche Chancen sich für die Bewahrung der Glaubwürdigkeit der Gesellschaftsordnung der Bundesrepublik insgesamt durch eine weitere Demokratisierung der Unternehmen, vor allem auch durch eine stärkere Mitwirkung der Arbeitnehmer an den Entscheidungen an ihrem jeweiligen Arbeitsplatz, ergeben.

2. Allgemeine Grundlagen von Forderungen nach Demokratisierung

Konkrete gesellschaftliche Ordnungen sind immer irgendwie Ausdruck der unterschiedlichen Chancen der Gesellschaftsmitglieder, ihre jeweiligen Interessen realisieren zu können. Modelle bzw. Konzepte gesellschaftlicher Ordnung beinhalten demnach Vorstellungen davon, wie derartige Realisierungschancen auf die Gesellschaftsmitglieder verteilt werden sollen.

Um kein anderes Modell gesellschaftlicher Ordnung wird seit geraumer Zeit so gerungen wie um das der Demokratie. Der Kampf um die Demokratie ist in unserem Gesellschaftsbereich ein soziales Phänomen, das, z. T. unter Rückgriff auf theoretische Konzepte der griechischen Antike (Aristoteles, Platon), seit etwa der Renaissance, mit der Wiederentdekkung des Individuums als zentraler geistiger und gesellschaftlicher Bezugsgröße beginnend, durch die Theoretiker der Aufklärung und des Liberalismus (Kant, Leibnitz, Locke, Hobbes, Rousseau, Montesquieu, Smith, Ricardo u. a.) auf der modernen Bedingungen einer sich entfaltenden Industriegesellschaft angepaßt und gleichzeitig den besonderen sozialen Bedingungen der Zeit verhaftet, über einen Zeitraum von mehr als zweihundert Jahren wesentlich Gegenstand politischer Auseinandersetzungen war und mit aller Wahrscheinlichkeit auch auf absehbare Zeit noch sein wird.

2.1. Generelle Gründe für die Dauerhaftigkeit der Auseinandersetzung um das Modell der Demokratie

Zu fragen ist, woher sich die Dauerhaftigkeit der Auseinandersetzung ableiten läßt. Denn es steht zu vermuten, daß sich die kontroversen Positionen in der aktuellen Diskussion über die hier speziell interessierenden Forderungen nach einer Demokratisierung der Wirtschaft zumindest z. T. auf allgemeine Gründe des Ringens um Demokratie zurückführen lassen.

2.1.1. Gesellschaftsordnung als historisches Phänomen

Ein wesentlicher Grund für die Dauerhaftigkeit des Ringens dürfte zunächst einmal in einem nicht demokratie-spezifischen, sondern in dem allgemeinen Phänomen des sozialen Wandels zu finden sein. Zwar ist die Ordnung einer Gesellschaft ein allgemeines Problem und von jeder Gesellschaft irgendwie zu lösen. Aber jede konkrete historische Gesellschaft unterliegt spezifischen, nicht allgemeinen, also nicht übertragbaren geographischen, klimatischen und kulturellen Bedingungen, ist also je historisch einmalig.

Die Ordnung einer Gesellschaft ist diesen jeweils einmaligen historischen Gegebenheiten verhaftet und von daher ebenfalls als historisches Phänomen zu klassifizieren. Dieser Umstand hat zur Folge, daß allgemeine Konzepte gesellschaftlicher Ordnung, besonders hinsichtlich ihrer konkreten Ausgestaltung, mithin auch das Konzept der Demokratie, jeweils unter den besonderen Bedingungen konkreter Gesellschaften auf ihre Funktionalität hin zu überprüfen sind.

Solange eine Gesellschaft also, und für die Gesellschaft der Bundesrepublik Deutschland kann das wohl auf lange Zeit noch angenommen werden[1], in wesentlichen Bereichen gesellschaftlichem Wandel unterworfen ist, muß ein Ordnungskonzept diesen Veränderungen angepaßt und müssen damit in der Konsequenz tatsächliche Regelungen gesellschaftlicher Ordnung entsprechend verändert werden. Insofern stellen sich Ordnungsmodelle selbst als Motoren sozialen Wandels dar.

In der Realität müssen wir allerdings davon ausgehen, daß in der Regel allen Veränderungstendenzen bestimmte Beharrungstendenzen entgegenstehen. Häufig genug bewirkt ein solches Kräftespiel von Aktion und Reaktion nicht die Veränderung bzw. die Verhinderung der Veränderung schlechthin, sondern eine Verschiebung der Änderungsrichtung. Die sich u. a. in politischen Auseinandersetzungen niederschlagenden konzeptionellen Intentionen werden also nur kompromißhaft teilerfüllt und begründen insofern bereits neue Auseinandersetzungspotentiale.

Von besonderer Bedeutung sind bei solchen Auseinandersetzungen die verwendeten Begriffe. Denn es steht zu vermuten, daß ursprüngliche Begriffsinhalte, auf bestimmte historische Gegebenheiten zugeschnitten, bei Wandel dieser Gegebenheiten die virulenten Probleme nicht mehr bzw. teilweise nicht mehr abzudecken vermögen. Es besteht also die Gefahr, daß auf Grund unscharfen und damit unzureichenden Begriffsinstrumentariums aktuelle Probleme eher verdeckt als erhelllt, ihre Lösungen demnach zusätzlich eher erschwert denn erleichtert werden[2].

---

[1] Zum Begriff und den verschiedensten Aspekten sozialen Wandels vgl. *Bolte*, K. M.: Gesellschaft im Wandel. In: *Bolte*, K. M. (32), S. 71 ff.

[2] Besonders gravierend wird dieser Umstand dann, wenn in der Diskussion gerade wegen dieser Zusammenhänge bewußt schlagwortartig von Begriffen Gebrauch gemacht wird, die weniger objektiv exakt denn subjektiv emotionell besetzt sind, um dadurch unausgesprochene Wirkungen zu erzielen, die möglicherweise den öffentlich artikulierten genau entgegen, zumindest aber abweichend verlaufen.

Sieht man, aus welchen Gründen auch immer, die Setzung neuer Begriffe nicht für möglich oder auch nicht für nötig, erscheint es unabdingbar, die alten Begriffe hinsichtlich ihrer Inhalte neu zu präzisieren. Diese Forderung gilt auch und vor allem für den Begriff der Demokratie. Denn: „Die modernen rechtstaatlichen Demokratien stehen allesamt vor dem Dilemma, daß ihr ursprüngliches Konzept in einer Zeit erarbeitet worden ist, in der die gesellschaftlichen, wirtschaftlichen und kulturellen Bedingungen anders waren als heute[3]."

Eine solche Aussage verweist nicht nur nochmals auf den Sachverhalt, daß gesellschaftliche Ordnungen nur im historischen Kontext zu verstehen, sondern auch darauf, daß Ordungskonzepte selbst als Produkte dieser zeitlichen Bedingtheit zu begreifen und eigentlich nur so darstellbar sind. Demnach ist auch Demokratie, sowohl bezüglich ihrer Konzepte als auch ihrer Realisierungen bzw. Realisierungsversuche, vor allem als historisches Phänomen zu interpretieren.

Die Konsequenz ist, daß in aktuellen Auseinandersetzungen in den vorgetragenen Auffassungen über Demokratie einerseits die objektiven und, insofern diese interpretiert werden, die vermeintlich objektiven Bedingungen der gesellschaftlichen Gegenwart und andererseits ihre objektiven und vermutlich objektiven historischen Voraussetzungen aufscheinen[4].

In Abhängigkeit von der Tatsache des sozialen Wandels also wird man auch in Zukunft nicht davon absehen können, daß Bedingungen gesellschaftlicher Ordnung sich ändern und Modelle gesellschaftlicher Ordnun an diese Veränderungen angewaßt werden müssen. Konkret auf das Modell der Demokriatie bezogen besagt das, daß ein bestimmtes Konfliktpotential sich einfach aus der gesellschaftlichen Entwicklungsdynamik ergibt und von daher auch weiterhin noch mit Auseinandersetzungen um das demokratische Konzept gesellschaftlicher Ordnung, genauer vielleicht um konkrete Ausgestaltungen des Konzepts, gerechnet werden muß.

Als Konsequenz läßt sich als eine der wichtigsten Zukunftsleistungen die genaue Beschreibung, Erfassung und möglichst auch Prognose der gesellschaftlichen Bedingungen im Wandel festmachen; eine Aufgabe, die erstmals in neuer Form in der Bundesrepublik durch eine Regierungskommission in Angriff genommen wurde[5].

---

[3] *Ellwein*, T. (68), S. 13.

[4] Vgl. *Schäfer*, G. (210), S. 112 f.

[5] Die von der Regierung 1971 berufene „Kommission für wirtschaftlichen und sozialen Wandel" unter Vorsitz des Münchner Soziologen Prof. *Bolte* wird 1976 berichtspflichtig.

2.1.2. *Die umfassende Allgemeinheit der demokratischen Leitidee*

Allein der Umstand jedoch, daß Strukturen von Gesellschaften im Zeitverlauf Änderungen unterworfen und Ordnungsvorstellungen und Ordnungsregelungen entsprechend zu variieren sind, kann als Erklärung dafür nicht genügen, warum es gerade die Demokratie ist, um die so heftig gerungen wird.

Eine Begründung dafür läßt sich m. E. zwingend nur daraus ableiten, daß hinter dem Demokratiemodell eine Leitidee von derartiger Attraktivität und Suggestionskraft steht, daß ihre allgemeine wertbezogene Konsenskraft dazu führt, z. B. sich nahezu allgemein die Staatsführungen auf diese Idee zur Legitimierung ihrer Herrschaft berufen zu lassen[6].

Man kann davon ausgehen, daß die moderne demokratische Leitidee ihre allgemeinste und zugleich auch faszinierendste Formulierung wohl in der Erklärung der Menschen- und Bürgerrechte von 1789 gefunden hat: „Die Menschen sind frei und in ihren Rechten gleich geboren. Die sozialen Unterscheide können nur auf dem allgemeinen Nutzen beruhen[7].“ Aus solcher Grundüberzeugung leitet sich als Prinzip der Regelung öffentlicher Ordnung die freie Selbstbestimmung des Volkes und seiner Glieder, die Volkssouveränität (*Rousseau*), ab.

Gerade diese Allgemeinheit und Totalität der formulierten Idee und der grundlegenden Handlungsmaxime aber machen eines der gravierendsten Probleme der Demokratie aus und begründen wesentlich das dauerhafte und z. T. erbitterte Ringen um Demokratie. Denn wie unter der umgreifenden Idee der Freiheit und Gleichheit und dem Prinzip der Selbstbestimmung des Volkes nun tatsächlich, konkret und im Detail, zu entscheiden sei bzw. faktisch entschieden wird, und ob das Volk nun tatsächlich über sich und seine Angelegenheiten in jedem Fall selbst zu entscheiden braucht, ob es überhaupt entscheidungswillig und schließlich entscheidungsfähig sei — alle diese Einzelfragen sind von Anbeginn umstritten.

Über eines nur scheint unter denen, die sich mit dem Phänomen der Demokratie praktisch und theoretisch auseinandergesetzt haben, Einigkeit zu bestehen, daß es nämlich zur Charakterisierung einer Gesellschaft als demokratisch nicht ausreiche, wenn man sich lediglich auf das demokratische Legitimierungsprinzip berufe, also im Sinne der Freiheit und Gleichheit aller tätig werden zu wollen[8].

Umstritten ist also weniger die Idee als solche, sondern kontrovers ist und gerungen wird um die konkrete Ausgestaltung von Demokratie. Fra-

---

[6] Vgl. u. a. *Stammer*, O. (228), S. 281.

[7] Hier zitiert nach *Dahrendorf*, R.: Über den Ursprung der Ungleichheit unter den Menschen. In: *Dahrendorf*, R.: (59), S. 358.

[8] *Stammer*, O. (228), S. 281 f.

gen wie die nach dem Geltungsbereich demokratischer Regelungen, also Demokratie als Ordnungskonzept generell gesellschaftlicher Beziehungen oder begrenzt nur auf den engeren Bereich öffentlicher, speziell politischer, d. h. staatlicher Ordnung, werden aufgeworfen. Diskutiert wird die Frage unmittelbarer oder nur mittelbarer Mitwirkung bei Entscheidungen und die Frage der Entscheidungskontrolle.

Sieht man jedoch genauer hin, sind es weniger die Unterschiede in den Auffassungen über formelle Regelungen, die das eigentliche Problem ausmachen, sondern die Spannungen z. B. zwischen Freiheit und Gleichheit, zwischen ökonomisch-technischer Effizienz und demokratischer Verfahrensweise und die unterschiedlichen Ursachen, die man als mögliche Bedrohungen von Freiheit und Gleichheit zu sehen glaubt, sind es, die den Kontroversen substantiell zu Grunde liegen.

Unterstellt man, daß zudem die Gewichtungen der genannten Spannungen durch tatsächliche Veränderungen im historischen Prozeß verschoben werden bzw. verschoben werden können, muß man akzeptieren, daß auch in Zukunft erhebliche Interpretationsdifferenzen über das, was im einzelnen unter Demokratie zu verstehen sei, aufeinandertreffen werden.

Aus Gründen jedoch einer gewissen Kontinuität und Stabilität gesellschaftlicher Ordnung ist es m. E. geboten, ein Mindestmaß konsenshafter Übereinstimmung zumindest im Begrifflichen zu erreichen, damit deutlich bleibt bzw. wird, daß es bei abweichenden Vorstellungen nicht so sehr um demokratische oder undemokratische Ansichten bzw. Regelungen als vielmehr um mehr oder weniger starke graduelle Unterschiede von Demokratieinterpretationen geht.

Solche Überlegungen beziehen sich dann natürlich auch auf den Begriff der Demokratisierung, der demzufolge in einer ersten, ganz formalen Annäherung als Bemühen um Demokratie bzw. um Ausweitung von demokratischen Regelungen verstanden werden soll. Auf dem Hintergrund des eben Gesagten folgt daraus, daß hinter konkreten Forderungen nach Demokratisierung also immer bestimmte, durchaus voneinander abweichen könnende theoretische Konzepte von Demokratie stehen, und insofern Forderungen nach Demokratisierung als Forderung nach gesellschaftlichen Regelungsveränderungen allemal auch Forderungen nach Anerkennung der hinter ihnen stehenden Konzepte sind[9].

[9] Wenn nun der Konsens über das, was unter Demokratie zu verstehen sein soll, zu gering ist, besteht die Gefahr, daß ein unverhältnismäßig hoher Energieaufwand ständig in die erneute theoretische Grundlagendiskussion gesteckt wird und damit der praktischen Gesellschaftsgestaltung verlorengeht oder sie sogar verhindert. Ein solches Leistungsdefizit aber kann schließlich die Demokratie als solche gefährden.

2.1.3. Ordnungsmodell und Ordnungsrealität

Neben dem Umstand nun, daß gesellschaftliche Bedingungen sozialem Wandel unterliegen und daher Ordnungsregelungen und Ordnungskonzepte diesem Wandel angepaßt werden müssen, und dem weiteren Sachverhalt, daß es auf dem Hintergrund einer umfassenden Leitidee erhebliche Auffassungsdifferenzen darüber gibt, was denn im einzelnen unter demokratischer Ordnung zu verstehen sei, ergibt sich ein weiterer Grund für die Dauerhaftigkeit des Ringens um Demokratie daher, daß immer wieder geprüft wird, ob denn ein Ordnungskonzept in der gesellschaftlichen Realität auch tatsächlich zu gewünschten demokratischen Ordnungswirkungen geführt habe. Hier geht es dann weniger um das Konzept selbst, als vielmehr um die Bewertungen seiner faktischen Wirkungen, was immer auch die Prüfung möglicher Aushöhlungen und Bedrohungen bereits erreichter Wirkungen einschließt[10].

Konfliktverschärfend bei solchen Überprüfungen kommt hinzu, daß die Überprüfungen nicht nur am Maßstab des zu Grunde liegenden Konzepts vorgenommen, sondern das Beurteilungsmaßstäbe z. T. aus anderen Demokratiemodellen angelegt werden und damit die Ergebnisse in häufig kaum noch überschaubarer Form verzerrt werden[11].

Inhaltlich geht es um äußerst diffizile Probleme wie z. B. die Fragen, ob bestimmte Erwartungen unter bestimmten Bedingungen und mit bestimmten Regelungen überhaupt zu erreichen sind; ob die Maßnahmen oder vielleicht die Erwartungen selbst geändert werden müssen, wenn sich herausstellt, daß die Realität der Theorie nicht entspricht; ob faktisch undemokratische Praxis möglicherweise erst wirklich stabilisiert wird, wenn ihr Charakter durch demokratische bzw. demokratisch anmutende Formalien verschleiert wird; und wie überhaupt Ordnungen auf ihren Gehalt hin meßbar sind.

Insgesamt steht das mögliche Auseinanderklaffen zwischen theoretisch Gewolltem und faktisch Bewirktem, zwischen formaler und inhaltlicher Demokratie zur Diskussion. Von einigen Autoren, die darauf verweisen, daß „demokratisch genannte Akklamationsveranstaltungen ... als unentbehrliches Repräsentationsstück noch die blanken Militärdiktaturen" schmücken[12], wird sogar befürchtet, daß das formalistische Handhaben demokratischer Inhalte generell, also auch bei den Gesellschaften, die im klassischen Sinne als Demokratien strukturiert seien, dazu führe, die „emanzipatorischen Gehalte aller älteren Theorien der Demokratie" zu liquidieren. „Der allgemeinen demokratischen Ideologie entspricht die

---

[10] Zu solchen Überprüfungen im Rahmen der Gesellschaftskritik der Bundesrepublik vgl. *Bolte*, K. M. (31), besonders S. 71 ff. Auch *Messelken*, K. (173), S. 245 ff. Auch *Scharpf*, F. (211), besonders S. 29 ff. (zum Pluralismuskonzept).

[11] Als prägnantes Beispiel dafür mag gelten *Offe*, C. (193).

[12] *Schäfer*, G. (210), S. 112 ff.

stillschweigend wie offen betriebene Entmündigung von Massen im Namen entmündigter Massen[13]."

Nimmt man Positionen hinzu, die die empirische Überprüfung gar durch apodiktische Theorieverdikte gleich vorwegnehmen, wird deutlich, wie sich in der Praxis gesellschaftlicher Auseinandersetzungen die drei bisher genannten Gründe für die Dauerhaftigkeit des Kampfes um Demokratie kaum trennbar verschränken: „In der kapitalistischen Gesellschaft, ihre günstigste Entwicklung vorausgesetzt, haben wir in der demokratischen Republik einen mehr oder weniger vollständigen Demokratismus. Dieser Demokratismus ist jedoch durch den engen Rahmen der kapitalistischen Ausbeutung stets eingeengt und bleibt daher im Grunde genommen stets ein Demokratismus für die Minderheit, nur für die besitzenden Klassen, nur für die Reichen[14]."

Da Forderungen nach Demokratisierung sich in der einen oder anderen Form auf unterschiedliche Demokratiekonzepte stützen, sie nicht nur auf Ausdehnung formeller Regelungen und inhaltliche Füllungen formal gesetzter Rahmen, sondern auch auf die Beseitigung bisher angewandter Demokratiemodelle zielen können, ist es m. E. wiederum dringend geboten, um Demokratie als solche und auch das Bemühen um Demokratie, also Demokratisierung, nicht schlechthin zu gefährden bzw. zu diskriminieren, für eine konkrete historische Gesellschafts- und damit Ordnungssituation, hier der Bundesrepublik, einen solchen Begriff von Demokratie und Demokratisierung zu entwickeln, daß auf dieser Grundlage eine konfliktmindernde und damit stabile Weiterführung der Gesellschaft möglich erscheint. Eine vorschnelle generelle Verteufelung des Begriffs und der gemeinten Inhalte von Demokratisierung nur deshalb, weil der Begriff auch vom politischen Gegner benutzt wird, ist angesichts der Anpassungsnotwendigkeit an eine sich wandelnde Umwelt kurzsichtig, sowie für die Bewahrung einer gewollten demokratischen Ordnung gefährlich.

2.1.4. Die Auseinandersetzung um bestimmte Demokratiemodelle

Solche Bemerkungen verweisen auf einen weiteren, im Rahmen dieser Arbeit letzten Grund für die Dauerhaftigkeit der Auseinandersetzungen um Demokratie, der die vorgenannten Gründe mehr oder weniger verdeckt immer wieder mit aufscheinen läßt, selbst aber noch zusätzliche Impulse vermittelt. Es handelt sich um die Tatsache, daß politische Auseinandersetzungen und insofern Auseinandersetzungen um das Ordnungsmuster der Demokratie im Rahmen öffentlicher Meinungsbildung von-

---

[13] *Schäfer*, G. (210), S. 120.

[14] *Lenin*, W. I. (146), S. 90. Und an anderer Stelle: Die Form der Herrschaft könne verschieden sein, „ja, je demokratischer sie ist, um so brutaler, zynischer ist die Herrschaft des Kapitalismus" (*Lenin*, W. I.: Über den Staat. In: Marx-Engels-Marxismus [167], S. 475).

statten gehen und damit der Prozeß dieser öffentlichen Meinungsbildung selbst zum Problem wird.

Es kann hier zwar nicht im Detail abgehandelt werden, inwieweit es sich in der „öffentlichen Meinung“ um die Summe von „Einzelmeinungen“ handelt oder von „Gruppenmeinungen“, welche Rolle „veröffentlichte Meinungen“ von organisierten Gruppen spielen, ob es gar zu einer „inszenierten Öffentlichkeit“ kommt und Einzelmeinungen möglicherweise das Produkt systematischer „Meinungsmache“ sind[15]. Deutlich scheint jedoch, daß der Prozeß öffentlicher Meinungsbildung als solcher bereits ein Produkt bestimmter gesellschaftlicher Bedingungen und damit selbst zu einem zentralen Problem demokratischer Ordnung wird[16].

Wiewohl sich daher Argumente in der öffentlichen Auseinandersetzung sehr häufig ins Gewand der Rationalität und einer allgemeinen Vernünftigkeit kleiden, verbergen sich dahinter neben axiomatischen Wertauffassungen auch ganz handfeste Interessen einzelner Gesellschaftsmitglieder oder organisierter Interessengruppen; sie lassen sich von daher auch als häufig emotional und ideologisch bestimmte Aussagen charakterisieren[17].

Angesichts eines solchen Charakters öffentlicher Meinungsbildung dürfte es unmöglich sein, überhaupt einen Begriff von Demokratie bzw. Demokratisierung zu bilden, der nicht von irgendeiner Position mit der Wertung der Iedoligieverhaftetheit belegt werden kann. Das aber ist ein allgemeines Problem sozialwissenschaftlicher Terminologiebildung, hat als „Werturteilsstreit“ Eingang in die Wissenschaftsgeschichte gefunden und m. E. die Lösung praktischer Problem der Gesellschaftsgestaltung nicht eben sehr befruchtet[18]. Jedenfalls erscheint es unsinnig, nur wegen eines möglichen Ideologiegehalts bzw. unterstellter Ideologiebindung auf den Gebrauch der Begriffe Demokratie und Demokratisierung und damit möglicherweise auch auf die damit verknüpften Inhalte zu verzichten.

2.1.5. Resümee

Zieht man ein Resümee aus den bisherigen Überlegungen, so sind bereits allein die genannten Gründe für die Dauerhaftigkeit des Ringens um Demokratie in der Lage, eine Einsicht zu begründen, die Demokratie als ein historisches Phänomen erscheinen läßt, das als gesellschaftliche Ordnung unter den Bedingungen sozialen Wandels sowohl hinsichtlich

---

[15] Vgl. *Baumanns*, H. L. - *Grossmann*, H. (16), S. 7 ff. Auch *Ellwein*, T. (68), S. 71 ff.

[16] Zur systematischen und historischen Diskussion vgl. *Habermas*, J. (103).

[17] Vgl. *Holzer*, H. (115).

[18] Zu einer knappen Auseinandersetzung mit der Werturteilsproblematik unter dem Demokratieaspekt vgl. *Scharpf*, F. (211), S. 8 ff.

ihrer Konzeptionen als auch ihrer praktischen Regelungen ständigem Drängen nach Veränderung ausgesetzt und daher notwendigerweise von dauernden Auseinandersetzungen begleitet ist. Vor allem Demokratie als praktische Ordnung ist nicht etwas ein für allemal Fertiges, sondern Demokratie erscheint eher als Idealzustand denn als Realzustand, eher als Erwünschtes denn als Erreichtes. Folgerichtig lassen sich daher auch demokratische Verfassungen, begriffen als für eine bestimmte historische Phase verbindliche konzeptuelle Umschreibung des ordnungsmäßig Gewollten, beschreiben eher als Absichtserklärungen denn als Realitätsbeschreibungen[19].

Von einer solchen Position aus läßt sich Demokratie dann als „Werde"-Vorgang und der gesamte Prozeß von ersten Installierungen praktischer Regelungen an bis zu immer weiterem Ausbau der gewollten Ordnung als Demokratisierung beschreiben. Demokratisierung ist damit zunächst nichts anderes als die begriffliche Fixierung des dynamischen Charakters realer gesellschaftlicher Ordnung, hier der Demokratie. Ein solcher Ansatz beinhaltet auch die Beschreibung faktischer Gefährdungen bzw. Rückbildungen im historischen Verlauf als Entdemokratisierungen.

In diesem ganz allgemeinen Sinne läßt sich Demokratisierung also als selbstverständliche und zugleich notwendige Begleiterscheinung bzw. Auswirkung der historischen Dimension demokratischer Gesellschaftsordnung festmachen. Konkret und inhaltlich verbinden sich dann jedoch mit dem Begriff, wie schon angesprochen, ganz unterschiedliche Vorstellungen, die dazu führen, daß bestimmte Maßnahmen nur dann als Demokratisierungsbeiträge anerkannt werden, wenn sie den jeweils zu Grunde gelegten theoretischen Konzeptionen Rechnung tragen. Oder auch anders herum, daß bestimmte angestrebte Demokratisierungen als Gefährdungen anderer Demokratiemodelle verstanden werden.

2.2. Aspekte des Problems politischer Demokratie als Implikationen von Demokratisierungsforderungen

Am Beispiel der Forderungen nach einer Demokratisierung der Wirtschaft ist nun seit geraumer Zeit, und jüngst mit gesteigerter Intensität, der prinzipielle Konflikt wieder virulent geworden. Ganz deutlich zeigt sich, daß es eigentlich ganz unterschiedliche Demokratieverständnisse sind, die die Kontroverse so heftig hat werden lassen.

Aus der historischen Genesis unserer Demokratie, die primär als Demokratisierung des Staates erscheint, wird nunmehr einerseits die Begrenzung der Demokratie als Phänomen staatlicher Ordnung, Demokratisierungen anderer gesellschaftlicher Bereiche geradezu als Unterhöhlung

[19] Vgl. *Leibholz*, G. - *Rinck*, H. J. (145), S. XIII.

dieser Ordnung angesehen, und andererseits wird die Ausdehnung des demokratischen Prinzips über den staatlichen Bereich hinaus als unabdingbare Voraussetzung für die Glaubwürdigkeit und den stabilen Erhalt von Demokratie schlechthin verstanden.

Pointiert formuliert geht es um die Frage, ob Demokratie nur eine Staatsordnung, noch enger sogar nur eine Regierungsform, oder ob Demokratie eine Gesellschaftsordnung, noch weiter sogar ein oberstes gesellschaftliches Lebensprinzip ist.

Unterhalb dieses umfassenden Problemaufwurfs geht es im Zusammenhang unseres Themas um die engere, gleichzeitig auch pragmatischere Frage, ob das im staatlichen Bereich gewachsene Modell demokratischer Ordnung auf die Wirtschaft übertragbar ist und übertragen werden soll, Dabei soll im Rahmen dieser Arbeit der Versuch unternommen werden zu zeigen, daß nicht nur das Demokratiekonzept im Prinzip übertragbar ist, sondern daß die Wirtschaft bereits seit langem in den demokratischen Ordnungsrahmen einbezogen wird, Demokratisierung also als Prozeß längst statthat.

Es geht m. E. also in der aktuellen Diskussion gar nicht um die Frage Demokratisierung ja oder nein, sondern um die Intensivierung des Bemühens um bestimmte angestrebte Wirkungen bzw. um die bewußtere Integration der Wirtschaft in den demokratischen Ordnungsbezug und damit die ausdrücklichere Konfrontation der Unternehmen mit normativ-funktionalen Zumutungen und die Verträglichkeit bzw. Konkurrenz mit anderen funktionalen Erwartungen.

Um im einzelnen die Problematik der Übertragbarkeit des Demokratiekonzepts auf die Wirtschaft angemessen erfassen zu können, erscheint es zunächst zweckmäßig, sich einige Aspekte des politischen Demokratieproblems als verständnismäßige Implikationen von Demokratisierungsforderungen vor Augen zu führen.

2.2.1. Spannungsverhältnis zwischen Freiheit und Gleichheit

Grundlage aller modernen Demokratieansätze ist es, daß sich im Gegensatz zu früheren Annahmen einer natürlichen (gesellschaftlichen) Ungleichheit unter den Menschen[20] vor allem mit den Begründern des Liberalismus die moderne naturrechtliche Philosophie einer natürlichen (gesellschaftlichen) Gleichheit der Menschen durchsetzt und ihren Ausdruck u. a. in der oben formulierten Deklaration der Menschen- und Bürgerrechte findet[21].

---

[20] Vgl. *Dahrendorf*, R. (59), S. 356 ff.

[21] Vgl. zur Darstellung einiger demokratierelevanter Philosophien *Euchner*, W. (73).

Nun kann man jedoch davon ausgehen, daß die Aussage dieser Deklaration, daß nämlich die Menschen frei und in ihren Rechten gleichgeboren seien, eher die Formulierung eines Glaubenssatzes, einer höchsten Wertorientierung darstellt als eine Beschreibung historischer gesellschaftlicher Realität. Demzufolge kann es in der praktischen Gesellschaftsgestaltung nur darum gehen, derartige Ordnungen bzw. Ordnungsregelungen zur Verfügung zu stellen, die gegeinet erscheinen, den obersten Wert auch erreichen zu lassen. Was nichts anderes bedeutet, als Freiheit und Gleichheit der Gesellschaftsmitglieder zum gesellschaftspolitischen Postulat zu erheben.

Demokratie ist daher m. E. die Bezeichnung für diejenige Ordnung, die sich den Menschen- und Bürgerrechten verpflichtet weiß; für die Freiheit und Gleichheit also nicht etwas Vorhandenes ist, sondern zum praktischen Problem wird; die damit als Versuch beschreibbar ist, den philosophischen Wertaussagesatz vom Frei- und Gleichgeborensein des Menschen in gesellschaftliche Realität durch Schaffung entsprechender Regelungen umzusetzen.

Entsprechend unserer bisherigen Definition ist dann der Prozeß dieses Versuchs als Demokratisierung festzuhalten. Als Demokratisierungselemente sind dann alle Maßnahmen zu begreifen, die in ihren Wirkungen dazu beitragen, das Freiheits- und Gleichheitspotential der Gesellschaft zu erhöhen.

Damit annäherungsweise klar ist, was pragmatisch-konkret darunter zu verstehen ist, wird hier ein Freiheitsbegriff zu Grunde gelegt, der den Vorzug hat, durch seine Formalbestimmung den Bezug zur faktischen Handlungssituation unmittelbar zu eröffnen: Freiheit soll heißen, „die Fähigkeit, in einer bestimmten gesellschaftlichen Situation — im Hinblick auf die Zukunft — faktisch zwischen Möglichkeiten wählen zu können“[22]. Was im einzelnen inhaltlich als Freiheit begriffen bzw. empfunden wird, ist durch diese Formaldefinition keineswegs präjudiziert.

Wieder angewandt auf das Demokratieproblem läßt sich nunmehr als Demokratisierung bzw. Element von Demokratisierung jede gesellschaftliche Regelung verstehen, die für mehr Gesellschaftsmitglieder die Chance erhöht, in konkreten Entscheidungssituationen faktisch zwischen Alternativen wählen zu können.

Diese Definition soll im Gefolge dieser Arbeit noch weiter inhaltlich gefüllt werden. Sie macht jedoch bereits deutlich, daß Demokratisierung in diesem Sinne immer in der Spannung zwischen konkurrierenden Freiheitsansprüchen und d. h. in der Spannung zwischen Freiheit und Gleichheit steht.

---

[22] *Bolte*, K. M.: Freiheit in der Gesellschaft. In: *Bolte*, K. M. (32), S. 109. Zur Diskussion des Begriffes vgl. den ganzen Aufsatz S. 105 ff.

Ein erster Bezug zu diesen Spannungen ist bereits im zweiten Satz der zitierten Deklaration enthalten, wonach die sozialen Unterschiede nur auf dem allgemeinen Nutzen beruhen können, wir müssen pragmatisch wohl sagen, beruhen sollen. Damit wird die Bestimmung dieses allgemeinen Nutzens, das Allgemeinwohl also, zum praktischen Problem.

2.2.2. Der Beginn von Demokratie als Demokratisierung des Staates

Die praktische Festsetzung und Konkretisierung des allgemeinen Wohls und damit dessen, was die öffentliche Ordnung genannt wird, ist, wie man heute annimmt, seit etwa der Renaissance mit der Institution verbunden, die wir als Staat kennen[23].

Zunächst wird dieser Staat in absoluter Form vom Fürsten repräsentiert, dessen Selbstverständnis am deutlichsten vielleicht in der berühmten Formulierung Ludwigs XIV. zum Ausdruck kommt: „Der Staat bin ich." In einer problematischen Sichtweise wird damit der Staat quasi als Inbegriff aller Ordnung der Gesellschaft gesehen, letztendlich Gesellschaft und Staat zu einer Einheit verschmolzen und insofern er den Staat repräsentiert, der Fürst als Repräsentant der Gesellschaft begriffen[24].

Diese Repräsentation ist jedoch, wie man annehmen kann, lediglich eine nach außen gekehrte, also öffentliche Repräsentation der jeweiligen Herrschaft. „Der Status des feudalen Grundherrn, auf welcher Stufe der lehnsrechtlichen Pyramide auch immer, ist gegenüber den Kategorien ‚öffentlich' und ‚privat' gleichgültig; aber sein Inhaber repräsentiert ihn öffentlich; er zeigt sich, stellt sich dar als die Verkörperung einer wie immer ‚höheren' Gewalt." Und: „Solange der Fürst und seine Landstände das Land ‚sind', statt es bloß zu ‚vertreten', können sie repräsentieren; sie repräsentieren ihre Herrschaft, statt für das Volk, ‚vor' dem Volk[25]."

Mit der Idee nun der Freiheit und Gleichheit aller Menschen entwickelt sich die Vorstellung, daß, auf dem Hintergrund einer „prästabilierten Harmonie"[26], einer all-vernünftigen göttlichen Weltordnung, die Menschen selbst bestimmen könnten und sollten, wie das Allgemeinwohl zu gestalten sei. Die Formulierung vom Frei- und Gleichsein zielt aus sich heraus nicht unmittelbar auf den Staat, sondern die historische Bedingung der absoluten Dominanz des Staates und des jeweiligen Fürsten für

---

[23] Vgl. *Lange*, M. G. (142), S. 23.

[24] Eine Denktradition, die bis heute einen wesentlichen Teil des politischen Selbstverständnisses prägt, und uns vom Staat z. B. der Bundesrepublik Deutschland sprechen läßt, wenn eigentlich von der Gesellschaft die Rede ist. In diesem historisch begründeten Denkbezug ist m. E. ein erheblicher Teil der Verständigungsschwierigkeiten bezgl. des Demokratieproblems verwurzelt.

[25] *Habermas*, J. (102), S. 221.

[26] Zu einer kurzen Erklärung der berühmten Theorie von *Leibnitz* siehe *Schischkoff*, G. (Hrsg.) (214), S. 335 ff.

die Ordnung der Gesellschaft läßt es wie selbstverständlich erscheinen, daß Adressat der neuen Ordnungsbemühungen zunächst der Staat und sein Souverain sind.

So entwickelt sich aus der Tatsache der Souveränität des Fürsten die Vorstellung von der Souveränität des Volkes; von der autokratischen Herrschaft des Fürsten geht der Weg zur Idee der Herrschaft des Volkes, der Demokratie[27]. Und Demokratie beginnt als Demokratisierung des Staates.

Indem die Idee sich umsetzt in politische Aktion, wird sie als soziales Phänomen wirksam. Indem Menschen sich als politisches Subjekt, das selbst handelt, begreifen, im Gegensatz zum politischen Objekt, mit dem nur gehandelt wird, eröffnet sich eine neue Phase von Geschichte. „Der Prozeß, in dem eine Vielzhal von Menschen sich zu einer handlungsfähigen Gesellschaft gestaltet, soll die Artikulation einer Gesellschaft, ihr Durchbruch zur historischen Existenz genannt werden[28]."

Diese Artikulation richtet sich zunächst einmal gegen etwas, nämlich die autokratische Verfügung über das Volk. Sie zielt auf garantierte Freiräume gegenüber staatlicher Obrigkeit schlechthin und markiert insofern eine bis heute bedeutsame Trennung zwischen Staat und Gesellschaft.

In dem Maße, wie sich die Artikulation über die ganze Gesellschaft ausdehnt, führe das, wie gesagt worden ist, dazu, daß „dementsprechend die Gesellschaft ihr eigener Repräsentant wird". Ausdruck fände das in der Formulierung Abraham Lincolns: „Regierung des Volkes, durch das Volk, für das Volk[29]."

Damit ist jedoch die Artikulation nicht mehr nur gegen etwas gerichtet, den traditionellen Staat, sondern sie ist Ausdruck der Selbstbestimmung des Volkes: das Volk spricht für sich selbst bzw. soll für sich selbst sprechen.

Was im einzelnen unter einer Selbstbestimmung des Volkes allerdings verstanden werden kann bzw. muß, ob die unmittelbare Regelung aller wichtigen Angelegenheiten, zunächst einmal öffentlicher Art, durch das Volk selbst überhaupt nötig und möglich, die Forderung danach also überhaupt so generell sinnvoll sei, diese Fragen sind seit Anbeginn der Diskussion um Demokratie bis heute umstritten. Gleichwohl kann davon ausgegangen werden, daß Vorstellungen vom Idealzustand einer sogenannten direkten Demokratie mehr oder weniger Bestandteil aller Demokratisierungsforderungen sind und daher am konkreten Fall überprüft werden müssen.

---

[27] Vgl. *Schäfer*, G. (210), S. 105 ff.

[28] *Voegelin*, E. (238), S. 61.

[29] *Voegelin*, E. (238), S. 66.

2.2.3. Idee und Realisierung der Selbstbestimmung

Allgemein zunächst einmal und im historischen Kontext des Demokratisierungsprozesses impliziert die Frage der Selbstbestimmung des Volkes die Frage nach dem Charakter des demokratisch bestimmten Staates. Als konkrete Probleme kristallisieren sich die Möglichkeiten des unmittelbaren Beeinflussenkönnens staatlicher Entscheidungen und Regelungen durch die Gesellschaftsmitglieder selbst und insofern die faktische bzw. mögliche Autonomie des Volkes heraus.

Die gesellschaftliche Erfahrung scheint eine Ansicht nahezulegen, die von verschiedenen Autoren zunächst aus rein organisationstechnischen Gründen abgeleitet worden ist, daß nämlich auch in der Demokratie „der Unterschied zwischen Regierenden und Regierten nicht beseitigt werden kann“[30]. „Den ursprünglich selbstverständlichen Glauben, jeder Bürger könne an allen wichtigen Entscheidungen teilnehmen, können wir heute nicht mehr nachvollziehen, da dem die ungeheure Zahl solcher Entscheidungen ebenso wie ihre Kompliziertheit entgegenstehen[31].“

Zunächst einmal abgesehen von der höchst problematischen Konsequenz, die diese Aussage auch enthalten kann, daß damit unter Berufung auf sogenannte bürokratische Sachgesetzlichkeiten jede faktische demokratische Mitwirkung und Kontrolle einer schleichenden Auszehrung zugunsten sich verselbständigender Experten und einer tendenziell unpolitischen Denkweise, die sogenannte objektive Gegebenheiten ihrer gesellschaftlichen Relativität zu entkleiden und zu absolutieren neigt, unterworfen werden kann[32] — und in der Tat scheint es kaum ein beliebteres Argument gegen demokratische Entscheidungsteilhabe im Detail zu geben, ohne selbst als undemokratisch verdächtigt werden zu müssen — abgesehen von diesem auch möglichen Gehalt verweist das Argument auf den nicht zu übersehenden Umstand, daß in den hochentwickelten industriellen Großgesellschaften allein von der Größe der Zahl und der Art der zu treffenden Entscheidungen sachliche Hemmnisse einer ständigen unmittelbaren Mitwirkung der Bürger entgegenstehen.

„Auch wenn das Volk in Wahlen und Plebisziten zur politischen Entscheidung aufgerufen wird, kann es nur zu bereits vorbereiteten, von den Parteien, Regierungsorganen oder anderen Gruppen vorgeschlage-

[30] *Duverger*, M. (66), S. 6.

[31] *Ellwein*, T. (68), S. 15.

[32] Daß es offenbar in der gesellschaftlichen Praxis so etwas wie ein „ehernes Gesetz der Oligarchie“ gibt (*Michels*, R. [175]), läßt sich schwerlich bestreiten. Ob das jedoch so sein muß, ob wir statt mit einer Demokratie mit einer „Technokratie“ (*Galbraith*, J. K. [92]) leben müssen, oder ob solche Tendenzen nicht u. a. auch häufig genug nur mit Bedacht gepflegte Alibitheorien eben jener technokratischen Eliten sind, darum geht es u. a. auch bei der Auseinandersetzung um die Demokratisierungsforderungen.

nen und formulierten Fragestellungen oder Programmen Stellung nehmen[33]."

Und aus anderer Quelle: „In der Menge ist überhaupt keine Beratung mehr möglich. Wohl können Teile der Menge in Versammlungen informiert werden, aber schon die Debatte in Massenveranstaltungen ist im Grunde eine Farce. Die Menge kann nur zwischen Personen und Anträgen entscheiden[34]."

Als harte Schlußfolgerung ist vom selben Autor konstatiert worden: „Das Volk ist nicht zur schöpferischen Gestaltung im politischen Bereich in der Lage und ebensowenig zur politischen Führung. Das ist immer nur Sache einer ganz kleinen Minderheit[35]."

Derartige Äußerungen sind immer wieder auf heftigen Widerstand gestoßen. Die Kritik richtet sich weniger auf die Aussage darüber, daß es tatsächliche sachliche Schwierigkeiten hinsichtlich umfassender Entscheidungsteilhabe gibt, als vielmehr gegen die Behauptung, daß immer nur wenige zur schöpferischen Gestaltung fähig seien. Es wird vermutet, daß sich hinter solchen Worten eine verkappte elitäre Theorie des politischen Handelns verbirgt, die den politischen Oligarchien zum Alibi gereiche. Es wird auf den möglichen Widerspruch im praktischen politischen Handeln zwischen idealer „Verpflichtung, Herrschaft auf das Volk zurückzuführen" und dem realen „Anspruch oligarchischer Gruppen, über das Volk — wenngleich zu seinem Wohl — zu herrschen" aufmerksam gemacht. Als Konsequenz wird eine „Transformation der Demokratie" vermutet[36].

Selbst wenn man die kritisierte Äußerung neutraler interpretiert und annimmt, daß damit nur ein Hinweis darauf gegeben wurde, wie nach Meinung des Autors die schöpferischen Möglichkeiten verteilt sind, nicht aber wie sie sein sollten bzw. nur sein könnten, selbst dann gilt es kritisch zu überlegen, ob sich nicht aus der vielfältigen Differenziertheit öffentlicher Meinungsbildung sehr wohl schöpferische Impulse ergeben können, und daß, wenn nur der Meinungsbildungsprozeß entsprechend dieses Ziels, nämlich schöpferische Impulse zu ermöglichen und freizusetzen, gestaltet und intensiviert wird, die Aussage ihren generellen Charakter einbüßen müßte[37]. Ansonsten bliebe hinsichtlich der ur-

[33] *Stammer*, O. (228), S. 281.

[34] *Eschenburg*, T.: Über politische Entscheidungen. In: *Eschenburg*, T. (72), S. 72 ff.

[35] *Eschenburg*, T.: Einige Voraussetzungen des Funktionierens einer parlamentarischen Demokratie. In: *Eschenburg*, T. (72), S. 64.

[36] Eine ausführliche Darstellung dieser Position siehe bei *Agnoli*, J. und *Brückner*, P. (2); Zitat S. 7.

[37] Hingewiesen sei auf die ganz unterschiedlichen Möglichkeiten zu schöpferischer Gestaltungsteilhabe z. B. in Bürgerinitiativen, vor allem solchen, die sich nicht nur gegen etwas richten, sondern selbst Probleme zu lösen versuchen

sprünglichen Idee der Selbstbestimmung des Volkes nur die deprimierende Festtellung, daß sich die Rolle des Volkes in der Praxis wesentlich beschränke auf die Auswahl der Führenden und Ablehnung oder Zustimmung zu den von diesen gemachten Vorschlägen.

Einem derart mechanistischen Demokratieverständnis stehen andere Auffassungen von Demokratie bewußt entgegen, wie noch zu zeigen sein wird. Als weitere Implikation von Demokratisierungsforderungen läßt sich zunächst das Problem der Begrenzung der freien Artikulation, also der Selbstbestimmung des Volkes und die Suche nach Möglichkeiten des Erhalts bzw. der Ausweitung von Selbstbestimmung festhalten.

Trotz der eben gemachten kritischen Anmerkungen muß man aber wohl zustimmen, wenn gesagt wird: „Die Demokratie hat also nie und nirgends den Staat beseitigen, sondern immer nur das Volk zu seinem Träger machen wollen — allerdings das ganze Volk und nicht nur eine Klasse oder gar eine Einheitspartei, deren Führungsfunktionäre sich das Recht anmaßen, allein zu bestimmen, was dem Volke frommt[38].“

Allerdings läßt sich die generell formulierte These, daß die Demokratie nie habe den Staat beseitigen wollen, wir müssen präziser wohl sagen, daß keinerlei Ideen von Demokratie auf die Beseitigung des Staates gerichtet gewesen bzw. immer noch gerichtet sind, bezweifeln. Zumindest haben bestimmte Positionen darauf gezielt, den Charakter des Staates vollständig zu verändern, und bestimmte Demokratisierungsbemühungen sind nur in diesem Sinne zu begreifen[39].

Jedoch ist es bisher in der Realität keiner Gesellschaft trotz heftiger theoretischer Absichtserklärungen gelungen bzw. lassen sich eindeutige Anzeichen entdecken, den Staat tatsächlich zu beseitigen. Zudem ist ein auf dieses Ziel gerichtetes Bemühen mit der historisch gegebenen Konsensbasis der Bundesrepublik Deutschland, nämlich der hier verbindlich umrissenen Demokratiekonzeption des Grundgesetzes, m. E. nicht vereinbar. Daher wird im Rahmen dieser Arbeit auch weitgehend auf die Erörterung solcher Demokratisierungsforderungen verzichtet, denen letztendlich gänzlich von der Grundgesetzkonzeption abweichende Demokratieverständnisse zu Grunde liegen[40].

---

wie z. B. bei Resozialisierungen ehemaliger Krimineller oder der Einrichtung von Kindergärten oder Altenbetreuung u. ä.

[38] *Schmid*, C.: Das Problem der Macht in der Demokratie. In: *Schmid*, C. (216), S. 219 f.

[39] Unter Berücksichtigung spezifischer Unterschiede scheint mir das für alle marxistischen und anarchistischen Positionen zuzutreffen. Stellvertretend sei, aus der Fülle der Literatur auf die Belege verwiesen bei *Lenin*, W. I. (146); *Joll*, J. (120).

[40] Auf eine Begründung für diese Auffassung muß an dieser Stelle verzichtet werden. Es wird auf die zahlreiche Grundrechsliteratur verwiesen. Da sich diese Arbeit zum Ziel gesetzt hat, einen pragmatischen Begriff von Demokra-

Es soll an dieser Stelle daher von der Erkenntnis ausgegangen werden, daß „die Demokratie so wenig wie den Tatbestand der Herrschaft auch den Unterschied zwischen Regierenden und Regierten, Führern und Geführten beseitigen" kann[41].

2.2.4. *Bestimmung des Allgemeinwohls*

Wenn demnach auch unter demokratischen Bedingungen von der Existenz des Staates und dem Vorhandensein von Herrschaft und Regierung ausgegangen werden muß, allerdings das Volk selbst zum Träger eben dieses Staates erhoben wird bzw. erhoben werden soll, wenn also das, „was dem Volke frommt", das Allgemeinwohl, nicht mehr bloß für das Volk, sondern auch durch das Volk bestimmt wird bzw. bestimmt werden soll, ergibt sich als praktisches Problem, wie bestimmt und wie realisiert werden soll, was als „allgemeiner Nutzen" formuliert wurde — ja, ob es ein objektivierbares Allgemeinwohl überhaupt gibt.

Bei manchen Formulierungen in der Demokratiediskussion entsteht in der Tat der Eindruck, als leuchteten hinter ihnen Vorstellungen von einem Allgemeinwohl auf, das entweder theoretisch-objektiv ableitbar sei oder auf das sich das Volk in seiner Gesamtheit zu einigen vermöchte. Daher ist in der einen oder anderen Form immer wieder angemerkt worden, daß es in der Realität kein eindeutig bestimmtes bzw. bestimmbares Gemeinwohl gäbe, über das sich kraft rationaler Argumente das Volk einig wäre bzw. zur Einigkeit gebracht werden könnte. Damit gäbe es dann auch keinen vorgegebenen Volkswillen, der als Triebkraft des politischen Geschehens zu wirken in der Lage wäre[42].

Begründungen für eine so skeptische Haltung sind darin zu suchen, daß die Voraussetzung einer gemeinsamen Vorstellung vom Allgemeinwohl wäre, daß die heterogenen und divergierenden Interessen der Gesellschaftsmitglieder zu einer gemeinsamen Nutzengröße vereinbar seien. Das würde zum einen die Meßbarkeit der Einzelinteressen und der Einzelnutzen voraussetzen, das würde aber auch ihre objektive Vergleichbarkeit und die Existenz einer operationalisierbaren Gesamtnutzengröße bedürfen. Das würde des weiteren auch die Fähigkeit und Bereitschaft der einzelnen Mitglieder des Volkes bzw. auf Grund gemeinsamer Interessen zusammengeschlossener Gruppen des Volkes erfordern, sich auf einen gemeinsamen Konsens darüber zu einigen, was allen nutzt[43].

---

tisierung für die Situation der Bundesrepublik abzuleiten, scheint mir die vorgenommene Beschränkung legitim zu sein. Gerade das ständige immer wieder Infragestellen aller Grundlagen ist besonders aus praktischer Sicht energieverzehrend und letztlich unfruchtbar.

[41] *Stammer*, O. (228), S. 281.

[42] Vgl. *Schumpeter*, J. A. (220), S. 401.

Erschwerend kommt hinzu, daß dasselbe Bewertungsproblem bereits auch beim Individuum selbst gegeben ist, da dessen Interessen ebenfalls heterogen und divergierend und nicht a priori skalar bewertet angenommen werden können.

Darüber hinaus muß bedacht werden, daß es rein entscheidungstheoretisch zur Realisierung von Interessen in der Regel Alternativen gibt. Diese Alternativen wären dann wiederum objektiv bzw. vergleichbar zu bewerten. Dazu kommt, daß bestimmte Alternativen der Interessendurchsetzung nicht gleichzeitig zu realisieren bzw. bestimmte Alternativenkombinationen günstiger als andere sind[44].

Wenn man also die Problematik der eindeutigen Nutzenmessung als bisher nicht gelöst und vermutlich auch in Zukunft nicht lösbar akzeptiert und darüber hinaus von so problematischen, weil nur rational bestimmten Handlungsmodellen wie der in der Theorie der Volkswirtschaftslehre lange verwendeten Figur eines „homo oeconomicus" absieht, muß man wohl von der faktischen Nichtexistenz eines einheitlichen Volkswillens, d. h. eines Wirkenwollens auf Grund einer eindeutigen Vorstellung über das Gemeinwohl ausgehen.

Wenn jedoch auch ein objektives Vorhandensein eines derartigen Volkswillens bezweifelt werden muß, kann dennoch angenommen werden, daß es verschiedene Vorstellungen einzelner bzw. Gruppen von Gesellschaftsmitgliedern über ein derartiges Gesamtwohl gibt[45], wenn auch immer wieder, wie bereits oben angedeutet, bedacht sein muß, daß sich in der öffentlichen Diskussion häufig partielle Interessen als identisch bzw. als in Übereinstimmung befindlich mit dem Wohl der Allgemeinheit deklarieren, um eine höhere Durchsetzungschance zu erreichen[46].

Da von der Existenz konkurrierender Nutzenvorstellungen ausgegangen werden kann, die die divergierenden Interessen der einzelnen Gesellschaftsmitglieder und, insofern sich auf Grund gleicher sozialer Bedingungen gleiche Interessenlagen herausbilden, die divergierenden

---

[43] Vgl. beispielhaft die im Rahmen der Theorie der Wohlfahrtsökonomik behandelten Fragen gesamtgesellschaftlichen Nutzens. Dazu als Abriß: *Boulding*, K. E. (40).

[44] Zur entscheidungstheoretischen Vertiefung vgl. *Gäfgen*, G. (90). In bezug auf die Komplexheit des auch dieser Arbeit zu Grunde gelegten Freiheitsbegriffes vgl. *Bolte*, K. M. (36), S. 271 ff.

[45] Als Beispiele seien genannt einerseits die programmatischen Äußerungen der Jungsozialisten, die in der einen oder anderen Form immer wieder von den „Bedürfnissen der Bevölkerung" als Bezugspunkt ihres Denkens und Handelns ausgehen (Bundesvorstand der Jungsozialisten in der SPD [Hrsg.], [50]), und andererseits eine entsprechende Formulierung im Ahlener Programm der CDU von 1947: „Das Kapitalistische Wirtschaftssystem ist den staatlichen und sozialen Lebensinteressen des deutschen Volkes nicht gerecht geworden." (Bundesgeschäftsstelle der CDU [Hrsg.], [44]).

[46] Vgl. *Baumanns*, H. L. - *Grossmann*, H. (16), S. 11.

Interessen ganzer Gruppen widerspiegeln, so verdichtet sich das Problem der Bestimmung des Allgemeinwohls und der gesellschaftlichen Ordnung schlechthin zur Frage der Gestaltung eines Kompromißbildungsprozesses zwischen unterschiedlichen Interessen[47]. Dann ist Demokratie weniger eine bestimmte inhaltliche Aussage zum Allgemeinwohl, als vielmehr eine bestimmte Methode zur Durchsetzung von Interessen, die auf die prinzipielle Gleichrangigkeit der Chancen der Artikulation und Durchsetzung von Interessen gerichtet ist.

Das Problem gesellschaftlicher Ordnung ist von daher pragmatisch noch weiter zu präzisieren zu der Frage: Wie sollen die gesellschaftlichen Entscheidungsprozesse strukturiert werden, damit der Pluralität der Interessen der Gesellschaftsmitglieder umfassend Rechnung getragen werden kann?

Eine Antwort darauf setzt eine kurze Analyse dessen voraus, wovon Durchsetzungsmöglichkeiten in sozialen Beziehungen denn überhaupt abhängen.

2.2.5. Das Problem der Machtregulierung

In einer klassischen Definition wird die Möglichkeit, den eigenen Willen auch gegen Widerstreben durchzusetzen, Macht genannt[48]. Gesellschaftliche Interessen artikulieren sich danach durch bestimmte Machtpositionen: wer Macht hat, kann sich durchsetzen; und in dem Maße, wie einzelne bzw. Gruppen sich durchsetzen, sind sie mächtiger als andere[49].

Eine solche Definition habe, wird eingewendet, zu sehr den Charakter der Beschreibung einer Kausalbeziehung, sie sei vor allem auf die Wirkungen bezogen, die aus der Anwendung von Macht als Ursache resultiere. Der eher offene Charakter der Macht wird nicht in der Durchsetzung bestimmter Interessen, sondern die Bedeutung von Macht als Mittel der Strukturierung von Entscheidungsprozessen gesehen. „Macht ist immer dann gegeben, wenn aus einem Bereich von Möglichkeiten eine bestimmte durch Entscheidung gewählt wird und diese Selektion von anderen als Entscheidungsprämisse übernommen wird[50]."

M. E. ist mit dieser Definition jedoch weniger eine von der ersten grundsätzlich abweichende Bestimmung von Macht verbunden, als vielmehr

---

[47] Die Definition von Politik in eine entsprechende Kurzformel gebracht in: *Lasswell*, H. D.: Politics: Who gets What, When, How (143).

[48] *Weber*, M. (242), S. 28.

[49] Vgl. zur Formulierung eines ähnlichen Ansatzes *Bachrach*, P. - *Baratz*, M. (11). Zu einem Überblick vor allem amerikanischer Machttheorien vgl. *Naschold*, F. (186), S. 128 ff.

[50] *Luhmann*, N.: Soziologie des politischen Systems. In: *Luhmann*, N. (157), S. 162.

eine Formulierung des Problems auf der höheren Abstraktionsebene moderner Entscheidungstheorie.

Allerdings ist in ihrer Bestimmung von Macht als Entscheidungsselektion auch der eher negative Wirkungsaspekt enthalten, der in einer anderen Definition beschrieben wird „als die Fähigkeit, andere Individuen oder Gruppen daran zu hindern, ihre Interessen wahrzunehmen“[51].

Nimmt man hinzu, daß Interessen sich zurückführen lassen auf das, worauf sich menschliches Handeln insgesamt letztlich gerichtet begreifen läßt, nämlich auf die Befriedigung individueller Bedürfnisse[52], dann kann man Macht schließlich, unter Berücksichtigung ihrer doppelten Wirkungsmöglichkeit, definieren als die „Chance, innerhalb eines sozialen Systems auch gegen Widerstreben Bedürfnisse zu befriedigen oder zu versagen (Bedürfnisse zu bestimmen und Mittel der Bedürfnisbefriedigung zu produzieren und zu verteilen)“[53].

Wenn es also Macht ist, wovon die Durchsetzung von Interessen und damit die Befriedigung von Bedürfnissen generell abhängt, konkretisiert sich die Frage gesellschaftlicher Ordnung zur Frage der Regelung gesellschaftlicher Macht. Dann läßt sich als wesentlicher Bestandteil der Durchsetzung von Interessen im öffentlichen Bereich und damit als Teil der Diskussion um Demokratisierungsforderungen der Kampf um den Zugang zu und die Verteilung von politischer Macht und somit von politischen Machtpositionen konstatieren. In etwas pathetischer Weise kann daher Politik als das Verhalten definiert werden, „durch das der Mensch im schöpferischen Umgang mit der Macht auf die Welt und die Geschichte zu wirken sich bemüht“[54].

Das Problem der Demokratie läßt sich von daher zunächst beschreiben als die konkrete Regelung politischer Macht unter der Maxime von Freiheit und Gleichheit der Gesellschaftsmitglieder.

2.2.6. Herrschaft als Ausdruck institutionalisierter Macht

Da, wie oben bereits angesprochen, Festlegung und Konkretisierung der öffentlichen Ordnung im Rahmen der Institution Staat geschieht, geht es insofern um die Regelung staatlicher Macht und um den Einfluß der Gesellschaftsmitglieder auf diese Macht. Diese staatliche Macht ist jedoch keine je beliebige Macht der Inhaber staatlicher Positionen, son-

[51] *Habermas*, J.: Theorie der Gesellschaft oder Sozialtechnologie? In: *Habermas*, J. - *Luhmann*, N. (104), S. 254.

[52] Vgl. *Krech*, D. - *Crutchfield*, R. S. - *Ballachey*, E. L. (135), S. 68 ff. Auch: *Krech*, D. - *Crutchfield*, R. S. (136), S. 304.

[53] *Hondrich*, K. O. (116), S. 25.

[54] *Schmid*, C.: Was ist Wissenschaft von der Politik? In: *Schmid*, C. (216), S. 129.

dern sie ist primär an eben diese Positionen selbst gebundene, also institutionell verankerte Macht. Für eine solche besondere Form der Macht hat sich in der Literatur weitgehend der Begriff der Herrschaft durchgesetzt[55].

In prinzipieller Orientierung an der klassischen Definition, daß Herrschaft als die Chance anzusehen sei, „für einen Befehl bestimmten Inhalts bei angebbaren Personen Gehorsam zu finden“[56], ist u. a. der Versuch unternommen worden, die Elemente von Herrschaft zu beschreiben:

„1. Herrschaft ist ein Verhältnis der Über- und Unterordnung. 2. Der Übergeordnete gibt Anweisungen und hat auch das „Recht“, Verhaltensvorschriften zu machen. 3. Die Herrschaft ist an je bestimmte gesellschaftliche Positionen gebunden. 4. Die Herrschaft erstreckt sich auf bestimmte Inhalte und angebbare Personen. 5. Bei Nichtbefolgung der Vorschriften ist mit Sanktionen zu rechnen ... 6. Herrschaft kann auf verschiedenen Motiven der Fügsamkeit beruhen (sie kann z. B. durch Interessenlage und zweckrationelle Erwägungen bedingt, durch bloße „Sitte“, dumpfe Gewöhnung etc. begründet sein).

Doch sollte bei diesen psychologischen Hinweisen nicht vergessen werden, daß Herrschaft als an Positionen geknüpft nicht auf Grund persönlicher Willkür besteht, sondern als Rollenerwartung versachlichte Macht ist. Das „Recht“ zur Erteilung von Befehlen bestimmt Herrschaft als ein legitimes Verhältnis der Über- und Unterordnung[57].“

Faßt man all diese Elemente zusammen und elimiert das einengende Begriffspaar Befehl und Gehorsam, weil es zu sehr auf die personengerichteten Durchsetzungsakte des Herrschaftswillens und nur auf eine solcher Möglichkeiten abzielt, kann m. E. als brauchbare Definition die Formulierung angesehen werden, wonach Herrschaft bündig als die Macht beschrieben wird, „die auf der Verfügung über Positionen mit formal geregelten Entscheidungsbefugnissen beruht“[58].

---

[55] Abweichend von der weitgehend üblichen Herrschaftsinterpretation, der diese Arbeit im weiteren folgt, vgl. solche Definitionen, die Herrschaft in Anlehnung an marxistische Analysepositionen, wie ich meine, eingeengt als „Grundverhältnis der Gesellschaft“ begreifen, „das gekennzeichnet ist durch die Aneignung fremder Arbeitsleistung durch Nichtarbeitende, und zwar auf Grund von Herrengewalt an den entscheidenden Wirtschaftsmitteln“ (*Hofmann*, W. [114], S. 30). Ex definitione gibt es dann dort, wo es angeblich keine Herrengewalt an den Wirtschaftsmitteln mehr gibt, nämlich unter sozialistischen Bedingungen vergesellschafteten Eigentums, keine Herrschaft mehr, sondern nur noch Machtphänomene (114, bes. S. 117 ff.). Eine solche definitorische Konsequenz verdeckt m. E. jedoch eher die tatsächlichen Verhältnisse in den konkreten sozialistischen Ländern als daß sie sie erhellt.

[56] *Weber*, M. (242), S. 28.

[57] *Lange*, M. G. (142), S. 11.

[58] *Hondrich*, K. O. (117).

Es ist demnach der These zuzustimmen, daß es diese institutionalisierte Macht sei, die als Herrschaft „zur Differenzierung einer Gesellschaft in Herrschende und Beherrschte führt“[59].

Im Rahmen der bisherigen Überlegungen ist daraus die Konsequenz abzuleiten, daß der Staat in seiner Charakterisierung als politischer Herrschaftsverband[60], durch die besondere Art seiner Herrschaftsregelung z. T. die Grundlage öffentlicher Ordnung präjudiziert. Damit ist, bezogen auf das Demokratieproblem, die Frage aufgeworfen, wie denn die staatlichen Herrschaftsstrukturen zu gestalten seien, damit dem Anspruch der Freiheit und der Gleichheit der Rechte der Gesellschaftsmitglieder Genüge getan werden kann. Das Problem der Demokratie ist damit zu einem Problem spezifischer Herrschaftsregelung geworden.

Von diesem Ansatz aus ist Demokratie als eine politische Methode und eine „Ordnung der Institutionen zur Erreichung politischer Entscheidungen, bei welcher einzelne die Entschiedungsbefugnis mittels eines Konkurrenzkampfes um die Stimmen des Volkes erwerben“, beschrieben worden[61]. Heute könne, wird daher gefolgert, Demokratie nur (im Gegensatz zur naiven Theorie der Volkssouveränität) „aufgefaßt werden als Herrschaftsausübung durch eine zur alternativen Führung und Regierung tendierende Kombination konkurrierender politischer Gruppen im Auftrage und unter der Kontrolle des Volkes“[62].

Für unsere weiteren Überlegungen können wir also festhalten, daß Demokratie zunächst eine bestimmte Form der Herrschaftslegitimation, d. h. des Rechts, institutionell über andere Macht auszuüben, umschreibt. Ergänzt man, daß die Entscheidung darüber, welche der sachlichen und personellen Alternativen der konkurrierenden Parteien zum Zuge kommen sollen, nur durch Mehrheiten im Rahmen von Wahlen getroffen werden können, läßt sich die demokratische Legitimation wie folgt charakterisieren:

---

[58] *Hondrich,* K. O. (117), S. 37.

[59] *König,* R. (130), S. 112.

[60] *Weber,* M. (242), S. 29.

[61] *Schumpeter,* J. A. (220), S. 448.

[62] *Stammer,* O. (228), S. 282. Ob es in der Praxis demokratischer Ordnung selbst bei formaler Installierung konkurrierender Gruppen tatsächlich zu gleichgewichtiger Konkurrenz und damit Möglichkeit der Einflußnahme kommt, ob sich also die tatsächliche politische Macht gesellschaftlicher Gruppen zur Beeinflussung und Kontrolle staatlicher Herrschaft durch formale Konkurrenzregeln angleichen läßt, ist in der Theorie heftig umstritten und empirisch schwer nachzuweisen. Die sozialistische Kritik formaler Demokratie macht vor allem an diesem Problem fest. Für amerikanische Verhältnisse ist der Versuch gemacht worden, dem Modell pluraler und tatsächlich konkurrierender Macht das Modell eines faktischen Machtkartells entgegenzusetzen (*Mills,* C.-W. [176]). Hier wird auf eine nähere Erörterung zunächst verzichtet. Als pointierte Kritikposition für die bundesrepublikanische Situation vgl. *Offe,* C. (193).

1. Herrschaft wird durch mehrheitliche Zustimmung der Machtunterworfenen zuerkannt. 2. In Abhängigkeit von der mehrheitlichen Zustimmung wird diese Macht nur zeitlich begrenzt zugestanden. 3. Herrschaft unterliegt öffentlicher Kontrolle[63].

Als weitere Implikation der Forderungen nach Demokratisierung ist damit das Bemühen um die Strukturierung von Herrschaftsprozessen entsprechend eines demokratischen Legitimationsprinzips zu nennen[64]. Damit ist zugleich die Frage aufgeworfen, ob sich dieses Bemühen nur auf den staatlichen Bereich erstrecken kann und soll, ob also nur von staatlicher Herrschaft die Rede ist, wenn von Demokratisierung gesprochen wird.

2.2.7. Das Rechtsstaatsprinzip

Allein mit der Art der Legitimation ist das Problem von Herrschaft jedoch noch nicht zureichend umschrieben. Um die Realität von Herrschaft zu erfassen, ist auf die Dimension der Handhabung, d. h. die Durchführung von Herrschaft zu verweisen. Die öffentliche Kontrolle ist primär auf diesen Aspekt ausgerichtet zu denken.

Da Kontrolle auf Beschränkung von Macht der Herrschenden gerichtet ist, ist sie selbst als Macht, als Gegen-Macht zu kennzeichnen. Diese Gegenmachtkontrolle einerseits selbst der Kontrolle zugänglich zu machen und sie andererseits wirkungsvoll zu gestalten, legt ihre Institutionalisierung nahe. Insofern sie institutionalisiert ist, ist sie selbst Teil des Herrschaftssytems. Öffentliche Kontrolle ist mithin als Bestandteil der öffentlichen Herrschaftssphäre, und d. h. im historischen Prozeß zunächst des staatlichen Herrschaftssystems zu charakterisieren. Implikation der Demokratisierungsforderungen ist daher immer auch die Problematisierung der demokratischen Kontrolle.

Kontrolle kann aber nur ausgeübt werden hinsichtlich formaler oder inhaltlicher Ziele. Das findet seinen Niederschlag im historischen Prozeß zunächst darin, daß sich die Gesellschaft gegen autokratische, d. h. willkürliche und unkontrollierte Herrschaftsakte der staatlichen Obrigkeit zu behaupten sucht. Mit dem Aufkommen der modernen Demokratietheorien und der Versuche, diese in Praxis umzusetzen, ist also eine gewisse Polarisierung von Staat und Gesellschaft verbunden.

Neben der Umformung des Staates zum Repräsentanten des Volkes bleibt im Rahmen der Demokratisierungsbemühungen gleichzeitig die Idee der Schaffung von Schutz- und Freiräumen gegenüber dem Staat

---

[63] Zur Formulierung einer ähnlichen Position vgl. *Boettcher*, E. - *Hax*, K. - *Kunze*, O. - *v. Nell-Breuning*, O. - *Ortlieb*, H. D. - *Preller*, L. (30) S. 71.

[64] Vgl. *Anthes*, J. - *Blume*, O. - *Bosch*, H.-D. - *Breuer*, W. M. - *Kohne*, A.-L. - *Koplin*, R. - *Rölke*, P. (6), S. 10 ff.

ständiger Bestandteil. Da offenbar zunächst Freiheit und Gleichheit der Gesellschaftsmitglieder als primär vom Staat bedrohte Kategorien begriffen wurden, ist es nicht verwunderlich, daß Demokratie eben als Demokratisierung des Staates beginnt und in einer Trennung zwischen öffentlichem und privatem Bereich aufscheint, wobei interessant ist zu merken, daß als privat all jene Bereiche gelten, die nicht-staatliche Bereiche sind.

Die öffentliche Kontrolle wird daher folgerichtig zunächst ebenfalls nur als Kontrolle des staatlichen Sektors begriffen; sie wird verankert durch eine Teilung der Gewalten und deren Bindung an Rechtsnormen. Der demokratische Staat erhält seine Charakterisierung als Rechtsstaat[65].

Legitimation und Kontrolle öffentlicher Herrschaft und damit die demokratische Ordnung finden also ihren Niederschlag im Prinzip der Rechtsstaatlichkeit, das damit zunächst seinen Charakter als Mißtrauensinstitut gegenüber öffentlicher Gewalt findet. Ausdruck findet diese These, wenn formuliert wird: „Die rechtsstaatliche Ordnung ist aus Mißtrauen gegen jegliche Staatsmacht, auch gegen die Demokratie, entstanden[66].“

Aber nicht nur formalisierte Kontrolle in Gestalt der Gewaltenteilung ist Ausdruck dieses Konzepts von Demokratie. Vielmehr wird auch die auf inhaltliche Ziele gerichtete, durch freie Meinungsäußerung der Bürger sich konstituierende Öffentlichkeit zum wesentlichen Element demokratischer Herrschaftsgestaltung: „Die Staatsgewalt ist gleichsam der Kon-

---

[65] Welche weittragenden Konsequenzen dieser erste Demokratisierungsansatz hat, wird noch heute in vielfältigen antistaatlichen Affekten und auch theoretischen Äußerungen deutlich. Als ein ernstes Problem demokratischer Bewältigung muß es daher gelten, die Autorität des Staates als wichtiger gesellschaftlicher Leistungsinstanz zu erhalten und diese nicht nur zu verbinden mit, sondern geradezu abzuleiten aus der demokratischen Legitimation und Kontrolle der Herrschaftsträger. Ein in diesem Sinne bedenkliches Element politischer Auseinandersetzung muß darin gesehen werden, daß eine Neigung zu beobachten ist, den Staat als von den politischen Gegnern beherrscht bzw. gefährdet zu sehen. Das führt entweder zu undemokratischer, weil verabsolutierter, Staatsgläubigkeit und Verketzerung des Gegners als Staatsfeind (ein seltsam geringes Vertrauen in den demokratischen Prozeß und seine Institutionen spricht daraus), oder es führt zu ebenso undemokratischer Ablehnung des Staates und seiner Herrschaftsträger, was für die Stabilität des Gesamtsystems gefährlich ist und ebenfalls eine erhebliche Geringschätzung des demokratischen Mechanismus selbst erkennen läßt. (Zu einigen Überlegungen in dieser Hinsicht vgl. *Forsthoff*, E. [83], besonders S. 21 ff. und S. 51 ff.). Ein ähnliches Phänomen ist neuerdings auch bei der Demokratisierungsdiskussion um die Wirtschaft zu beobachten, das die formale Herrschaftsorganisation des Unternehmens ähnlich unsinnig und dem demokratischen Bemühen abträglich behandelt erscheinen läßt. Darauf wird noch zurückzukommen sein.

[66] *Eschenburg*, T.: Einige Voraussetzungen des Funktionierens einer parlamentarischen Demokratie. (72), S. 65.

trahent der politischen Öffentlichkeit, aber nicht deren Teil[67]." und die Öffentlichkeit nimmt unmittelbar gestaltenden Einfluß auf die Staatsgewalt. Indem „die Ausübung politischer Herrschaft effektiv dem demokratischen Öffentlichkeitsgebot unterstellt wird, gewinnt die politische Öffentlichkeit auf dem Weg über die gesetzgebende Körperschaft einen institutionalisierten Einfluß auf die Regierung"[68].

Festzuhalten bleibt, daß die eigentliche Problematik dieser Konstruktion des demokratischen Rechtsstaats, normativ fixiert in den Rechtsbereichen des öffentlichen und privaten Rechts, sich nur insofern erschließt, als man sich der damit verbundenen Begrenzung der Demokratie nur auf den öffentlichen Bereich und die geschützte Distanz des Privaten vom Öffentlichen bewußt bleibt, wenn man sie also in den historischen Kontext stellt. Mir will scheinen, daß ein erheblicher Teil der aktuellen Kontroversen über die Demokratisierungsforderungen darin seine Begründung hat, daß immer wieder in ihnen Vorstellungen aufleuchten, die sich stark an historischen Ordnungen bzw. Ordnungsmodellen orientieren, ohne deren zeitliche Bedingtheiten zu problematisieren. Mit Recht ist m. E. gerade hinsichtlich des nur auf den Staat bezogenen Modells von Demokratie der historische Bezug daher immer wieder zu verdeutlichen, um damit das Verständnis für weitergehende Demokratisierungsprozesse und Demokratisierungsforderungen zu ermöglichen.

2.3. Die Annahme von einer umfassenden Gültigkeit des Prinzips demokratischer Ordnung

2.3.1. Rechtsstaatliche Demokratie und die historische Rolle des Bürgertums

So ist mehrfach darauf hingewiesen worden, daß die Aufteilung in einen öffentlichen und einen privaten Bereich der Gesellschaft und die Etablierung einer Öffentlichkeit als Kontrahent des Staates nur im Zusamenhang der mit der industriellen Entwicklung verknüpften Heraufkunft des Bürgertums zureichend zu erklären sei[69].

„Die politisch fungierende Öffentlichkeit erhält den normativen Status eines Organs der Selbstvermittlung der bürgerlichen Gesellschaft mit einer ihren Bedürfnissen entsprechenden Staatsgewalt." Diese Bedürfnisse ließen sich wiederum nur in bezug auf die ökonomische Sphäre erklären. „Die soziale Voraussetzung dieser ‚entfalteten' bürgerlichen Öffentlichkeit ist ein tendenziell liberalisierter Markt, der den Verkehr

[67] *Habermas*, J.: Öffentlichkeit. (102), S. 220.

[68] *Habermas*, J.: Öffentlichkeit. (102), S. 220.

[69] Vgl. u. a. *Ellwein*, T. (68), S. 74 ff.

in der Sphäre der gesellschaftlichen Reproduktion soweit irgend möglich zu einer Angelegenheit der Privatleute unter sich macht und so die Privatisierung der bürgerlichen Gesellschaft erst vollendet[70]."

Es scheint, als sei das Bedürfnis, die wirtschaftlichen Fähigkeiten und Möglichkeiten des Bürgertums im Zusammenhang mit der sich entfaltenden industriellen Produktionsweise gegenüber Beschränkungen welcher Art auch immer für ihre Mitglieder voll zu nutzen, der entscheidende Antrieb zur Entwicklung der repräsentativen und rechtsstaatlichen Demokratie gewesen. Ihr liegen zudem bestimmte liberalistische Ideen von einer durch freies Spiel der Kräfte erreichbaren, durch eine letzte Vernünftigkeit der Dinge vorgeprägte Ordnung der Welt und damit der Gesellschaft zugrunde[71].

„Der Idee zufolge, die die bürgerliche Gesellschaft von sich hat, kann das System der freien Konkurrenz sich selbst regulieren; ja, nur unter der Voraussetzung, daß keine außerökonomische Instanz in den Tauschverkehr eingreift, verspricht es im Sinne der Wohlfahrt aller und der Gerechtigkeit, nach dem Maßstab jeweils individueller Leistungsfähigkeit zu funktionieren. Die allein von Gesetzen des freien Marktes bestimmte Gesellschaft präsentiert sich nicht nur als herrschaftsfreie Sphäre, sondern überhaupt als eine von Gewalt freie; die ökonomische Macht eines jeden Warenbesitzers wird innerhalb einer Größenordung vorgestellt, in der sie auf den Preismechanismus keinen Einfluß nehmen, infolgedessen nie unmittelbar als Macht über andere Warenbesitzer wirksam werden kann. ... In diese Richtung einer tendenziell machtneutralisierten und herrschaftsemanzipierten Privatsphäre weisen auch die juristischen Garantien ihrer ökonomischen Grundverfassung. Rechtssicherheit, nämlich die Bindung der Staatsfunktionen an generelle Normen, schützt, zusamen mit den im System des bürgerlichen Privatrechts kodifizierten Freiheiten, die Ordnung des ‚freien' Marktes[72]."

2.3.2. Die These von der Machtfreiheit der privaten Sphäre der Wirtschaft

Wie die historische Entwicklung aber gezeigt hat, ist das System der freien Konkurrenz durchaus nicht von sich aus in der Lage, zunächst ökonomische Machtballungen, die jedoch faktisch in ihrer Wirkung über den ökonomischen Bereich hinaus tendieren, zu verhindern. Die Annahme von einer Selbststeuerung der Märkte erwies sich im Lichte zunehmender Konzentration als falsch. Heute wird von vielen Seiten als Charakteristi-

[70] *Habermas*, J. (103), S. 197.

[71] Zur ideengeschichtlichen Diskussion vgl. *Halborn*, H. (105), S. 85 ff. Auch: *Grebing*, H. (97), S. 69 ff.

[72] *Habermas*, J. (103), S. 201 f.

kum marktwirtschaftlicher Ordnungen nicht die Existenz von freien Konkurrenzmärkten, sondern von „vermachteten" Märkten, Monopolen und Oligopolen also, als vorherrschend bezeichnet[73].

Vor allem aber hat sich gezeigt, daß besonders in der Frühphase dieser bürgerlichen Gesellschaft das auf dem Modell der freien Konkurrenz basierende System des freien privatrechtlichen Vertrages besonders im Bereich des Arbeitsvertrages nicht in der Lage war, die theoretisch gewünschte Gerechtigkeit und Wohlfahrt für alle herzustellen. Unter den historischen Bedingungen eines strukturellen Angebotsüberhangs an Arbeitskräften, der warenkonkurrenzähnlichen, auch individuellen Wettbewerbssituation der Arbeiter und des existenziellen Angewiesenseins der Arbeiter auf Beschäftigung geriet der freie Arbeitsvertrag zur Fiktion und zum „Vertrag der Unfreiheit"[74], was sozial desolate Zustände und die Proletarisierung der Arbeiter zur Folge hatte[75].

Aus objektiven Gründen also der Konstruktion des Ordnungssystems auf der Grundlage freier Konkurrenz geschah die faktische „Subordination der ‚Arbeit' unter die Interessen des Produktionsfaktors ‚Kapital'". Was, wie formuliert worden ist, „auf dem Arbeitsmarkt nicht nur die Degradierung des Arbeitnehmers zu einer Art Ware im Gefolge, sondern desgleichen die Tendenz zu seiner Ausbeutung . . ." hatte[76].

Die mit der Heraufkunft der industriellen Produktionsweise entstehende „soziale Frage" muß damit m. E. zumindest auch als Produkt der Konzeption und Realität des bürgerlichen demokratischen Rechtsstaats angesehen werden. Die Bewältigung dieser sozialen Frage hat sich dann als eine der entscheidenden Herausforderungen für das Prinzip demokratischer Ordnung schlechthin entwickelt.

Denn der empirische Sachverhalt kollektiver, im einzelnen außerordentlich differenzierter sozialer Ungleichheit[77] läßt den Schluß zu, daß das jeweils feststellbare Ausmaß sozialer Ungleichheit weniger auf natürliche, also vorgegebene Komponenten oder gar auf einen allgemeinen Nutzen, wie die Deklaration der Menschen- und Bürgerrechte es postulierte, und auch nicht so sehr auf Unzulänglichkeiten der staatlichen

[73] Zur Bedeutung der Macht im Rahmen heutiger Marktwirtschaften vgl. u. a. *Eucken*, W. (74), besonders S. 196 ff. Auch: *Baran*, P. A. und *Sweezy*, P. M. (15). Zur Konzentration in der Bundesrepublik u. a. bei *Bolte*, K. M. und *Kappe*, D. und *Neidhardt*, F. (37), S. 51 ff. *Littek*, W. (149), besonders S. 85 ff. *Huffschmid*, J. (118). *Grosser*, D. (Hrsg.) (99). Bericht des Bundeskartellamtes (45), S. 9 ff. *Arndt*, H. (10).

[74] *Preiser*, E. (199), S. 29.

[75] Vgl. *Conze*, W. (54), S. 112 ff.

[76] *Rich*, A. (205), S. 19.

[77] Zur Vielfalt der Aspekte sozialer Ungleichheit vgl. *Bolte*, K. M. - *Kappe*, D. - *Neidhardt*, F. (37). Zur Begründung sozialer Ungleichheit als Diskussionsbeitrag *Dahrendorf*, R. (59).

Ordnung rückführbar waren, als vielmehr auf die gewollten bzw. gewordenen je spezifischen Strukturen gesellschaftlicher Leistungsprozesse[78], hier insbesondere der Wirtschaft. Wir müssen also davon ausgehen, daß es die strukturellen Bedingungen von Leistungsprozessen allgemein sind, die, wenn schon nicht von der Intention her, so doch auf jeden Fall faktisch, unterschiedliche Möglichkeiten der Realisierung von Interessen widerspiegeln und insofern als demokratierelevant angesehen werden müssen. Auf diese Zusammenhänge wird später noch einmal im Detail eingegangen.

2.3.3. *Macht und Herrschaft als gesellschaftliche Phänomene*

Weiter oben wurde die Möglichkeit, den eigenen Willen und d. h. die eigenen Interessen in sozialen Beziehungen durchzusetzen, Macht genannt. Da das Durchsetzenwollen von Interessen eine generelle Erscheinung gesellschaftlichen Lebens ist, ist auch Macht als Ausdruck der jeweiligen Chance des Durchsetzenkönnens als allgemeines soziales Phänomen zu begreifen und sicherlich nicht nur als auf den politischen Bereich begrenzt bzw. von diesem abhängig zu denken.

Aus den angestellten Überlegungen ergibt sich, daß Machtpositionen nicht nur Ausdruck sozialer Ungleichheit sind, sondern Ungleichheit selbst begründen. Dasselbe gilt im besonderen auch für Herrschaftspositionen[79] und sicherlich nicht nur für den öffentlichen, sondern für alle gesellschaftlichen Teilbereiche.

Denn da moderne Großgesellschaften in bezug auf ihre Leistungsprozesse in vielfacher Hinsicht organisierte[80] Gesellschaften sind, d. h. in

---

[78] Der hier zugrunde gelegte Leistungsbegriff versteht Leistung im allgemeinsten Sinne als Zurverfügungstellung von Beiträgen zur Bedürfnisbefriedigung, umfaßt direkte und indirekte, latente und manifeste, positive und negative Beiträge, und wird insofern mit Recht zu einer zentralen Kategorie der Analyse gesellschaftlicher Prozesse, die damit generell zu Leistungsprozessen werden. Vgl. die Ableitung und Begründung des Begriffes bei *Hondrich,* K. O. (117), S. 37 ff., der diese Ausführungen weitgehend angelehnt sind.

Im Gegensatz zu den m. E. viel zu engen, weil auf einen Aspekt begrenzten Leistungsbegriff bei *Offe,* C. (Definition der Leistung „als einer individuellen, technischen, graduierbaren und vergleichbaren Arbeitsleistung" — *Offe,* C. [192], S. 166) umgreift der hier verwendete Leistungsbegriff neben Arbeitsleistungen z. B. auch Kapitalleistungen als eigenständige Komponente, neben ökonomischen auch politische und kulturelle Leistungen als inhaltliche Summierung von Befriedigungsbeiträgen. Es können das individuelle oder auch Leistungen ganzer Sozialsysteme (z. B. Unternehmen, Universitäten u. a.) sein. Ähnliche Ergebnisse ergeben sich auch, zumindest widersprechen sie sich nicht, wenn man Leistung als Fähigkeit zum Beitrag von Problemlösungen im sozialen Raum begreift (vgl. *Krysmansky,* H. J. [138], besonders S. 27 ff.). Führt man soziale Problemlösung auf das Ziel der Befriedigung von Bedürfnissen zurück, ist Leistung auch hier Mittel der Befriedigung.

[79] Vgl. nochmals *Dahrendorf,* R. (59), besonders S. 367 ff.

[80] Zur Diskussion des Organisationsbegriffs vgl. *Mayntz,* R. In: *Mayntz,* R. und *Ziegler,* R. (172), S. 445 ff.

ihren Verhaltenserwartungen formalisiert[81], also die je betroffenen sozialen Beziehungen institutionalisiert sind, verfestigt sich Macht nicht nur im politischen Bereich zu Herrschaft, sondern tendenziell in allen gesellschaftlichen Bereichen. Damit ist Herrschaft ebenfalls als gesellschaftlich allgemeines Phänomen zu charakterisieren.

Nun sind die verschiedenen, ökonomischen, politischen und sonstigen Herrschaftsbereiche nicht als selbständige, je klar voneinander isolierte Sphären, sondern nur als ein Geflecht vielfältig verzahnter gegenseitiger Beeinflussungen zu verstehen. Als Konsequenz ergibt sich die Einsicht, daß die Herrschaftsordnung einer Gesellschaft zwar die Staatsordnung einschließt, nicht aber mit ihr identisch ist. Von daher ist formuliert worden: „Spricht man also in soziologischer Sicht von einem demokratischen Herrschaftssystem, so ist die durchgehende Struktur aller politisch relevanten Herrschaftsverhältnisse in einer gesellschaftlichen Ordnung gemeint[82]."

Wenn aber Macht und besonders Herrschaft generell als potentiell Ungleichheit begründende Elemente angenommen werden müssen, dann ist das Problem der öffentlichen Ordnung mit dem Ziel der Realisierung von Freiheit und Gleichheit auf der Grundlage gleichberechtigter Artikulation der Gesellschaftsmitglieder nicht mehr auf den traditionell öffentlichen, d. h. politischen bzw. staatlichen Bereich zu begrenzen.

Der Bereich des Öffentlichen muß vielmehr als sich tendenziell auf alle gesellschaftlichen Teilbereiche ausdehnend begriffen werden, was natürlich zur Konsequenz hat, daß diese Teilbereiche mehr und mehr ihres nur privaten Charakters entkleidet werden, was besonders auch für den ökonomischen Bereich gilt.

Dann aber ist das Problem der Gestaltung der öffentlichen Ordnung neu gestellt, und ebenso ist die Frage der Reichweite von Demokratie erneut zu diskutieren. Man kann davon ausgehen, daß hier die allgemeinste Begründung für alle heute gestellten Demokratisierungsforderungen zu suchen ist.

2.3.4. Die wechselseitige Verzahnung zwischen Staat und Gesellschaft

Rechtsschutz soll nicht nur gegenüber staatlicher Obrigkeit, sondern gegenüber jedweder Herrschaft geltend gemacht werden können. Darüber hinaus wird dem Staat zugemutet, das Prinzip demokratischer Herrschaftsordnung und zugleich das Prinzip von Freiheit und Gleichheit mit all seinen Mitteln über seinen unmittelbaren Bereich selbst hinaus in die Gesellschaft hineinzutragen.

---

[81] Vgl. *Luhmann*, N. (155), S. 27.
[82] *Stammer*, O. (228), S. 278 f.

Ausdruck findet dieser Prozeß, daß also der Staat mit seinen Gestaltungsakten immer weiter über den traditionellen öffentlichen Bereich hinaus in nahezu alle gesellschaftlichen Beziehungsfelder eingreift und sich insofern aus der alleinigen Identifizierung mit dem öffentlichen Bereich herauslöst, in der Formulierung von der „Politisierung der Gesellschaft“[83].

Allerdings handelt es sich hier um einen auch gegenläufigen Vorgang, indem nämlich die Ausdehnung des politischen Wirkens nicht primär auf einen Omnipotenzanspruch des Staates bzw. der staatlichen Herrschaftsträger zurückzuführen ist und der Staat auf diesem Wege nicht zu einer neuerlichen Identität mit der Gesellschaft wie unter absoluten Bedingungen tendiert, sondern daß ganz im Gegenteil aus allen gesellschaftlichen Bereichen an den Staat so vielfältige Forderungen herangetragen werden, daß der politische Bereich als Teil in diese gesellschaftlichen Teilbereiche integriert wird. Ein Prozeß, der in der Formulierung von der „Vergesellschaftung des Staates“[84] seinen Niederschlag findet.

Insgesamt wird dem Staat eine Rolle als Agent der Demokratisierung der Gesellschaft zugeschrieben, was zugleich, wie ich meine, zu seiner normativen und institutionellen Etablierung als Sozialstaat führt, wie diese Rolle dann aus eben dieser Etablierung abgeleitet wird[85]. Auf der Grundlage seiner Charakterisierung als Sozialstaat wird der Staat damit zum nahezu universell gestaltenden Interventionsstaat[86]. Pointiert formuliert ist dieses veränderte Demokratieverständnis dadurch zu beschreiben, daß es hinfort nicht so sehr um Freiheit vor dem Staat, als vielmehr um Freiheit durch den Staat geht.

---

[83] Vgl. z. B. *Naschold,* F. (185), S. 7: „Die Politisierung der Gesellschaft, d. h. die tendenzielle Möglichkeit der politischen Gestaltung fast aller Bereiche der Gesellschaft, ist heute gerade im Vergleich zur Trennung von Staat und Gesellschaft in der mittleren Phase des Liberalismus ein kaum zu bestreitender Tatbestand.“

[84] Zur theoretischen Analyse des Vergesellschaftungsprozesses vgl. *Hondrich,* K. O. (117), S. 102 ff.

[85] Im späteren Verlauf dieser Arbeit soll gezeigt werden, daß m. E. im weitesten Sinne die Wirkungen gerade des Sozialstaats als faktische Demokratisierungselemente zu begreifen sind und insofern eine Teilantwort auf Feststellung wie diese sind: „Der moderne Sozialstaat hat eine demokratische Theorie noch nicht gefunden. Aber alle politischen Systeme sehen sich in wachsendem Maße konfrontiert mit Forderungen nach sozialer Sicherheit, wirtschaftlichem Wachstum, besseren Lebenschancen und nach einer planenden Gestaltung der gesellschaftlichen Zukunft.“ (*Scharpf,* F. [211], S. 24).

[86] Besonders deutlich wird die Veränderung gegenüber der alten liberalistischen Idee einer sich selbst steuernden Marktwirtschaft: „Der Staat ist der unumschränkte Regulator der Volkswirtschaft, der fatalistische Glaube an die durch die technische Dynamik bedingten Konjunkturzyklen gehört der Vergangenheit an.“ (*Schmidt,* R. [217], S. 83).
Zur kritischen Diskussion der angeschnittenen Probleme aus juristischer Sicht vgl. u. a. *Bulla,* E. (43), S. 223 ff.
Auch: *Forsthoff,* E. (83), besonders S. 30 ff. und S. 61 ff.

Allerdings ist in diesem Zusammenhang auf einen Umstand kurz zu verweisen, dem in der Demokratisierungsdiskussion m. E. bisher zu wenig Beachtung zuteil geworden ist und der noch intensiver Überlegungen bedarf. Zwar wird mit Recht die zunächst recht strikte Trennung von privat und öffentlich als Kategorisierung gesellschaftlicher Bereiche zunehmend als problematisch angesehen; und was im einzelnen als privat, was als öffentlich gilt bzw. gelten soll ist bis heute sowohl in der gesellschaftlichen Praxis als auch in der Wissenschaft umstritten, und die Trennung in zwei Rechtsbereiche kann ebenfalls nur als begrenzt hilfreich zur Klärung dienen, zu sehr verzahnt sind seit Anbeginn bis heute beide Sphären gesellschaftlicher Realität. Dennoch kann nicht übersehen werden, daß der Trend, den Bereich des Öffentlichen tendenziell unbegrenzt auszudehnen, den schutzwürdigen Raum des Privaten, den Bereich des persönlich Autonomen, der individuellen Freiheit also in problematischer Weise unterläuft und aushöhlt und so im Namen der Demokratie in einer bedenklichen Zangenbewegung genau das gefährdet, was es zu schützen gilt, das freie Individuum.

Solange der Schutz und die Entfaltung der Freiheit des Individuums zum öffentlichen Problem erhoben und als solches umfassend zum Gegenstand gesellschaftlicher Ordnung gemacht wird, ist sicherlich kein Einwand zu erheben. Aber ungemein dicht daneben liegt die Gefahr der Pervertierung: daß nämlich das Individuum selbst zur öffentlichen Angelegenheit gemacht wird. Dann stehen wir vor der Notwendigkeit, das Individuum nicht so sehr vor dem Staat oder sonstigen partialen Mächten und Gewalten, sondern vor der Gesellschaft selbst zu schützen. Wer aber vermöchte das, und wie?

Es ist das vielleicht jener „Hang zum Absoluten", dem „das relativ Beste nicht genügt"[87], der gerade durch das unbedingte idealistische Engagement das Gute selbst in Gefahr bringt und der einen skeptischen Autor seine Bedenken in dem drastischen Satz zusammenfassen läßt: Der „Versuch, den Himmel auf Erden einzurichten, produziert stets die Hölle"[88]. Solche Befürchtungen scheinen z. T. auch hinter der provokanten Frage verborgen zu sein, die manche Vertreter von Demokratisierungsforderungen allzu schnell als antidemokratisch einzustufen versuchen: „Mehr Demokratie oder mehr Freiheit[89]?"

Gerade angesichts solcher Bedenken jedoch wird es m. E. um so dringlicher, das Demokratisierungsphänomen hinsichtlich seiner Möglichkeiten und Begrenzungen differenziert zu hinterfragen und angemessen in das demokratische Ordnungsgerüst der Bundesrepublik einzufügen.

---

[87] *Dahrendorf*, R. (58), S. 26.

[88] *Popper*, K. R. (198), S. 292.

[89] *Schelsky*, H. (212). Zu einigen kritischen Anmerkungen vgl. *Lohmar*, U. (153).

2.3.5. Die politische Bedeutung kontroverser Demokratieverständnisse

Faßt man die oben angestellten Überlegungen zu den Grundlagen eines geänderten Demokratieverständnisses zusammen, lassen sich als Grundauffassungen, die hinter den Forderungen nach Demokratisierung stehen, zum einen die durchgehende Annahme von der potentiell Ungleichheit begründenden Wirkung von Herrschaft, zumindest soweit sie nicht demokratisch strukturiert ist, nennen; weiterhin die Überzeugung, daß der öffentliche Bereich zumindest nicht als auf den staatlichen Sektor begrenzt gedacht werden kann; und schließlich die daraus abgeleiteten Bemühungen, die auf die Beseitigung nicht-demokratisch legitimierter und kontrollierter Herrschaft und auf den Ausbau der Beteiligung der Herrschaftsunterworfenen an den Herrschaftsprozessen gerichtet sind[90].

Solchen Positionen eines gesellschaftsumfassenden Demokratieverständnisses stehen in der öffentlichen Diskussion, wie bereits oben gesagt, Auffasungen konträr entgegen, für die Demokratie nach wie vor, vor allem ein Organiationsprinzip für die Prozesse von Machtbildung und Machtausübung im politischen Bereich ist: „Es ist ein Irrtum zu glauben, man könne die Demokratie am besten dadurch sichern, daß man ihre Methode der Willensbildung überall einführt, wo eine Mehrzahl von Menschen zu einem gemeinsamen Zweck zusammenwirkt, und so Demokratie als durchgängiges Baugesetz menschlichen Miteinanders mißzuverstehen[91]."

Normative Antipositionen dieser Art stehen sich im politischen Auseinandersetzungsraum ziemlich unvermittelt gegenüber und machen zum großen Teil das aus, was als „Polarisierung" von vielen Beobachtern beklagt wurde und noch wird[92].

Als besonders gravierend muß gelten, daß einerseits den Positionen, die Demokratie nur auf den politischen Bereich beschränkt sehen wollen, nahezu alle Forderungen nach Demokratisierung eo ipso als suspekt erscheinen und Differenzierungen auf Grund der gegenseitigen Diskriminierungen in den Auseinandersetzungen kaum noch wahrgenommen werden. Andererseits verbergen sich in der Tat hinter dem Stichwort Demokratisierung z. T. so unterschiedliche und bisweilen so dogmatische Analyse- und Strategiepositionen, daß ihre Vertreter nicht selten dazu neigen, jede Nichtübereinstimmung mit eben diesen grundsätzlichen Ausgangspositionen allein deshalb schon von vornherein als antidemokratische Einstellungen zu verdächtigen.

---

[90] Als Beispiel vgl. die ausführliche Begründung bei *Boettcher*, E. u. a. (38), besonders S. 71 ff.

[91] *Schleyer*, H. M. (215), S. 79.

[92] Vgl. z. B. *Sontheimer*, K. (226), S. 259.

Das Ergebnis ist, daß Auseinandersetzungen in diesem Bereich häufig als unfruchtbare „Glaubenskriege“ geführt werden; ein Zustand, der einer gebotenen nüchternen Fortentwicklung der demokratischen Ordnung und ihrer Anpassung an die sich ändernden Umweltbedingungen erheblich hinderlich im Wege steht.

3. Systematische Begründung der Annahme einer Übertragbarkeit des Demokratiemodells

In einer solchen Situation verhärteter Diskussion erscheint es mir sinnvoll, solchen Bemühungen soziologischer Theorie zu folgen, die versuchen, das Problem auf ein höheres Abstraktionsniveau zu verlagern, „um eine Begrifflichkeit und Konzeptionen von größerer Fassungskraft zu erreichen, als dies bei den traditionellen Konzepten der Fall ist“[1].

Weitgehend handelt es sich dabei um Ansätze, die sich der neueren Systemtheorie und Entscheidungstheorie[2] bedienen und das Problem der Demokratie und Demokratisierung unter den historischen Bedingungen einer hochkomplexen Industriegesellschaft zu fassen versuchen[3].

3.1. Systemtheoretische Überlegungen zum Spannungsverhältnis zwischen Individuum und Gesellschaft

Für die im Rahmen dieser Arbeit gestellten Aufgabe zu prüfen, ob das Demokratiekonzept überhaupt auf den Bereich der Wirtschaft übertragbar ist, und das Ziel, möglichst einen für die praktische Gestaltung auch ökonomischer Prozesse tragfähigen Demokratisierungsbegriff zu entwickeln, werden daher im folgenden auf dem Hintergrund der bisherigen Überlegungen mir besonders wichtig erscheinende Aspekte systemtheoretischer Analyse, deutlicher als das bisher en passant schon geschehen ist, zunächst dargestellt und dann auf den zur Diskussion stehenden Problemaufwurf angewendet.

3.1.1. Sinnhafte Differenzierung und Komplexität von Handlungssystemen

Grundlegend für systemtheoretische Überlegungen ist die Definition des sozialen Systems als eines Handlungssystems. „Jede Sozialordnung,

[1] *Naschold*, F. (185), S. 56. Siehe hier auch die kritische Auseinandersetzung mit den „traditionellen“ Konzepten der direkten, repräsentativen und Rätedemokratie, der Öffentlichkeit, des demokratischen Zentralismus, des Parteienwettbewerbs besonders in bezug auf ihre innerorganisatorische Dimension, S. 17 ff. Ähnlich auch bei *Graetz*, W. (95), S. 18 ff.

[2] Zu einer Darstellung verschiedener, vor allem amerikanischer Ansätze der Systemtheorie vgl. *Narr*, W.-D. (183). Zur Verbindung von System- und Entscheidungstheorie vgl. *Naschold*, F. (186).

[3] Für den deutschsprachigen Raum sei stellvertretend auf Autoren wie N. *Luhmann*, F. *Naschold*, W.-D. *Narr*, J. *Habermas*, K. O. *Hondrich* verwiesen.

eine Familie, eine Behörde, eine Reisegesellschaft, eine primitive Stammeskultur oder eine Gewerkschaft kann als ein System von Handlungen aufgefaßt und analysiert werden[4]." Noch präziser wird dieser Denkansatz deutlich, wenn erklärt wird: „Sozialsysteme bestehen nicht aus konkreten Personen mit Leib und Seele, sondern aus konkreten Handlungen[5]."

Träger der Handlungen sind zwar lebende Einheiten, also Personen, diese werden jedoch in der Regel nicht als Ganzheiten in die Analysen einbezogen, sondern nur in bestimmten Handlungsausschnitten, die sich jeweils aus dem Umstand ergeben, daß die Person als Inhaber sozialer Positionen zum Rollenträger wird und insofern in soziale Systeme eingebunden ist.

Mit den verschiedenen sozialen Positionen verbinden sich bestimmte Verhaltenserwartungen, die dem Inhaber einer Position als Rollenerwartung entgegentreten[6]. Soziale Positionen sind aber immer mit anderen sozialen Positionen verbunden, zu Rollen finden sich also immer Partnerrollen, an Positionen gebundenes Verhalten ist somit immer als auf andere Positionen gerichtetes Verhalten zu denken und Handeln wird solcherart zu sozialem Handeln[7]. Soziale Systeme als Handlungssysteme konstituieren sich daher jeweils um bestimmte Rollensysteme[8].

Gegenüber anderen sozialen Systemen grenzen sich die einzelnen Systeme durch bestimmte Zwecke bzw. Sinnbeziehungen[9] ab. Diese Sinnbeziehungen vermitteln dem sozialen Handeln bestimmte Orientierungen, ermöglichen überhaupt erst spezifische Rollendifferenzierungen und lassen sich daher abstrakt als „Ordnungsform menschlichen Erlebens" bzw. als „Form der Erlebnisverarbeitung"[10] definieren.

Als oberster Sinnbezug kann die Bewältigung menschlicher Existenz in einer vielfältigen Umwelt angeshen werden. Dabei sieht sich der Mensch in seinem Erleben und Handeln ständig einer Spannung aus Tatsächlichem (Aktualität) und Möglichem (Potentialität) ausgesetzt. Diese Spannung ist charakterisiert durch eine „Überfülle des Möglichen, die bei weitem das überschreitet, was handlungsmäßig erreicht und erlebnismäßig aktualisiert werden kann". Was nichts anderes heißt, als daß es „stets mehr Möglichkeiten des Erlebens und Handelns gibt, als aktua-

---

[4] *Luhmann*, N. (155), S. 23.

[5] *Luhmann*, N. (155), S. 25.

[6] Vgl. zu einer zusammenfassenden Übersicht *Bolte*, K. M.: Der gesellschaftliche Aspekt menschlicher Existenz. In: *Bolte*, K. M. (33), S. 14.

[7] *Weber*, M. (242), S. 1.

[8] *Bolte*, K. M.: Der gesellschaftliche Aspekt menschlicher Existenz, (33), S. 15.

[9] Zur intensiven Diskussion des außerordentlich komplexen Sinnbegriffs vgl. *Luhmann*, N.: Sinn als Grundbegriff der Soziologie. In: *Habermas*, J. - *Luhmann*, N. (104), S. 25 ff. Im Zusammenhang mit dieser Arbeit erscheint mir die erhebliche Vereinfachung des Begriffs gerechtfertigt.

[10] *Luhmann*, N. (104), S. 31.

lisiert werden können"[11]; ein Sachverhalt, der im Begriff der Komplexität zu fassen versucht wird.

Das Bemühen um die Bewältigung menschlicher Existenz und damit die Summe dessen, worauf letztlich soziales Handeln rückführbar ist, kann, wie weiter oben bereits dargelegt wurde, als Bemühen um die Befriedigung von Bedürfnissen gekennzeichnet werden. Komplexität wäre dann die Bedingung, unter der, entsprechend der eben vorgestellten Definition, dieses Bemühen geschähe.

Rein formal ist Befriedigung von Bedürfnissen möglich, wenn Mittel zur Befriedigung zur Verfügung stehen. Jedoch sind solche Mittel in der Realität nicht einfach vorhanden, sondern sie müssen zur Verfügung gestellt werden. Wie ebenfalls bereits angesprochen, soll ein solches Zurverfügungstellen von Mitteln als Leistung verstanden werden: „Leistung ist die Bereitstellung von Mitteln (Leistungs-Mitteln) zur Befriedigung von Bedürfnissen (Leistungs-Zielen)[12]."

Leistungen werden in der Regel jedoch nicht von isolierten, d. h. hinsichtlich ihrer Bedürfnisse und der darauf gerichteten Befriedigungsanstrengungen autonomen Individuen, sondern überwiegend in Kooperation und im Austausch mit anderen Individuen erbracht. Zu diesem Zweck gehen die Individuen normalerweise auf Dauer gerichtete Beziehungen ein, d. h. daß der Kooperations- und Austauschprozeß von Leistungen vermittelt wird durch auf bestimmte Leistungen bzw. Leistungsarten ausgerichtete soziale Handlungssysteme, womit sich Leistungsprozesse als soziale Prozesse und umgekehrt soziale Systeme als Leistungssysteme konstituieren[13].

Die Summe all dieser Leistungsbeziehungen wird erfaßt im Begriff der Gesellschaft, die demzufolge als soziales Obersystem zu charakterisieren ist. Von diesen Überlegungen aus wird es dann verständlich, wenn Gesellschaft definiert wird als „Gesamtheit der geregelten sozialen Beziehungen (oder: der sozialen Systeme), die Menschen in bezug auf ihre Bedürfnisbefriedigung eingehen"[14].

Akzeptiert man, daß möglicherweise im Prinzip menschliche Bedürfnisse in Grundkategorien typisiert erfaßt werden können[15], daß aber sicherlich die konkret inhaltlichen Ausfüllungen dieser Grundkategorien

[11] *Luhmann*, N. (104), S. 32.

[12] *Hondrich*, K. O. (116), S. 9.

[13] Das muß nicht heißen, daß die angestrebten Leistungen auch tatsächlich erbracht werden, sondern nur, daß eine Chance dazu besteht; die Leistungserwartungen können auch enttäuscht werden. Dauerhafte Enttäuschungen wichtiger Erwartungspotentiale jedoch führen zur Gefährdung des Systems. Vgl. bereits ähnliche Bemerkungen bei *Weber*, M. (242), S. 13 ff.

[14] *Hondrich*, K. O. (117), S. 30.

[15] Vgl. u. a. *Maslow*, A. H. (160). Zu einer kurzen Übersicht vgl. *Grothus*, H. (100), besonders S. 33 ff.

individuell je ganz unterschiedliche Gestalt, besonders hinsichtlich ihrer zeitlichen und geographischen Dimension, annehmen werden[16], dann setzt die je historisch spezifische Gestaltetheit der Gesellschaft die Bedingungen und widerspiegelt zugleich in ihren Strukturen und Prozessen qualitativ und quantitativ den Stand des Insgesamts an Bemühungen, Mittel für die Bedürfnisbefriedigung der Gesellschaftsmitglieder zur Verfügung zu stellen, und d. h. sowohl den Grad als auch die Bewältigung von Komplexität.

3.1.2. Reduktion und Erhalt von Komplexität

Eine der Befriedigungssituation kennzeichnende, durch Vielfalt der Möglichkeiten alternativen Erlebens und Handelns geprägte Komplexität der Umwelt, zugleich Ausdruck und Folge der Entwicklung von Gesellschaft, zwingt wegen der begrenzten Kapazität des aktuellen Erlebens und Handelns zum Auswählen zwischen potentiellen Alternativen, zwingt zur Selektion, zur Entscheidung.

Die selektive Entscheidung, die als solche Verringerung der Vielfalt des Möglichen (Reduktion von Komplexität) ist, wird gesteuert bzw. orientiert an dem, was oben Sinn genannt wurde. Damit kann Sinn definiert werden als „selektive Beziehung zwischen System und Welt", deren Bedeutung darin liegt, „Reduktion und Erhaltung von Komklexität zugleich zu ermöglichen, nämlich eine Form von Selektion zu gewährleisten, die verhindert, daß die Welt im Akt der Determination des Erlebens auf nur einen Bewußtseinsinhalt zusammenschrumpft und darin verschwindet"[17].

Wir können also davon ausgehen, daß die sich im Prozeß sozialen Wandels erhöhende Umweltkomplexität, verstanden als die sich insgesamt bietenden Möglichkeiten des Erlebens und Handelns[18], also direkter und indirekter Befriedigungsmöglichketien, zunächst einmal zu interpretieren ist als Erhöhung des gesellschaftlichen Leistungspotentials bei gleichzeitiger Erhöhung des Bedürfnisniveaus[19]. Je komplexer nun die Welt,

[16] Hier ist nicht nur gemeint, daß die individuelle Rangordnung der Prioritäten und die Orientierung auf konkrete Befriedigungsmittel zwischen den Mitgliedern einer Gesellschaft bzw. zwischen verschiedenen Gesellschaften variieren können und in der Regel auch tatsächlich variieren, sondern auch, daß zwischen Leistungsprozeß und Bedürfnissen ein dialektisches Verhältnis besteht, dergestalt, daß die konkreten Bedürfnisinhalte u. a. als Produkt der spezifischen Struktur und des Niveaus des jeweiligen Leistungsprozesses der Gesellschaft, also als sozial vermittelt gedacht werden müssen. Gerade hierin ist ein wesentlicher Grund steigender Komplexität zu sehen.

[17] *Luhmann*, N.: Sinn als Grundbegriff der Soziologie. (104) S. 34.

[18] *Luhmann*, N.: Komplexität und Demokratie. In: *Luhmann*, N. (156), S. 44.

[19] Die Frage bleibt hier undiskutiert, ob ein steigendes Leistungspotential bei gleichzeitig steigendem Bedürfnisniveau auch tatsächlich zu gesteigerter

um so weniger kann sie im Rahmen nur eines Sozialsystems erfaßt, d. h. angestrebt und auch bewältigt werden.

Zum einen muß die Gesellschaft bestimmte Systemerhaltungsleistungen[20] erbringen, die der Umweltkomplexität angemessen, und zum anderen solche Konstruktionsleistungen zur Verfügung stellen, die die Komplexität selbst zu erhalten in der Lage sind[21].

Grundsätzlich zwingt, wie schon angesprochen, Umweltkomplexität zur Reduktion dieser Komplexität und d. h. zur Aktualisierung des allgemeinen Leistungspotentials zu konkreten Teilleistungen durch auswählende Entscheidungen zwischen kontingenten Alternativen. Diese Reduktion auf angemessenem Niveau wird im einzelnen spezifisch sinnbezogenen sozialen Subsystemen zugewiesen. Geringe Komplexität kann dabei in begrenzten Untergliederungen erfaßt werden, hohe Komplexität erfordert gesteigerte Systemdifferenzierung. Systembildung ist damit als Funktion im Sinne der Reduktion und Erhaltung von Komplexität zu verstehen. Und ihrerseits sind die Systeme selbst auf diese Funktion hin mit angemessener Eigenkomplexität auszugestalten, d. h. selbst komplex zu strukturieren.

Durch Parzellierung eines umfassenden Sinnbezugs, erscheinend in der zahlenmäßigen Ausdifferenzierung sinnbezogener Handlungssysteme und in deren internen Differenzierung durch Bildung von Subsystemen, bleibt also in den sozialen Beziehungen die Komplexität der Welt erhalten und wird zugleich auf das verkraftbare Maß reduziert. Dann sind z. B. das ökonomische, das politische und das kulturelle System mit ihren je spezifischen Leistungen als Untergliederungen des sie umgreifenden Obersystems Gesellschaft[22] zu begreifen und als funktionale Ausgliede-

---

Befriedigung (häufig nicht nur als quantitatives Problem, sondern im Zusammenhang mit der qualitativen Größe Zufriedenheit aufgeworfen) führt. Man kann m. E. jedoch davon ausgehen, daß zumindest die gesellschaftlichen Bemühungen auf ein höheres Leistungspotential mit der Absicht gerichtet sind, höhere Befriedigungen zu erreichen.

[20] Vgl. *Parsons*, T.: An Outline of the Social System. In: *Parsons*, T. (Hrsg.), (197), S. 30 und besonders S. 70 ff.

[21] Zum Verhältnis von strukturell-funktionalem und funktional-strukturellem Ansatz vgl. *Luhmann*, N. (157), S. 113 ff.

[22] Ein einem derartigen Gedankengang angemessener Begriff von Gesellschaft läßt sich folgendermaßen definieren: Gesellschaft als „das jeweils größte, in sich funktional differenzierte Sozialsystem, neben dem es nur noch Sozialsysteme gleichen Typs gibt.

Oder: Gesellschaft ist diejenige Ebene der Systembildung, von der ab es funktionale Differenzierungen gibt.

Oder noch schärfer: Gesellschaft ist dasjenige Sozialsystem, das die letzterreichbare Form funktionaler Differenzierung institutionalisiert" (*Luhmann*, N.: Moderne Systemtheorien als Form gesamtgesellschaftlicher Analyse. In: *Habermas*, J. - *Luhmann*, N. [104], S. 14 f.).

Oder noch anders: „Gesellschaft ist ... jenes Sozialsystem, das letzte, grundlegende Reduktionen institutionalisiert" (104, S. 16).

rung des Insgesamts an Bemühen zu charakterisieren, Bedürfnisbefriedigungen für Gesellschaftsmitglieder zu ermöglichen.

Die Frage, die sich anschließt, wo denn eine solche Gesellschaft ihrerseits ihre Grenzen, wer also als Gesellschaftsmitglied zu gelten habe, ist in der Wissenschaft bisher nicht ausdiskutiert und soll deshalb an dieser Stelle auch nicht weiter verfolgt werden, wiewohl sie unbestreitbar auch für die praktische Gesellschaftsgestaltung von eminenter Bedeutung ist. Wichtig erscheint mir hier festzuhalten, daß so definierte Gesellschaft ganz sicher nicht mehr im Rahmen überkommener Staatsgrenzen fixierbar ist. Ein erheblicher Teil der Schwierigkeiten der Lösung heutiger, häufig noch als national begriffener Probleme z. B. auf ökonomischer und politischer (hier vor allem auch militärischer) Ebene ergeben sich ja gerade daher, daß die Handlungsprozesse längst weit die alten nationalen Grenzen überschritten haben, während häufig auf diese Komplexität mit Mitteln und d. h. auch Organisationsstrukturen reagiert wird, die zu einer Zeit geringerer Komplexität vielleicht angemessen gewesen sein mögen. Die Verankerung von Entscheidungsprozessen in erlebnismäßigen und handlungsmäßigen Rahmen nationaler Staatsgrenzen, die auf Sachverhalte gerichtet sind, die diese Grenzen längst hinter sich gelassen haben, widerspiegeln insofern eine im Hinblick auf die Problemkomplexität zu geringe eigene Systemkomplexität und lassen sich von daher als disfunktional klassifizieren[23].

Wenn im Rahmen der öffentlichen Diskussion und auch im weiteren Verlauf dieser Arbeit trotzdem von der Gesellschaft der Bundesrepublik gesprochen wird, muß das als einengender Kompromiß verstanden werden, der seine Begründung zum einen im noch überwiegend gängigen Sprachgebrauch und zum anderen in einer zwar theoretisch unangemessenen, tatsächlich aber vorhandenen Verankerung und Begrenzung institutioneller Lösungsmöglichkeiten auf nationalstaatlicher Ebene findet. Die Diskussion über und die zukünftige Regelung von Problemen öffentlicher Ordnung, also auch der Demokratie, muß jedoch immer diese relative Unbestimmtheit gesellschaftlicher Grenzen reflektieren[24].

---

[23] Die analytische Tragfähigkeit des hier vorgestellten theoretischen Ansatzes scheint sich also durchaus zu bestätigen. Jedoch bleibt offen, inwieweit aus einer solchen Analyse für dieses spezifische Problem gesellschaftlicher Evolution, nämlich die Erfassung des stattfindenden Wandels durch positive gesellschaftliche Regelungen, konkrete Schlußfolgerungen gezogen werden können.

Vgl. die Diskussion zwischen *Luhmann* und *Habermas* in: *Habermas*, J. - *Luhmann*, N. (104), besonders S. 270 ff. und S. 361 ff.

Zur Darstellung einiger wichtiger Aspekte des sozialen Wandels auf unsere heutige Situation vgl. *Bolte*, K. M.: Gesellschaft im Wandel. (32), S. 71 ff.

[24] Die mit dem Begriff der Gesellschaft beschworene „Einheitlichkeit der sozialen Totalität" müsse als nicht mehr gegeben angesehen werden. Gesellschaft könne keine reale Einheit mehr sein, sondern bestimme sich nach den Grenzen der veranstalteten Leistungsprozesse; z. B. ist daher eine ökonomische von einer politischen Gesellschaft zu unterscheiden und kann durchaus andere

3.1.3. *Die Identität des Individuums*

Wenn nun die Gesellschaft als Gesamtsystem unter den Bedingungen hoher Umweltkomplexität steht, muß diese Komplexität in irgendeiner Weise auf die Personen zurückwirken:

Das findet zunächst einmal seinen systemtheoretisch begrifflichen Niederschlag darin, daß die Menschen in ihrer personalen Einheit aus sozialwissenschaftlicher Sicht als „Aktionssysteme eigener Art" begriffen werden, „die durch einzelne Handlungen in verschiedene Sozialsysteme hineingeflochten sind, als System jedoch außerhalb des jeweiligen Sozialsystems stehen"[25].

Dieses Hineingeflochtensein in verschiedene soziale Systeme nimmt im Prozeß der Vergesellschaftung, d. h. der steigenden arbeitsteiligen Nutzung immer spezialisierterer Leistungen in eigenen Systemen, zu. Was auf der personalen Ebene zur Konsequenz hat, daß der Charakter der sozialen Beziehungen sich ändert und daß das Problem der Identität der Person unter eben den Bedingungen steigender Umweltkomplexität nicht mehr im Rahmen überschaubarer Systemkonstruktionen gemeistert werden kann.

Im Unterschied zu einfachen Gesellschaften, in denen es zwar auch Rollendifferenzierungen gibt, die Person als Rollenträger aber in den verschiedenen Handlungsbeziehungen überwiegend wieder den selben Personen begegnet, sind entwickelte Gesellschaften durch eine gesteigerte Rollendifferenzierung gekennzeichnet. „Einmal tritt sie (die Person, Anm. d. Verf.) mit immer mehr Personen, direkt oder indirekt, in Kontakt, gerät also in ein tendenziell universales Netz von Abhängigkeiten; zum anderen werden die Kontakte immer spezifischer, jeweils nur auf bestimmte Leistungen bzw. Rollen bezogen[26]."

Bewirkt durch die zunehmende funktionale Ausdifferenzierung von Handlungssystemen also, findet ein Prozeß der Partikulierung und Anonymisierung der sozialen Beziehungen statt[27]. Indem sich die Individuen

---

Rollenträger umfassen. Ob allerdings praktisch damit etwas gewonnen ist, wenn denen, die sich weiterhin an Staatsgrenzen als Gesellschaftsgrenzen orientieren, einfach ein falsches Identitätsgefühl bescheinigt wird, muß bezweifelt werden (vgl. den hier kurz skizzierten Ansatz bei *Hondrich,* K. O. [117], S. 39 ff.). Ob auf die Zukunft für unseren Bereich wenigstens in einer Annäherung an das Komplexitätsgebot und die vergangene „soziale Totalität" einer einheitlichen Gesellschaft mit Europa als Bezugseinheit zu rechnen ist, steht noch aus.

Zu einer Bestandsaufnahme der die Staatsgrenzen übergreifenden Rechtsregelungen und der durch sie bewirkten tendenziellen Auflösung der nationalen Staaten als geschlossener Hoheitsgebiete im Bereich der EG vgl. *Ipsen,* H. P. (119). Zur kritischen Diskussion dieses Ansatzes vgl. *Everling,* U. (77), S. 73 ff.

[25] *Luhmann,* N. (155), S. 25.

[26] *Hondrich,* K. O. (117), S. 41.

weniger als Personen denn als Rollenträger begegnen, sind auch Interessenkonflikte weniger als Konflikte zwischen Personen denn als Rollenkonflikte zu charakterisieren; wobei zu bedenken ist, daß solche Konflikte in gesteigertem Umfang auch innerhalb einer Person auf Grund seiner differenzierten Rollenträgereigenschaft auftreten und insofern auf die Person als soziale Einheit mit Interessenidentität verzichtet werden muß; was gerade auch in der Demokratieproblematik von Belang ist, insofern die freie und gleiche Interessendurchsetzung als Ziel von demokratischer Ordnung hinfort weniger als die Person als Einheit denn konkret die Person als Rollenträger betreffende Problematik zu begreifen ist, da im konkreten Einzelfall die in der Person zusammenkommenden Rollen z. B. des Produzenten und Konsumenten auseinanderfallen können.

Das hat zur Konsequenz, daß die Identität einer Person sich nicht aus der partiellen Mitgliedschaft, d. h. der Rollenträgerschaft in einem sozialen System etwa, sondern nur aus der Summierung aller Rollen ergeben kann. Anders ausgedrückt: „Im personalen System kommen die verschiedenen sozialen Systeme in ihren kleinsten Einheiten, nämlich als Rollen, zusammen und müssen im Hinblick auf das personale Bedürfnissystem integriert werden[28]. Je vielfältiger die sozialen Systeme sind, in die der einzelne eingebunden ist, um so schwieriger wird eine solche Integration zu bewältigen sein.

Für die einzelnen sozialen Systeme folgt daraus, daß sie sich, zumal wenn sie als auf bestimmte Zwecke hin formalisierte Leistungssysteme, also als Organisationen erscheinen, gegenüber den Individuen und ihren Bedürfnissen verselbständigen und daß sie, bezogen auf das Gesamtsystem, die Verflochtenheit mit anderen Systemen und die Erwartungen der ihre Mitgliedschaft ausmachenden Rollenträger komplexe Funktionen zu erfüllen haben. Es ergibt sich eine spezifische Spannung zwischen den Systemen und ihrer personalen Umwelt: „Soziale Integration (von Handlungssystemen) und persönliche Integration (von Handlungssystemen) fallen stärker als je auseinander.“ Womit gemeint ist, „daß Handlungen und Erwartungen, Symbole und Ausdrucksmittel für die Organisation eine andere Funktion haben als für den Menschen. Soweit das Handeln des Menschen in die Organisation hineingezogen wird, dient es nicht mehr ohne weiteres seiner Selbstdarstellung“[29].

---

[27] Mit Recht wird darauf verwiesen, daß es sich hier weniger um einen nur intensiveren Prozeß der „Rollentrennung“, als „um einen Wechsel in der Art der Rollenverbindung, der die soziale Struktur trägt“, handelt (*Luhmann*, N.: Soziologie des politischen Systems. (156), S. 155).

[28] *Hondrich*, K. O. (117), S. 40.

[29] *Luhmann*, N. (155), S. 26. Vgl. auch *Naschold*, F. (185), S. 12.

3.1.4. Individuelle Entfaltung und hohe Komplexität

Von daher stellt sich die Frage, wie denn unter der Bedingung hoher Komplexität eben diese individuelle Selbstdarstellung, d. h. die Befriedigung seiner Bedürfnisse bei Konkurrenz mit den Befriedigungsansprüchen der anderen Gesellschaftsmitglieder, also die freie und gleiche Entfaltung der Gesellschaftsmitglieder durch eine optimale Kombination der Leistungsressourcen der Gesellschaft gewährleistet und möglichst gesteigert werden kann.

Insofern stellt sich das Problem einer gesellschaftlichen Ordnung, die sich am Prinzip von Freiheit und Gleichheit orientiert, gleichermaßen als ökonomisch-technisches, d. h. auf Produktivität gerichtetes und als normatives Problem dar. Und daraus wiederum ergibt sich als grundlegende Konsequenz die gravierende Einsicht, daß zum einen die auf normative Veränderungen gerichteten und auf Steigerung bzw. Erhalt des Produktivitätsniveaus gerichteten Anstrengungen durchaus nicht gleichgerichtet verlaufen müssen, sondern im Gegenteil ganz oder teilweise konträr verlaufen können; und daß zum anderen solche normativen Regelungen, die Komplexität nicht nur bei gleichzeitigem Bemühen um ihren Erhalt reduzieren, sondern sie vernichten, als unter den Bedingungen einer hochentwickelten Industriegesellschaft disfunktional gewertet werden müssen.

Reduktion von Komplexität wird, wie oben dargelegt, durch sinnbezogene Entscheidungen vollzogen. Begreift man Entscheidungen als „Informationsverarbeitungsprozesse in Systemen"[30], dann sind Ordnungen hochkomplexer Gesellschaften, die auf die Realisierung von Freiheit und Gleichheit der Gesellschaftsmitglieder gerichtet sind, nur dann als funktional zu klassifizieren, wenn es gelingt, solche Entscheidungsprozesse zu institutionalisieren, die sowohl dem normativen als auch dem Produktivitätskriterium genügen. Von diesem Ansatz aus scheinen mir nur solche normativen Strategien den realen Bedingungen einer Gesellschaft wie der der Bundesrepublik angemessen zu sein, die z. B. darauf zielen, eine „Steigerung organisations-interner Demokratie bei gleichzeitiger Aufrechterhaltung, wenn nicht gar Steigerung der Leistung" zu erreichen[31].

---

[30] Vgl. *Naschold*, F. (185), S. 56.

[31] *Naschold*, F. (185), S. 10 und besonders S. 62 ff. Zu beachten ist, daß der hier verwendete Leistungsbegriff nur auf den Produktivitätsaspekt bezogen wird und insofern enger ist als der in dieser Arbeit benutzte. Wie sinnvoll jedoch der weitere Begriff ist, zeigt sich, wenn man bedenkt, daß die Ausweitung von Demokratiepotential im Sinne *Nascholds* von ihm offenbar als zusätzliche soziale Leistung begriffen wird, und damit sein eigener Leistungsbegriff an dieser Stelle ungenau gehandhabt wird.

3.2. Freie Entfaltung aller Individuen als universell-gesellschaftliches Problem

3.2.1. Demokratische Ordnung und gesellschaftliche Komplexität

Die Regelung gesellschaftlicher Ordnung ist also als theoretisches und praktisches Problem der Gestaltung gesellschaftlicher Entscheidungsprozesse zu begreifen.

Durch Entscheidungen werden bestimmte Alternativen aus einem zunächst unbestimmten Alternativenraum ausgewählt. Damit setzen Entscheidungen Prioritäten für Befriedigungsmöglichkeiten; was nichts anderes heißt, als daß durch die formelle und inhaltliche (auf Ziele und Mittel gerichtete) Strukturierung von Leistungsprozessen einerseits die Realisierung bestimmter Interessen ermöglicht wird, wie anderseits durch eben den gleichen Gestaltungsakt andere Interessen bzw. Befriedigungserwartungen enttäuscht werden.

Im Sinne der weiter oben entwickelten Definition repräsentiert die Möglichkeit zum Treffen von Entscheidungen, deren Verbindlichkeit gegenüber betroffenen Handlungseinheiten durch die Anwendung von Sanktionen gesichert wird, Macht. Insofern die Entscheidungsmöglichkeit formalisiert, also an bestimmte soziale Positionen gebunden und also institutionalisiert ist, liegt Herrschaft vor[32].

Demnach ermöglicht Herrschaft institutionell verankerte Interessendurchsetzung. Damit nun Herrschaft einer gegebenen Umweltkomplexität angemessen Rechnung trägt bzw. tragen kann, d. h. die Fülle alternativer Erlebnis- und Handlungsmöglichkeiten sinnhaft nicht auf nur wenige Interessenpositionen reduziert wird, erscheint es notwendig sicherzustellen, daß die jeweils betroffenen Herrschaftspositionen und mithin die jeweiligen Inhaber dieser Positionen in bestimmten Leistungssystemen einerseits genügend unabhängig gegenüber einzelnen Interessenpositionen fungieren und andererseits die Fülle unterschiedlicher Interessen angemessen berücksichtigen — das letztere schon allein deswegen, um das gesamte Leistungsergebnis nicht durch partielle Leistungsverweigerungen solcher Gruppen zu gefährden, deren Interesse zu geringe Berücksichtigung gefunden haben, bzw. die sich in ihren Interessen zu gering berücksichtigt glauben.

Die aus diesem funktionalen Anspruch resultierenden Charakteristika der Offenheit, Unbestimmtheit und Konfliktgeladenheit[33] von herr-

[32] Vgl. zur Funktion von herrschaftlicher Macht (dort „formale Autorität" genannt) in bezug auf sinnhafte Reduktion von Umweltkomplexität *March*, J. G. - *Simon*, H. A. (162). Dazu auch bei *Naschold*, F. (186), S. 138 ff.
Zur Definition der hier benutzten Begriffe vgl. nochmals *Luhmann*, N.: Soziologie des politischen Systems. (156), S. 166 ff.

[33] Vgl. zu den Begriffen *Luhmann*, N.: Soziologie des politischen Systems. (156), S. 166 ff.

schaftlichem Entscheidungshandeln verweisen auf die Notwendigkeit, daß aus Gründen der Stabilisierung von Entscheidungsprozessen und damit des Erhalts stabiler sozialer Systeme auf hohem Komplexitätsniveau schlechthin Herrschaft eines prinzipiellen Konsenses bei den von den Entscheidungen Betroffenen bedarf; dergestalt, daß die Art und Weise, wie Entscheidungen zustandekommen, grundsätzlich als legitim angesehen werden. Vermittelt wird die Legitimität durch die jeweilige Herrschaftsordnung des einzelnen Leistungssystems.

Solche partiellen Herrschaftsordnungen sind jedoch nicht als isolierte, quasi autonome Ordnungen, sondern nur als Teil der Gesamtordnung von Gesellschaft zu begreifen. Insofern müssen sie sich den Bedingungen des Gesamtsystems funktional unterordnen.

Als Bedingung des Gesamtsystems auf hoher Entwicklungsstufe der Prozesse gesellschaftlicher Leistungserstellung wurde der Erhalt und die Reduktion eines hohen Grades von Umweltkomplexität herausgearbeitet. Eben dieser Anforderung müssen Herrschaftsordnungen funktional genügen.

Durch Kombination von mehrheitlicher Zustimmung der Herrschaftsunterworfenen, zeitlicher Begrenzung und öffentlicher Kontrolle in bezug auf das Recht, über andere institutionell Macht auszuüben, mit zusätzlichen Regelungen, die über die Legitimierung von Herrschaft hinaus benötigt werden, ein gewisses Maß an Qualität und Kontinuität der Herrschaftsausübung zu sichern, scheint allein die Gewähr geboten, die Vielfalt der Interessen mit der Vielfalt der Befriedigungsmöglichkeiten derart zu verbinden, daß dauerhaft Stabilität und Flexibilität von Systemen erhalten werden kann[34] und der gebotene Konsens zu erreichen ist.

Eine derart charakterisierte demokratische Herrschaftsordnung läßt sich von daher in ihrer funktionalen Potenz definieren als „Erhaltung der Komplexität trotz laufender Entscheidungsarbeit, Erhaltung eines möglichst weiten Selektionsbereichs für immer wieder neue und andere Entscheidungen. Darin hat Demokratie ihre Rationalität und Menschlichkeit: ihre Vernunft“[35].

---

[34] Das Problem herrschaftlicher Ordnung und damit der Demokratie besteht insofern nicht nur in einer breiteren Legitimation durch und Partizipation der Herrschaftsunterworfenen an, sondern gleichermaßen in der Koordination weitgefächerter Willensprozesse zu einer sinnvollen Gesamtleistung. Es ist die Frage aufgeworfen, wie denn die dezentrale Wahrnehmung partieller Interessen so zusammengefügt und ausbalanziert werden kann, daß die Stabilität des Ganzen nicht leidet, daß der gesamtgesellschaftliche Entscheidungsprozeß z. B. nicht zum Spielfeld mächtiger Interessengruppen wird. Es ist also gefragt nach der Handlungsfähigkeit der Entscheidungsinstanzen gegenüber Partialinteressen und ihren möglichen Organisationen. Das gilt als Problem für die Gesellschaft als ganze ebenso wie für ihre Teilsysteme, also auch für Staat und Unternehmen beispielsweise.

[35] *Luhmann*, N.: Komplexität und Demokratie. (156), S. 41.

3.2.2. Das politische System als Träger gesellschaftlicher Ordnungsleistungen

Insofern das politische System als Ausdifferenzierung des Obersystems Gesellschaft mit der Funktion begriffen werden kann, „die gesellschaftliche Ordnung mit politischen Mitteln durch ein Sicherungsgerüst von verbindlichen und oktroyierbaren Normen und ein organisiertes Aktionssystem zu schaffen, zu sichern und zu verändern“[36], gilt das Postulat der demokratischen Herrschaftsordnung zunächst vor allem für diese selbst, wird Demokratie zum „universell gültigen normativen Postulat[37]“, kann aber nicht darauf beschränkt bleiben.

Wenn also als Funktion des politischen Systems die Erbringung von Ordnungsleistungen für die Gesellschaft gilt, für deren Verbindlichkeit, im Gegensatz zu anderen Systemen, ihm der Einsatz legaler physischer Zwangsmittel zur Verfügung steht[38], muß besonders dieses generelle Ordnungshandeln prinzipiell demokratisch legitimiert sein. Prinzipielle demokratische Legitimation heißt, daß die Gesellschaftsmitglieder in ihrer Rolle als Staatsbürger die grundsätzliche, durch Wahl vermittelte Zustimmung für politisches Entscheidenkönnen pauschal erteilen und die inhaltlichen Prinzipien des Entscheidungshandelns entsprechend eines demokratisch gesetzten Rechtsrahmens zur Anwendung gelangen. Im Rahmen eines solchen Demokratieverständnisses wird auf die inhaltliche A-priori-Fixierung eines Allgemeinwohls verzichtet, dieses wird vielmehr als Ergebnis demokratisch bestimmter Entscheidungsprozesse gesehen. Ausdruck findet die demokratische Ordnungsidee in der Verfassung, die insofern zunächst Staatsverfassung ist.

Ein an historischen Bedingungen orientiertes Verständnis rechtsstaatlicher Verfassung aber, das die Funktion der Verfassung primär als „nach ihrer Logik und Struktur auf die Gewährleistung von Freiheit, genauer auf die Sicherung der Gewißheit der gesetzmäßigen Freiheit angelegt“[39] begreift, ihrem Wesen nach Freiheit als individuellen, die Person tendenziell als ganzen einbeziehenden Freiraum gegenüber dem Staat versteht, scheint den Bedingungen einer hochentwickelten Industriegesellschaft nicht mehr angemessen. Eine solche Interpretation verkennt, daß die reale Freiheit der großen Zahl der Gesellschaftsmitglieder immer weniger durch direkte Eingriffe staatlicher Obrigkeit gefährdet wird, als daß vielmehr die mannigfache Verzahnung der Individuen als Rollenträger in die arbeitsteilig funktional ausdifferenzierten Subsysteme, ihr unterschiedlicher Zugang zu den spezifischen Leistungen der einzelnen

---

[36] *Stammer*, O. (227), S. 565.

[37] *Luhmann*, N.: Komplexität und Demokratie (156), S. 38.

[38] Vgl. zur Definition des politischen Herrschaftsverbandes *Weber*, M. (242), S. 29. Auch: *Eschenburg*, T. (71), S. 17.

[39] *Forsthoff*, E. (83), S. 78.

Handlungssysteme also, als Bedingung gesellschaftlicher Freiheit, d. h. Selbstbestimmung und Bedürfnisbefriedigung, festgemacht werden muß.

Für die staatliche Herrschaftsordnung hat das zur Konsequenz, daß neben der prinzipiellen demokratischen Legitimation des Entscheidungshandelns, die als pauschale politische Zustimmung zum Ausdruck kommt, ausreichend Raum für die Artikulation von Forderungen, die aus konkreten Rolleninteressen erwachsen, gegeben wird, ohne daß das grundsätzliche Mandat an die Bemühungen um die Durchsetzung bestimmter konkreter Interessen gebunden wird[40].

3.2.3. *Die demokratische Gestaltungsfunktion des Sozialstaates*

Für das Verfassungsverständnis hat der Umstand, daß sich Freiheit aus der Chance des Zugangs zu den Leistungen einzelner sozialer Systeme für die Rollenträger ableiten läßt, zur Folge, daß die verfaßten Individualrechte nicht nur als gegenüber dem Staat wirksam, sondern als genereller gesellschaftlicher Wertekanon[41] angesehen werden müssen mit der Konsequenz, daß die politische Verfassung als „Gesamtordnung des Gemeinwesens“[42], als „Gesellschaftsverfassung“[43] gewertet wird, aus der sich ein Verfassungsauftrag zu „ordnungspolitisch offensiven Gestaltungsmöglichkeiten“[44] im Sinne der Sozialstaatlichkeit für das politische Entscheidungshandeln ableiten läßt[45].

Im Sinne einer so umgreifenden Wertaussage der Verfassung kann dann gefordert werden, daß auf alle gesellschaftlichen Herrschaftsverhältnisse, insbesondere auch die ökonomischen, das Prinzip demokratischer Strukturierung von Entscheidungsprozessen, insbesondere hinsichtlich Legitimation und Kontrolle, zu übertragen sei[46].

Diese normative Forderung läßt sich noch weiter systemtheoretisch untermauern. Wenn, wie oben dargelegt, eine tendenziell unendliche Umweltkomplexität dazu zwingt, das Obersystem Gesellschaft sich funktional durch Ausdifferenzierung in Subsysteme dieser Umweltkomplexität durch entsprechende Eigenkomplexität anzupassen; und wenn das politische System, als Träger verbindlicher Ordnungsleistungen für das

---

[40] Vgl. *Luhmann*, N.: Komplexität und Demokratie (156), S. 40 f.

[41] Zur Werthaltigkeit des Grundgesetzes vgl. *Maunz*, T. - *Dürig*, G. - *Herzog*, R. (169), Art. 1 Abs. 1; auch Art. 20, Randnotiz 72 und 73. Abweichend u. a. *Forsthoff*, E. (83), besonders S. 67 ff. und S. 147 ff.

[42] *Bulla*, E. (43), S. 227. Auch: *Ehmke*, H. (67), S. 13 ff. *Scheuner*, U. (213), S. 23.

[43] *Scholz*, R. (219), S. 94.

[44] (219), S. 95.

[45] Vgl. *Maunz*, T. - *Dürig*, G. - *Herzog*, R. (169), Art. 2 Abs. 1, Randnotiz 24. *Bulla*, E. (43), S. 235, im Anschluß an Bundesverfassungsgericht [BVerfGE 22, S. 180 (204)].

[46] Vgl. u. a. *Boettcher*, E. u. a. (30), S. 71 ff.

Gesamtsystem und damit für alle seine Teilsysteme, aus Gründen der Erhaltung von Komplexität demokratisch strukturiert sein muß, um die Vielfalt der Interessen angemessen berücksichtigen zu können, dann erscheint es sinnvoll, da die Personen nicht als ganze in die Teilsysteme integriert sind, sondern konkrete Handlungen ein soziales System ausmachen und damit also Rollenträger interagieren, der Interessenvielfalt auch im auf spezifische Rollen begrenzten Entscheidungsprozeß des einzelnen sozialen Systems, zumal wenn es sich um ein organisiertes, also herrschaftlich geordnetes System handelt, durch eine demokratische Herrschaftsordnung Rechnung zu tragen.

Ergänzt wird diese These durch die Überlegung. daß aus Gründen der Stabilität des Gesamtsystems ein Mindestmaß konsenshafter Integration der Subsysteme in das Werte- und Normengeflecht erforderlich ist. Wenn „eine minimale Integration möglich sein soll, müssen sowohl die Werte und Normen der höheren und der niedrigeren Spezifizierungsebenen als auch die Werte und Normen der einzelnen Funktionsbereiche ein gewisses Maß an Konsistenz aufweisen“[47].

Die gleichzeitige Erhaltung und Reduktion von Komplexität als Funktion demokratischer Strukturierung von Herrschaftsprozessen kann auch beschrieben werden als ständiges Bemühen um und „Vermittelung von Konsensus über die Ausübung von Macht und Herrschaft durch ganz bestimmte Personen und Gruppen und ganz bestimmte bindende Entscheidungen“[48].

Daraus eben ist zu folgern, daß wegen der Heterogenität und Vielfalt der sich in Rollen artikulierenden Interessen der Gesellschaftsmitglieder eine solche Konsensbildung nicht ausreichend gesichert ist, wenn das Prinzip demokratischer Legitimation auf den politischen Herrschaftsbereich beschränkt bleibt[49].

Bedacht werden muß aber immer wieder, daß demokratische Legitimation von Herrschaft nicht ausreicht, langfristig Konsens zu bilden bzw. zu erhalten, wenn die demokratisch-strukturierten Entscheidungsprozesse inhaltlich wesentliche andere, vor allem produktive Leistungserwartungen nicht ausreichend erfüllen, d. h. daß demokratische Legitimation in bezug auf die Komplexitätsbedingung war eine notwendige, aber keine hinreichende Bedingung von Konsens ist. Oder anders herum: es muß damit gerechnet werden, daß demokratische Legitimierung von Herrschaft als alternative Leistungsbedingung und nicht als absolute bzw. A-priori-Bedingung erlebt und empfunden wird, auf die verzichtet werden kann oder gar muß, wenn so strukturierte Herrschaft alternativen Leistungserwartungen nicht entspricht und diese Nichtentsprechung

[47] *Parsons*, T. (195), S. 42.
[48] *Parsons*, T. (196), S. 70.
[49] Vgl. u. a. *Kevenhörster*, P. (127), S. 33 ff.

ursächlich mit ihrer demokratischen Struktur in Verbindung gebracht wird. Eine solche Überlegung macht erneut deutlich, welche Bedeutung dem gesellschaftlich-realen Spannungsverhältnis zwischen dem produktiven und dem normativen Aspekt von Leistungsprozessen und damit auch einer Demokratisierung zugemessen werden muß.

3.2.4. Demokratische Partizipation und Selbstbestimmungserfahrung

Konsens der Inhaber von Herrschaftspositionen mit den von herrschaftlichen Entscheidungen Betroffenen setzt eine gewisse Abstimmung der Interessen voraus. Abstimmung der Interessen jedoch nicht als ganzes und pauschal, sondern jeweils spezifisch auf die besonderen Rollen bezogen. Insofern ist Konsens nur ein inhaltlicher Ausdruck der herrschaftlichen Funktion von Repräsentanz der Betroffenen[50].

Damit die Gruppe der jeweils Herrschenden tatsächlich Repräsentanten der vom Entscheidungshandeln Betroffenen sein können, setzt das m. E. eine aktive Beteiligung am Willensbildungsprozeß und eine auf die Einhaltung bestimmter Ziele gerichtete Kontrolle voraus[51]. Als Bedingung der Repräsentation läßt sich daher die Artikulierung der Interessen festmachen[52], „... weil nur unter dieser Bedingung die zahlreichen und verschiedenartigen Ziele realisiert werden können, auf die die Gesellschaft als ganze und ihre Subgruppen ausgerichtet sind"[53].

Eine solche Argumentation leitet über zu einer Position, die Partizipation bzw. Artikulation darüber hinaus weniger als Mittel zum Zweck denn als Zweck selbst begreift. Es wird formuliert, „daß Demokratie nicht nur eine politische Form, ein nach bestimmten Spielregeln vor sich gehender Vorgang der politischen Willensbildung oder eine politische Methode ist, sondern auch ein gesellschaftliches Ziel darstellt und aus eben dieser Zielsetzung eine inhaltliche Festlegung erfährt"[54].

So fördere Beteiligung als Mittel „die Durchsetzung individueller Interessen, die auch bei einer wohlwollenden Führungsgruppe nicht angemessen in ihrer Komplexität erfaßt und verwirklicht werden können. Doch über die erhöhte Chance der Durchsetzung der mehr materiellen Interessen des Individuums hinaus wird Beteiligung auch als Zweck in sich selbst angesehen, der in ihrem therapeutisch-pädagogischen Nutzen gesehen werden muß. Die Teilnahme am politischen Leben bietet dem Individuum ein ‚outside interest', das die Enge der rein privaten Lebensweise übersteigt und damit die Sinnhaftigkeit des Lebens steigert. Teil-

[50] Vgl. zum Begriff der Repräsentanz insgesamt *Voegelin*, E. (238), S. 49 ff.

[51] Zum Begriff der „aktiven Gesellschaft" vgl. *Etzioni*, A. (76).

[52] *Voegelin*, E. (238), S. 67.

[53] *Etzioni*, A. (75), S. 168.

[54] *Stammer*, O. (228), S. 283. Vgl. auch *Narr*, W.-D. und *Naschold*, F. (184), S. 157 ff.

nahme an Gruppenprozessen führt zur Herausbildung von Gruppenidentifikationen, die einen Schutz vor narzißtischer Selbstisolierung bieten. Sie ermöglicht die Entwicklung latenter und die Herausbildung neuer Fähigkeiten der Individuen. Individuelles Selbstbewußtsein wird eben nicht nur durch die Kenntnis vom formalen Recht auf Beteiligung, sondern gerade durch dessen Ausübung entwickelt. Beteiligung bietet somit individuelle Entwicklungschancen, die in der traditionellen Diskussion als Selbstverwirklichung des Menschen, als ‚Ekstase des aufrechten Ganges' (*Bloch*) bezeichnet werden"[55].

Insofern Demokratie über die Charakterisierung als Herrschaftsform hinaus auch „Lebensform"[56] sein soll, insofern Partizipation als sozialethische Entsprechung des Mitmenschlichen im personalethischen Sinne, als Merkmal also „menschengerechten" Lebens angesehen wird[57], wird Demokratie nicht nur mittelbar Ordnungsleistung, um damit Interessendurchsetzungen chancenmäßig zu vereinheitlichen, sondern wird Demokratie inhaltlich bestimmtes Leistungsziel in Form von Partizipation um seiner selbst willen.

Partizipation in diesem Sinne ist dann nicht mehr nur die Voraussetzung dafür, Herrschende zu tatsächlichen Repräsentanten von Interessen anderer zu qualifizieren, sondern Partizipation ist Ausdruck der Repräsentanz seiner selbst, der individuellen Selbstbestimmung im engsten Sinne. Sie ermöglicht insofern auch bzw. gerade unter den Bedingungen tendenziell unendlicher Umweltkomplexität und partikularer Eingebundenheit in soziale Handlungssysteme, einer dem Individuum mehr und mehr fremd gegenüberstehenden und das Individuum fremdbestimmenden Welt die Chance, eben diese komplexe und fremde Welt in den jeweiligen konkreten Handlungssituationen auf ein verkraftbares Maß zu reduzieren, durch Selbstbestimmung zu sich selbst, trotz vorhandener Tendenzen anonymisierender Entfremdung vom empfundenen Objekt zum erlebten Subjekt, zumindest teilweise also zur Identität der Person zu finden.

Partizipation in diesem Sinne jedoch muß auf die jeweilige Handlungssituation hin spezifiziert werden, um sie nicht der Gefahr auszusetzen, daß die Idee sich im Unverbindlichen verflüchtigt. Häufig genug läßt sich allerdings feststellen, daß Partizipation im Totalen gemeint wird, hinter der Forderung nach ihr immer wieder Vorstellungen von der Realisierbarkeit einer umfassenden direkten Demokratie als Dauerlösung der Regelung sozialer Prozesse aufscheinen, so etwa in der Umschreibung eines radikaldemokratischen Modells als „Partizipation aller Bürger am diskutant aufzuhellenden politischen Entscheidungsprozeß"[58].

[55] *Naschold*, F. (185), S. 50 f.

[56] *Friedrich*, C. J. (88).

[57] *Rich*, A. (205), S. 58 und S. 72 ff.

Partizipation aller bei allen Entscheidungen — die Überforderung der Person und auch der Ökonomie gesellschaftlicher Entscheidungsprozesse ist evident; die Idee der Partizipation läßt sich auf diese Weise zu Tode reiten. So verstandene Partizipation muß an der hohen Umweltkomplexität scheitern, die, wie oben zu zeigen versucht wurde, angemessen nur durch immer weitere sinnhaft spezifizierte Ausdifferenzierung von Subsystemen reduziert werden kann, die das Individuum in immer spezifischeren Handlungsbeziehungen, nur in immer detaillierteren Rollenbezügen erfassen. Partizipation ist insofern sinnvoll ebenfalls nur auf die jeweils aktuelle Rolle bezogen zu definieren; die Beteiligung aller bei allen Entscheidungen wäre der verzweifelte und notwendigerweise zum Scheitern verurteilte Versuch einer Wiederherstellung bzw. gemeinten Bewahrung einer längst von der Entwicklung der Gesellschaft zerstörten bzw. unmöglich gemachten Totalität individuellen und damit letztlich auch gesellschaftlichen sozialen Handelns.

Die Persönlichkeit als erlebende und moralische Einheit trotz aller handlungsmäßigen Differenzierung dennoch zu erhalten und zu stärken, den Menschen nicht als bloße Summierung kleiner Rädchen im sich verselbständigenden System Gesellschaft verlorengehen zu lassen, in diesem Sinne dem einzelnen Menschen eine sich selbst bewußte Qualität zu vermitteln — diesem Ziel verhaftet zu sein, ist die intendierte Funktion einer Partizipation als Zweck in sich, von der oben die Rede war. Derart ist auch die geforderte Besinnung auf eine humane Politik, ja auf eine Wiederherstellung von Politik schlechthin als eines Gestaltens der Welt durch den Menschen zu seiner Erfüllung zu begreifen: „So wäre die erste Voraussetzung für die Wiederherstellung einer Politik, mit der wir die vom Menschen gemachte Welt meistern könnten, die Wiederherstellung der Erfahrung von Selbstbestimmung[59]."

Die identitätsbildende Kraft von Demokratie jedoch in Form der Erfahrung von Selbstbestimmung, d. h. des zu entwickelnden Bewußtseins, weniger Gegenstand zu sein bzw. sein zu wollen, mit dem etwas geschieht, sondern immer mehr selbst tun und entscheiden zu können bzw. können zu wollen, also sich vom gesellschaftlichen Objekt zum gesellschaftlichen Subjekt zu emanzipieren, bzw. emanzipieren zu wollen, diese Kraft entfaltet sich nicht aus sich heraus, sie muß aus Lernprozessen gewonnen werden.

Die hochgradig arbeitsteilig differenzierte und weitgehend bürokratisch verfestigte Organisation gesellschaftlicher Leistungsprozesse einer entwickelten Gesellschaft aber enthebt den einzelnen nur zu häufig der Notwendigkeit, selbst gestaltend und also auch politisch in diesem Sinne

[58] *Euchner*, W. (73), S. 45. Ähnliche Vorstellungen auch im Strategieprogramm der Jungsozialisten (50).

[59] *Hentig*, H. v. (110), S. 202.

tätig zu werden. Daraus ergäbe sich als Konsequenz, wird formuliert: „In unseren gesellschaftlichen Gebilden muß er das nicht nur nicht, er kann es nicht, und weil er es nicht kann und in seinem Leben nie gekonnt hat, will er es auch nicht[60]."

Daraus eben folgert, daß ein möglicherweise großer Teil der Gesellschaftsmitglieder die Relevanz eines demokratischen Ordnungskonzepts für die eigene Person unzureichend begreift und darüber hinaus nicht oder unzureichend in der Lage ist, sich demokratisch zu verhalten bzw. gar nicht verhalten zu wollen. Sei es, daß unzulängliche Information, Aufklärung und Übung subjektives Unvermögen zur Folge haben; sei es, daß die bisherige Erfahrung und Vermittlung zur Internalisierung grundsätzlich einseitig orientierter, also autoritärer Verhaltensmuster geführt haben; oder sei es, daß die notwendigen Qualifikationen fehlen, bisher von anderen wahrgenommene Entscheidungen selbst sachgerecht vornehmen zu können; oder schließlich sei es, daß man der aus der Konkurrenz mit anderen Bedürfnissen und einer relativen Zufriedenheit mit den herrschenden Verhältnissen erwachsenen bequemen Suggestition, die eigene Interessenwahrnehmung anderen zu übertragen, erlegen ist — wie immer im einzelnen die Gründe auch geartet sein mögen, sie führen in der Tendenz zu jener immer wieder festgestellten Apathie der Bürger und einem relativ geringen Konsens hinsichtlich der Grundwerte und Spielregeln pluraler Demokratie[61], vor allem zu mangelndem Können und Wollen, sich demokratisch zu verhalten, sich selbstzubestimmen[62].

Demzufolge wird die Selbstbestimmungserfahrung nicht nur als normativer Anspruch der Demokratie in bezug auf das Individuum[63], sondern gleichermaßen als Voraussetzung der Werteinstellung der Individuen gegenüber der Demokratie bzw. der Identifizierung mit der Demokratie gewertet, um solchermaßen den formalen, sich, wie gefürchtet wird, technokratisch und oligarchisch verfestigenden und somit formalistisch entfremdenden Rahmen inhaltlich zu füllen: „Es ist deshalb ein fundamentales Problem der politischen Demokratie, ob und auf welche Weise dem einzelnen die Chance geboten werden kann, Zusammenarbeit zu lernen, an Entscheidungsprozessen mitzuwirken, Meinungsverschiedenheiten auszutragen oder durch gemeinsame Suche nach akzeptablen Kompromissen zu überbrücken, auch Einfluß auszuüben und sich durch-

---

[60] *Hentig*, H. v. (110).

[61] Vgl. *Scharpf*, F. (211), S. 34 f. (hier auch weitere Literaturhinweise).

[62] Hier handelt es sich nur um einen speziellen Fall eines allgemeinen Motivationszusammenhangs: „Ein wissenschaftliches Verständnis motivationaler und emotionaler Vorgänge schließt die Untersuchung des Einflusses von Antriebszuständen auf die Wahrnehmung ein. Eßbares wird von einem Hungernden eher bemerkt und sieht für ihn einladender aus, als für den Satten." (*Krech*, D. - *Crutchfield*, R. S. [136], S. 64). Es käme also darauf an, wenn man so will, Hunger auf Demokratie, auf Selbstbestimmung zu schaffen.

[63] Vgl. (unter Bezug auf T. L. *Neumann*) *Lange*, M. G. (142), S. 29.

zusetzen, kurz: demokratische Verhaltensweisen und politische Fähigkeiten auszubilden[64]."

Die Herausbildung derartiger demokratischer Qualifikationen kann aber nur in geringem Umfang aus der Basis von mehr oder weniger abstrakt vermittelten Informationen im Rahmen eines Bildungs- und Erziehungsprozesses oder gar durch die sporadisch wahrgenommenen Abstimmungsrechte einer nur repräsentativen Demokratie erreicht werden. In viel stärkerem Maße bedarf es dafür der Internalisierung im Rahmen von Lernprozessen, also verarbeitender Informationen im Zusammenhang gesellschaftlicher Erfahrungen[65], also selbst erlebter Partizipation an Willensprozessen.

3.2.5. Demokratisierung gesellschaftlicher Subsysteme

Es erscheint also auch in bezug auf das Erlebnis der Selbstbestimmung sinnvoll, Demokratie nicht nur als Prinzip der Herrschaftsregelung und noch dazu begrenzt auf den politischen Bereich zu begreifen, sondern Demokratie sowohl als Herrschaftsprinzip als auch als Selbstbestimmungsprinzip als für die ganze Gesellschaft und ihre Subsysteme anzuwenden und normativ gültig zu verstehen.

Insofern ist dann die Übertragung des Prinzips der Demokratie vom historisch zunächst relevanten Bereich des Staates auf andere gesellschaftliche Teilbereiche wie z. B. die Wirtschaft nur die konsequente Fortführung des Versuchs, die Gesellschaft als ganze entsprechend des Ziels der Freiheit und Gleichheit der Gesellschaftsmitglieder zu formen. Dahinter steht, immer wieder unterschiedlich formuliert, eine Überzeugung, die davon ausgeht, „daß Freiheit unteilbar ist. Freiheitlich ist eine Gesellschaft nur, wenn sie in allen Bereichen freiheitlich ist, auch ... in der Wirtschaft[66]."

Die Realisierung einer demokratischen Gesellschaft und damit eines demokratischen Menschenbildes schreitet somit im historischen Fortgang von der Demokratisierung des Staates vorwärts u. a. zu einer Demokratisierung auch der Wirtschaft.

Eine solche Demokratisierung bezieht sich dann gleichermaßen sowohl auf ein bestimmtes Legitimationsprinzip herrschaftlich verfestigter Macht, als auch auf die substantielle Verbesserung individueller Möglichkeiten zur Realisierung ihrer Interessen, d. h. also zur tendenziellen Angleichung individueller Chancen zur Durchsetzung, also individueller Macht, und auf die Möglichkeit, im Akt unmittelbarer Partizipation die Erfahrung der Selbstbestimmung machen zu können.

---

[64] *Scharpf*, F. (211), S. 71.
[65] *Correll*, W. (56), S. 10.
[66] *Boettcher*, E. u. a. (30), S. 204.

Von daher wird verständlich, wenn gesagt wird, daß es nicht so sehr um die Übertragung von Prinzipien der politischen Demokratie auf andere Lebensbereiche gehe. „Es geht vielmehr um die inhaltliche Veränderung jener sozialen Beziehungen, denen der einzelne sich am wenigsten entziehen kann, um den qualitativen und quantitativen Abbau unnötiger Schranken menschlicher Selbstentfaltung und um die systematische Ausweitung des Raumes individueller und kollektiver Selbstbestimmung[67]."

Neben die Erwartung an das Individuum, sich demokratisch verhalten zu können und auch zu wollen, tritt damit an die gesellschaftlichen Subsysteme, in die die Individuen rollenbezogen eingespannt sind, die sowohl aus der Komplexitätsbedingung als auch normativ abgeleitete funktionale Anforderung nach demokratischer Strukturierung ihrer Leistungsprozesse, aus den zuletzt entwickelten Überlegungen besonders die Forderung nach Erhöhung der Partizipation der Rollenträger an den jeweiligen Willensprozessen; und das nicht erst dann, wenn eine entsprechende Qualifikation, also Können und Wollen, bereits vorliegt, sondern als Voraussetzung zum Erwerb dieser Qualifikation durch „learning by doing", die Bereitstellung von erlebbaren Demokratieräumen quasi als Element eines gewaltigen, auf die Internalisierung demokratischer Werte und Normen gerichteten gesellschaftsumfassenden Sozialisationsprozesses[68] — man könnte von einer demokratischen Emanzipationsfunktion gesellschaftlicher Teilsysteme sprechen.

3.2.6. Demokratisierung und Interessenqualität von Entscheidungen

Die als dominant begriffene gesellschaftliche Funktion von Teilsystemen ist jedoch die Erstellung spezifischer produktiver Systemleistungen im arbeitsteiligen Leistungsprozeß der Gesellschaft insgesamt. Diese produktive funktionale Erwartung an das jeweilige System von seiten der Umwelt wird nunmehr ergänzt durch die funktionale Zumutung einer demokratischen Strukturierung des produktiven Prozesses. Damit werden einerseits die Bedingungen, unter denen das Produktionsergebnis zustande kommt, selbst zu einer gesellschaftlichen Leistung. Andererseits tritt damit diese funktionale Anforderung bzw. Leistung in Konkurrenz zu den produktiven Leistungserwartungen.

Bei angenommener begrenzter Leistungskapazität insgesamt aber sind insofern Produktivität und demokratische Strukturierung zunächst ein-

---

[67] *Scharpf*, F. (211), S. 68.

[68] Zum Begriff der Sozialisation als „Prozeß, durch welchen die in der gesellschaftlichen Umwelt herrschenden Werte, Normen und Techniken des Lebens dem einzelnen vermittelt und verbindlich gemacht werden", vgl. *Neidhardt*, F. (188), S. 105.

mal alternative Leistungselemente. Damit können diese Leistungsziele im konkreten Vollzug von Leistungsprozessen auch in Widerspruch zueinander geraten. Entscheidungstheoretisch heißt das, daß weder das eine noch das andere Ziel maximiert, sondern beide im Verbund nur optimiert werden können. Und das heißt auch, daß das Zielsystem[69] eines einzelnen Sozialsystems nicht nur im Innenverhältnis auf eine solche Optimierung angelegt und damit Produktivität und demokratische Strukturierung nur auf einzelne Sozialsysteme begrenzte Ziele begriffen werden können, sondern daß wesentlich die komplexe Verzahnung der Systeme untereinander zu beachten ist.

Als Charakteristikum sozialer Systeme muß daher festgehalten werden, daß sie vielfältigen, z. T. auch einander entgegenlaufenden funktionalen Anforderungen ausgesetzt sind, „die meist nicht gleichzeitig und nur bis zu einem bestimmten Anspruchsniveau erfüllt werden können"[70]. Jedes Bemühen um Demokratisierung, also auch eine Demokratisierung der Wirtschaft, unterliegt demnach ebenfalls den Bedingungen mehrdimensionaler Funktionalität gesellschaftlicher Leistungsprozesse.

Ein solches Bemühen ist, wie oben entwickelt wurde, darauf gerichtet, die Chancen, zwischen Alternativen wählen, und d. h. seine Bedürfnisse frei entfalten und realisieren zu können, für die Mitglieder der Gesellschaft anzugleichen. Da bei insgesamt begrenzter Leistungskapazität die Notwendigkeit besteht, die tendenziell unbegrenzte Vielfalt konkurrierender Befriedigungsansprüche mit den Leistungsmöglichkeiten in Übereinstimmung zu bringen, bedürfen Leistungserstellungsprozeß und Befriedigungsprozeß der aufeinander bezogenen verbindlichen Koordination.

Je entwickelter, je komplexer also Gesellschaften sind, je größer die Zahl der betroffenen Personen und darüber hinaus der spezifizierten Rollen ist, um so mehr bedarf es der von bestimmten Personen losgelösten formalisierten, also herrschaftlichen Koordination[71]. Damit das koordinierende herrschaftliche Entscheidungshandeln unter dem Gesichtspunkt der Chancengleichheit angemessen der Vielfalt der Interes-

---

[69] Zur Problematik des Begriffs „Zielsystem" und zur begrifflichen Erweiterung zum „Systemzielmodell" (unter Anlehnung an *Etzioni* u. a.) vgl. *Naschold*, F. (185), S. 45 ff. Zum in dieser Hinsicht noch zu engen Begriff des Zielsystems, wie er in der Betriebswirtschaftslehre z. T. zur Anwendung gelangt, als Summe „der mehr oder weniger gut quantifizierbaren Ziele und ihrer Interdependenzen" vgl. *Heinen*, E. (108), Zitat im Vorwort.

[70] Unter Anlehnung an *Sioberg* vgl. *Naschold*, F. (185), S. 58.

[71] Die Koordinationsfunktion von Herrschaft wird m. E. einleuchtend beschrieben als

„— Koordination zur Erhöhung der Produktion sowohl der Güter als auch des Wissens;
— Koordination zum Zwecke der Verteilung;
— Koordination zur Abwendung von Gefahren und Krisen."

Bei: *Narr*, W.-D. - *Naschold*, F. (184), S. 77.

sen verpflichtet bleibt, muß diese Herrschaft demokratisch geordnet sein. Aus Gründen der Totalität der Einheitlichkeit des Prinzips, ob nun eher normativ oder eher aus der Komplexitätsbedingung oder aus beiden gemeinsam abgeleitet, muß das Postulat demokratischer Herrschaftsordnung überall gelten, wo gesellschaftliche Prozesse herrschaftlich verfaßt auftreten.

Formal richtet sich demokratische Ordnung zunächst auf eine Legitimierung und Kontrolle von Herrschaft durch die der Herrschaft Unterworfenen. Inhaltlich soll demokratisch bestimmte Herrschaft die Möglichkeiten für alle Gesellschaftsmitglieder erhöhen, auf der Basis eines möglichst beständig zu erweiternden gesellschaftlichen „Leistungspotentials" hinsichtlich der Setzung und Realisierung ihrer Bedürfnisse, sich frei entfalten zu können. Insofern das Individuum in der Rolle eines Produzenten unmittelbar systemintern Herrschaft unterworfen ist, soll darüber hinaus sein Partizipationspotential nicht nur zum Zwecke der Durchsetzung seiner Interessen, sondern vermehrt zum Zwecke des Erlebnisses eigenverantwortlicher Gestaltung, d. h. Selbstbestimmung erhöht werden.

Die rollenspezifische Partizipation der Produzenten steht jedoch unter der Bedingung der produktiven Erwartung der Empfänger an das jeweilige Leistungssystem insgesamt. Konsequent müßte auch die Partizipation der Abnehmer in bezug auf die Bestimmung der konkreten Systemleistung erhöht werden.

So steht das jeweilige gesellschaftliche Teilsystem vor der Notwendigkeit, sich als produktives System zu erhalten durch eine kompromißhafte Abstimmung der vielfältigen und auch kontroversen inneren und äußeren Partizipations- und sonstigen Leistungserwartungen[72].

Von daher ließe sich nunmehr Demokratisierung in der umfassendsten Form als das Insgesamt aller Bemühungen definieren, die Interessenqualität gesellschaftlicher Entscheidungsprozesse[73] im Sinne einer Opti-

---

[72] Deckungsgleich ist dieser Ansatz mit der Position *Nascholds*, der für den Innenbereich das Problem so formuliert: „Wie können bei gegebener System-Umwelt-Konstellation Organisationen so umstrukturiert werden, daß innerhalb der einzelnen Entscheidungstypen das Partizipationspotential der Organisationsmitglieder bei gleichzeitiger Leistungserhaltung bzw. Leistungssteigerung der Organisation erweitert wird?" (*Naschold*, F. [185], S. 62.)

[73] Grundsätzlich wäre die Interessenqualität am höchsten, wenn Einstimmigkeit bei den betroffenen Rollenträgern über eine zu treffende Entscheidung zu erzielen wäre. Einmal abgesehen von dem m. E. unlösbaren Problem, wer in einer komplexen Gesellschaft konkret als Betroffener zu bestimmen ist, da letztlich alle von allen Entscheidungen tangiert werden, ist Einstimmigkeit bei konträren Erwartungen nur durch einen Kompromiß herstellbar. Einstimmigkeit bei einem Kompromiß dürfte in der Regel mit so hohen Kosten zur Herstellung dieser Einstimmigkeit verbunden sein, daß sie als Regelfall auszuschließen ist. (Vgl. die detaillierten Ausführungen zum Problem der Inter-

mierung bei der Entsprechung der Summe aller an die Gesellschaft und ihre Subsysteme gerichteten Erwartungen zu erhöhen.

Manchen mag ein derart globaler Begriff von Demokratisierung unbefriedigend erscheinen, möglicherweise besonders denjenigen, die ganz bestimmte inhaltliche Vorstellungen mit ihren Forderungen nach Demokratisierung verbinden. Gerade jedoch der Verzicht auf inhaltliche Konkretisierung eröffnet m. E. die Chance, die verschiedensten konkreten Forderungspositionen unter einer gemeinsamen Klammer zu vereinen und sie zugleich einem Prüfkriterium zu unterwerfen.

3.3. Ergebnisse der bisherigen Überlegungen

Faßt man die angestellen Überlegungen zusammen, lassen sich folgende Ergebnisse und Konsequenzen festhalten:

3.3.1. Demokratisierung als historischer Prozeß

1. Ob aus theoretischen Reflexionen über das Komplexitätsphänomen abgeleitet oder auf eine Wertentscheidung zurückgeführt, das Bemühen um eine demokratische Ordnung von Gesellschaft ist notwendigerweise auf die Durchdringung aller gesellschaftlichen Teilbereiche gerichtet, da die die Möglichkeit freier und gleicher Entfaltung der Gesellschaftsmitglieder konkret beeinflussenden Entscheidungen ein gesellschaftlich universelles Netz bilden und daher einer ebenso universellen Grundordnung bedürfen.

2. Der historische Vollzug dieses Durchdringungsprozesses als sukzessiver und/oder simultaner Vorgang der Ausbreitung solcher Ordnungen von Entscheidungsprozessen, die auf eine Erhöhung der Interessenqualität von Entscheidungen gerichtet sind, ist in seiner Gesamtheit als Prozeß der Demokratisierung zu begreifen.

3. Das politische System, vor allem in seiner organisatorischen Verfestigung des Staates, wird als gesellschaftliches Teilsystem insofern im zeitlichen Ablauf des Demokratisierungsprozesses mit einer gewissen Priorität belegt, als dem politischen System die Versorgung der Gesellschaft mit verbindlichen Ordnungsleistungen obliegt und von daher von ihm die wichtigsten normativen Demokratisierungsimpulse erwartet werden. Demokratie wird sich infolgedessen in der Regel als Demokratisierung des Staates zu etablieren beginnen.

---

essenqualität und den Kosten der Einstimmigkeit bei: *Boettcher*, E. (29), besonders S. 45 ff. und S. 59 ff.)

Grundsätzlich wäre die Interessenqualität am niedrigsten, wenn die Interessen immer nur einer Person oder Gruppe die Entscheidungen bestimmten.

4. Auseinandersetzungen um über den staatlichen hinaus in andere gesellschaftliche Teilbereiche hineinzielende Demokratisierungsforderungen wird es wegen der dem Staat zugemuteten demokratischen Agentenfunktion, nämlich als Initiator und mehr und mehr auch als kontrollierender Koordinator demokratisch orientierter gesellschaftlicher Teilleistungen tätig werden zu sollen, zunächst primär als politische Auseinandersetzungen geben. Solchen Auseinandersetzungen liegen dann allerdings weniger genuin politische Probleme zu Grunde, als vielmehr tatsächliche oder als solche empfundene mindere, d. h. einseitig orientierte Interessenqualitäten von Entscheidungsprozessen in anderen gesellschaftlichen Leistungsbereichen.

5. Demokratisierung heißt nicht, Regelungsmechanismen von Entscheidungsprozessen einfach von einem Leistungsbereich (z. B. Politik) in einen anderen (z. B. Wirtschaft) zu übertragen. Demokratisierung kann nur heißen, die Interessenqualität der Entscheidungsprozesse unter Berücksichtigung der jeweiligen Produktivitätsbedingungen zu verbessern. Zu beachten ist, daß es auch andere Möglichkeiten der Erhöhung der Interessenqualität von Entscheidungen gibt als die unmittelbare Partizipation am Entscheidungsprozeß oder die stimmenmäßige Mitwirkung bei der Legitimation und Kontrolle der Entscheidenden, die möglicherweise hinsichtlich ihrer Effizienz, d. h. auch unter Berücksichtigung von Flexibilität und Kosten, wirkungsvoller sind als die eben genannten, wie z. B. die Ex-post-Abstimmung über die Qualität einer Entscheidung bzw. eines Entscheidungssystems durch die Bewertung der mit den Entscheidungen bewirkten Leistungen durch Wettbewerb zwischen alternativen Leistungen auf einem Markt um die Gunst potentieller Abnehmer. Demokratisierungsbemühungen wären dann hier auf die Sicherung bzw. Steigerung der Funktionsfähigkeit von Marktbeziehungen zu richten.

6. In starkem Umfang werden Forderungsimpulse, die auf Demokratisierung gerichtet sind, u. a. von solchen Interessenpositionen ausgehen, die tatsächlich bei der bisherigen Organisation von Entscheidungsprozessen unzureichend berücksichtigt wurden bzw. sich als zu wenig berücksichtigt empfinden. Auf solche Interessendisparitäten kann zum einen aus normativen Gründen sozialer Gerechtigkeit mit Demokratisierungsversuchen reagiert werden. Zum anderen jedoch muß geradezu aus Gründen der Leistungsfähigkeitserhaltung des jeweiligen Leistungssystems mit Demokratisierung dann reagiert werden, wenn die Leistungsbeitragseigenschaft der entsprechenden Interessenpositionen für das System so wichtig ist, daß über Leistungsverweigerungsprozesse die produktive Funktion des Systems

insgesamt gefährdet werden kann. Demokratisierung ist dann nicht als konkurrierend zur Produktivität, sondern als Bedingung von Produktivität zu begreifen.

7. Da konkrete Interessen als an Rollen gebunden zu verstehen sind, kann auch Demokratisierung als funktionaler Ausfluß des Bemühens um freie und gleiche Interessenentfaltung zunächst nur auf bestimmte Rollen bezogen angegangen werden. Ihre Qualität als umfassende Erhöhung der Interessenqualität erhält Demokratisierung jedoch erst, wenn die auf einzelne Rollen bezogenen Erwartungen in das Gesamtgeflecht angemessen integriert werden.

8. Im historischen Verlauf des Demokratisierungsprozesses werden, auch in Abhängigkeit von anderen Elementen des sozialen Wandels wie z. B. einer Veränderung der Produktionstechnik und der arbeitsteiligen Kooperationsformen, in bestimmten Phasen bestimmte rollenbezogene Erwartungskonflikte stärker in den Vordergrund und auf Lösung drängen als andere. Je globaler dabei der Rollenbezug ist, d. h. je mehr Personen als Träger auch dieser Rolle angesprochen werden (z. B. Arbeitnehmer), um so globaler, um so unspezifischer müssen und können die konkreten Demokratisierungsforderungen sein. Wird gar eine solche Rolle zur die gesellschaftliche Existenz der Gesellschaftsmitglieder eigentlich bestimmenden deklariert, gerät Demokratisierung in die Gefahr, unter dem Blickwinkel möglicherweise nur eines als überragend angenommenen Interessenkonfliktes z. B. also Arbeit kontra Kapital) verengt und praktisch nur noch auf dieses Konfliktfeld bezogen gedacht zu werden, Komplexität also nicht nur angemessen zu reduzieren, sondern sie zumindest teilweise zu vernichten.

9. Je globaler ein solcher Rollenbezug ist, um so mehr werden in der Regel die unmittelbaren Interessen nurmehr repräsentativ durch Interessenorganisationen vertreten. Damit ergibt sich die Gefahr, daß das, was als demokratisch gilt, das Ergebnis der Interesseninterpretationen dieser Organisationen ist. Damit wird in einer solchen „Verbandsdemokratie“ als Demokratisierungsproblem die externe und interne[74] Kontrolle der Verbandsmacht zur virulenten Frage. Die Pluralität der Interessen angesichts zunehmend organisierter Interessenvertetung insgesamt zu erhalten und sich selbst die Handlungsfähigkeit als demokratischer Ordnungsagent der Gesellschaft zu bewahren, wird damit zu einer der wichtigsten Demokratisierungsleistungen des politischen Systems, besonders des Staates.

---

[74] Ein Phänomen, das im Rahmen politischer Parteien als „innerparteiliche Demokratie“ benannt wurde und analog auf andere Meinungs- und Interessengruppen, vor allem soweit sie organisiert sind, zu übertragen ist (*Lohmar*, U. [152]).

10. Damit beziehen sich Demokratisierungsprozesse nicht nur auf gesellschaftliche Bereiche, die bisher noch nicht oder nicht als ausreichend empfundene interessenplural orientierte Entscheidungsprozesse installiert haben und insofern „neu-demokratisiert" werden bzw. werden sollen, sondern sie beziehen sich auch auf die im Gefolge sozialen Wandels notwendig gewordenen bzw. als notwendig erachteten Korrekturen eines möglicherweise überholten demokratischen Regelungschemanismusses. Insofern brauchen Demokratisierungsprosse nicht notwendig durch bewußte, auf Ausweitung von Demokratie gerichtete Gestaltungsakte initiiert werden, sondern sie können auch durch im Entwicklungsgang verursachte Verschiebungen von Leistungsbedingungen ausgelöst werden.

11. Wegen der mangelnden Experimentierfähigkeit in der gesellschaftlichen Realität ist in der Regel erst ex-post zu bewerten, ob ein intendierter Demokratisierungseffekt einer Reformmaßnahme auch tatsächlich zu einer Verbesserung der Interessenqualität der betroffenen Entscheidungsprozesse geführt hat. Intendierte Demokratisierungen können damit faktisch zu Entdemokratisierungen führen. Das Risiko des möglichen Fehlergebnisses muß in Form kalkulatorischer gesellschaftlicher Kosten in Demokratisierungsüberlegungen eingehen.

12. Schließlich werden den gesamten historischen Prozeß konkreter Demokratisierungsversuche immer heftige Auseinandersetzungen begleiten, da demokratische Strukturierung von Entscheidungsprozessen mit dem Ziel einer allseitigen Erhöhung der Interessenqualität dahin tendiert, vorhandene Privilegien, d. h. Interessendominanzen abzubauen und die Chancen der Interessendurchsetzung für alle Gesellschaftsmitglieder anzugleichen. Bisher möglicherweise privilegierte Interessen werden sich aus Gründen des Erhaltungsinteresses daher ebenso gegen Veränderungen wehren wie solche Positionen, die eine Bedrohung einer bisher als angemessen empfundenen Regelung befürchten bzw. eine angestrebte Alternative nicht als eben besser geeignet vermuten. Auf Demokratisierung gerichtete Reformbemühungen sind daher häufig unabhängig von ihren tatsächlichen Wirkungen, mit dem Vorwurf konfrontiert, selbst undemokratisch zu sein bzw. Undemokratisches bzw. Entdemokratisierungen zu bewirken.

Auseinandersetzungen solcher Art dürfen jedoch nicht die Einsicht in die Notwendigkeit verdecken, daß auf Grund des dynamischen Charakters gesellschaftlicher Ordnung in einer sich wandelnden Welt, noch zumal in der Phase der Durchsetzung eines bestimmten Ordnungsmusters, immer wieder ordnungspolitische Überprüfungen und Eingriffe vorzunehmen sind, Demokratisierung als Ausdruck solchen ordnungspolitischen Bemühens um Bewahrung und Erweiterung von Demokratie also als selbstverständlich und normal zu gelten hat. Ob konkrete Demokratisierungsforderungen tatsächlich zu inhaltlichen Demokratisierungen führen bzw. die erwarteten Wirkungen entsprechender Reformen als Verbesserung von Interessenqualität gewertet werden oder nicht, ist im Vorhinein eine Frage demokratischer Abstimmung und im Nachhinein eine Frage empirischer Überprüfung.

3.3.2. Die Übertragbarkeit des Demokratiemodells auf die Wirtschaft

Bezieht man nun die oben angestellten Überlegungen auf den Bereich der Wirtschaft speziell, so kann m. E. kein Zweifel mehr daran bestehen, daß das Modell demokratischer Ordnung als Konzept einer umfassenden Gesellschaftsordnung, nicht also nur als Staatsordnung zu interpretieren ist, und daher Demokratie als Ordnungsraster nicht nur auf den Bereich der Wirtschaft insgesamt und ihre Subsysteme, die Unternehmen, angewendet werden kann, sondern angewendet werden muß.

Was im einzelnen dann jedoch unter Demokratisierung der Wirtschaft verstanden wird bzw. verstanden werden muß oder kann, ist damit noch nicht entschieden. Es kann auch nicht damit sein Bewenden haben, daß zunächst für einen gesellschaftlichen Bereich, den politischen, entwickelte Regelungsmechanismen einfach auf einen anderen, die Wirtschaft, übertragen werden bzw. werden sollen.

Vielmehr geht es hier darum, die Interessenqualität ökonomischer Entscheidungen entsprechend der Komplexitätsbedingungen und der Leitmaxime der freien Entfaltung aller Gesellschaftsmitglieder zu verbessern. Konkret heißt das, die Erwartungen der in die ökonomische Leistungserstellung involvierten Rollenträger untereinander und die Erwartungen der Abnehmer dieser Leistungen in ein angemessenes Verhältnis zu einander zu bringen. Da diese auf die Erfüllung vielschichtigster Erwartungen gerichteten Leistungsaustauschprozesse überwiegend organisierten Handlungssystemen obliegen, ist deren formalisierte Entscheidungsstruktur, d. h. die institutionalisierte Möglichkeit, Ziele zu setzen und ihre Erreichung zu betreiben und damit Realisierungsdominanzen für bestimmte Erwartungen, d. h. Interessen, zu schaffen, also deren Herrschaftsordnung so zu gestalten, daß im Innenverhältnis die jeweils Herrschenden tendenziell den Interessen aller Leistungsbeitragenden verpflichtet sind bzw. werden, d. h. Herrschaft von den unmittelbar Leistenden legitimiert und hinsichtlich der Einhaltung der Interessenverpflichtetheit kontrolliert wird. Was jeweils zu beachtendes Interesse ist, findet global seinen Niederschlag in der inhaltlichen Bestimmung der obersten Kontrollgröße, nämlich dessen, was als effizient zu gelten hat. Die auf die Interessen aller Leistenden bezogene Definition der Effizienzgröße ist von daher als eine der wichtigsten demokratischen Leistungen bzw. Ergebnisse zu definieren.

Da die Existenz eines ökonomischen Leistungssystems und damit die Realisierungsmöglichkeiten interner Rollenerwartungen überhaupt von der Fähigkeit des Systems abhängt, von der Systemumwelt positiv bewertete produktive Leistungen zur Verfügung zu stellen, ist eine der wichtigsten Effizienzbedingungen die Erhaltung bzw. Steigerung der Produktivität des Systems. Wegen dieser Produktivitätsfunktion ökonomischer Systeme für die gesellschaftliche Umwelt ist die Herrschaft von Unternehmen neben ihrer primär nach innen gerichteten demokratischen Struktur zusätzlich bezüglich ihrer Außenfunktion so zu strukturieren, daß die Inhaber von Herrschaftspositionen in relativer Unabhängigkeit von Einzelinteressen die Sicherung eines möglichst hohen Produktivitätsniveaus für das System zu sichern vermögen.

Dieser doppelten funktionalen Verpflichtetheit ökonomischer Herrschaft ist auch die normative Forderung nach Erweiterung des Partizipationspotentials der einzelnen Organisationsmitglieder am Willensprozeß des Unternehmens unterzuordnen, denn die mehrdimensionale Funktionalität ökonomischen Handelns bleibt auch in der kleinsten Handlungseinheit der Rolle in ihrer z. T. widersprüchlichen Spannung erhalten.

Soll also der einzelne mehr Selbstbestimmung erfahren, soll er also in diesem Sinne mehr freiwerden von fremdbestimmendem Herrschaftswollen, insofern also unmittelbar personeneinwirkende Herrschaft abgebaut werden, kann diese Selbstbestimmungserfahrung nur im Zusammenhang einer jeweils angesprochenen Rolle, hier also im Rahmen seiner sich aus dem ökonomsichen Gesamtzusammenhang ableitenden produktiven Rolle gewonnen werden. Solche auf Selbstbestimmung gerichteten Erhöhungen der Partizipationsmöglichkeiten einzelner Rollen lassen sich organisatorisch nur durch Delegation von Entscheidungskompetenzen auf einzelne Positionen oder Positionsgruppen erreichen und sind in bezug auf das Gesamtsystem nur dann funktional zu nennen, wenn sie der Bedingung des Erhalts bzw. der Steigerung der Produktivität ebenfalls Rechnung tragen. Aus Voraussetzungen für eine solche positive Funktionenkoppelung wird noch zurückzukommen sein; hier soll bereits festgehalten werden, daß Delegation von Entscheidungskompetenzen notwendig eine Veränderung des Führungsstils, eine präzisere Ausformulierung und Differenzierung des Zielsystems und einen erhöhten koordinierenden Kontrollaufwand zur Folge hat.

Nimmt man alle diese Aspekte zusammen, wird deutlich, daß Demokratisierung der Wirtschaft selbst ein höchst komplexer und zugleich wegen der Notwendigkeit einer angemessenen Reduktion tendenziell unendlicher Umweltkomplexität und der gesellschaftlichen Orientierung an den Werten von Freiheit und Gleichheit ein unabdingbarer Vorgang ist. Ergänzt man, daß aus Gründen seiner generellen Ordnungsfunktion der Staat die Unternehmen in ihrer Summe mit materiellen Leistungszumutungen konfrontiert, die für das einzelne Unternehmen, gleichgültig, wie seine interne Herrschaftsordnung gestaltet sein mag, allgemeine gesellschaftliche Daten des eigenen Entscheidungssystems darstellen, in ihrer Wirkung aber auf Interessenangleichung und d. h. Chancengleichheit der Interessenrealisierungen tendenziell aller Gesellschaftsmitglieder gerichtet sind (z. B. Arbeits- und Sozialrecht, Mitbestimmungs- und Steuerrecht), solche staatlichen Akte demnach auch als Teil des Demokratisierungsprozesses der Wirtschaft zu charakterisieren sind, dann wird zudem deutlich, daß Demokratisierung der Wirtschaft ein historisch schon lange andauernder sukzessiver Prozeß ist, für den die Frage, ob eine Demokratisierung überhaupt möglich und sinnvoll ist, m. E. längst im Prinzip durch den historischen Verlauf beantwortet, die Fragestellung in dieser unbedingten Form also überholt und insofern heute unangemessen ist.

Die bisher überwiegend aus allgemeinen und systematisch-theoretischen Überlegungen abgeleitete Annahme von einer Übertragbarkeit des Demokratiemodells unter bestimmten Bedingungen auch auf die Wirtschaft und die These, daß Demokratisierung der Wirtschaft sich als historischer Prozeß bereits seit längerer Zeit vollzieht, sollen im folgenden unter spezifiischerem Bezug auf eben diesen historischen Prozeß untermauert werden.

Eine solche Ableitung setzt m. E. die Analyse wichtiger Merkmale des ökonomischen Vorgangs selbst und der Einordnung der Gesellschaftsmitglieder in diesen Prozeß voraus, damit begreifbar wird, worauf sich denn inhaltlich angestrebte Demokratisierungswirkungen überhaupt beziehen bzw. beziehen sollen und unter welchen Bedingungen sich solche Demokratisierungsschritte vollziehen bzw. vollziehen können — Bedingungen, die sich nicht so sehr aus der Wertordnung, als vielmehr aus dem Stand der technischen und gesellschaftlichen Organisation des Wirtschaftens ergeben.

Um daher zu verdeutlichen, welche Bedeutung dem ökonomischen Prozeß im Rahmen gesellschaftlicher Leistungsprozesse und damit für die Entfaltungsmöglichkeiten der Gesellschaftsmitglieder insgesamt zukommt, sollen vorab kurz prinzipielle Bedingungen des Wirtschaftens und der Stellenwert des Phänomens gesellschaftlicher Arbeit in bezug zum Wirtschaften herausgearbeitet werden. Um zu zeigen, wie die besonderen Bedingungen des Arbeitens und Wirtschaftens unter industriellen Verhältnissen sich von denen unter vorindustriellen Verhältnissen unterscheiden, aber auch zu dokumentieren, daß Arbeiten und Wirtschaften seit jeher unter dem doppelten Aspekt zum einen der Entwicklung der Produktionstechnik und zum anderen einer je spezifischen Herrschaftsordnung su sehen sind, sie also zugleich als auf das engste miteinander verzahnte produktive und normative Prozesse ablaufen, soll sodann eine knappe Darstellung vorindustrieller Produktionsbedingungen folgen, die zur Auseinandersetzung mit der industriellen Situation überleitet.

4. Prinzipielle Bedingungen des Wirtschaftens als Determinanten einer Demokratisierung

Gesellschaft wurde oben als die Gesamtheit aller sozialen Beziehungen definiert, die Menschen in bezug auf ihre Bedürfnisbefriedigung eingehen. Als Zweck diese Beziehungen wurde die Bereitstellung von Befriedigungsmitteln, die Zurverfügungsstellung von Leistungen also, genannt. Dieser gesellschaftliche Leistungsprozeß bedarf noch nährerer Erläuterungen, um das Spanungsverhältnis zwischen produktiver und demokratisch-normativer Zumutung auch an das ökonomische System genauer analysieren zu können.

4.1. Arbeit und Wirtschaften als generelle Erscheinungen gesellschaftlicher Existenz

4.1.1. Zum Begriff des Wirtschaftens

Da konkret gewünschte Befriedigungsmittel in aller Regel nicht a priori einfach vorhanden sind, müssen von den Gesellschaftsmitgliedern zunächst Produktionsleistungen erbracht werden. Grundlage aller Produktionsleistungen ist an die Person gebundener körperlicher und geistiger Energieaufwand, den wir Arbeit nennen. Arbeit ihrerseits ist zwar an die einzelne Person gebunden, entfaltet sich aber konkret weniger als individueller Vorgang, sondern überwiegend in einem arbeitsteiligen Prozeß in Beziehung zur Arbeit anderer Personen bzw. Personengruppen, präziser noch, als auf bestimmte Produktionsergebnisse gerichtet in Beziehung nur zu Personensegmenten, d. h. anderen Rollen. Damit hat Arbeit gleichzeitig immer einen individuellen und sozialen, d. h. gesellschaftlichen Aspekt.

Arbeit als spezifisch menschliche Leistung unterscheidet sich von den Erhaltungsleistungen anderer Lebewesen dadurch, daß die Handlungen von Menschen überwiegend nicht instinktgesteuert und damit von der Natur programmiert ablaufen. Die Organisation von Arbeit, wie sie uns als gesellschaftliche Arbeit entgegentritt, unterliegt vielmehr primär gestalteten Willensakten des Menschen. Darüber hinaus ist der Mensch ungleich fähiger als andere Lebewesen, sein natürliches Leistungspotential zu erhöhen, indem er durch begleitende Lernprozesse die individuelle

Arbeitskraft selbst höherqualifiziert und sie durch planvoll geschaffene Werkzeuge ergänzt[1].

Die Entscheidungen also über die Zueinanderordnung der in der Regel knappen Produktionsfaktoren — originäre (Boden, Rohstoffe) und produzierte (vom Hammer bis zur maschinellen Großanlage) Produktionsmittel und Arbeit — d. h. die Allokation der Ressourcen, gestalten demnach den und sind zugleich Teil des je historisch vorfindbaren gesellschaftlichen Leistungserstellungsprozesses.

Damit ist jedoch erst eine Seite des gesamten gesellschaftlichen Leistungsprozesses beschrieben. Als zweites Grundproblem bedarf die Frage einer Regelung, wie denn die Produktionsergebnisse auf die Gesellschaftsmitglieder verteilt werden sollen.

Zur Lösung dieses Problems reicht es nicht aus, wenn einfach auf die Vermehrung der absoluten Menge von Befriedigungsmitteln gesetzt wird (Wachstum) unter der Annahme, das führe zu einer Verbesserung der Lage der Gesellschaftsmitglieder hinsichtlich ihrer Versorgung mit Leistungen[2]. Es ist vielmehr im Rahmen einer Ordnung zu entscheiden, ob z. B. das Gesamtprodukt auf alle Gesellschaftsmitglieder prinzipiell in gleichen Anteilen oder nur auf diejenigen aufzuteilen ist, die produktive Beiträge geleistet haben, und auch hier wieder, ob Gleichverteilung stattfinden soll oder Verteilung im Wege des Tausches gegen Wertäquivalente, die ihrerseits als Ausgleich für Produktionsleistungsbeiträge zugeteilt wurden, womit das Problem sowohl der Bewertung der erstellten Leistung als vor allem auch die Bewertung der einzelnen Beiträge zur Erstellung der Leistung virulant wird[3]. Und was geschieht bzw. was soll geschehen mit den unmittelbar „unproduktiven" Gesellschaftsmitgliedern (z. B. Kinder, Kranke, Invalide, Alte) — das Problem der sozialen Sicherung gehört ebenfalls in diesen Zusammenhang.

---

[1] Für die Situation einer entwickelten Gesellschaft wie der Bundesrepublik ist formuliert worden: „Damit rückt die Frage nach den Ursachen und Folgen der Entwicklung der Produktionsfaktoren in den Mittelpunkt der Theorie, wobei unter Produktionsfaktoren der Kapitalstock und die Erwerbsbevölkerung nach Größe, Struktur und Qualität verstanden werden." *Vogt*, W. (239), S. V.

[2] Unter besonderer Berücksichtigung des ökonomischen Leistungsbereichs wird Wachstum allgemein verstanden als „Zunahme des realen Sozialproduktes". Dabei ist in der Regel immer nur das Gesamtprodukt gemeint, nicht seine Verteilung. Das gilt auch dann, wenn formuliert wird: „Ist man der Auffassung, daß der Sinn des wirtschaftlichen Wachstums eine bessere Versorgung der Bevölkerung mit Gütern ist, so wird man „Wachstum" als Zunahme des Sozialproduktes pro Kopf der Bevölkerung definieren." (*Rose*, K. [207], S. 9.) Hier handelt es sich um eine rechnerische, keine tatsächliche Verteilung. „Es ist denkbar, daß die Produktion wächst und dennoch die Masse des Volkes ärmer wird." (*Lewis*, W. A. [148], S. 1.)

[3] Vgl. u. a. *Cassel*, D. (53), S. 12 f.

Die Gesamtheit der Entscheidungen in bezug auf die Auswahl der jeweils zu erstellenden Leistungen und die Kombination der Produktionsfaktoren (Produktionsproblem) und die Aufteilung der erstellten Leistungen auf die Gesellschaftsmitglieder bzw. die einzelnen gesellschaftlichen Subsysteme (Verteilungsproblem) wird begrifflich gefaßt im Prozeß des Wirtschaftens und kann daher in allgemeinster Form definiert werden als „Verwendung knapper Mittel in einer arbeitsteiligen Produktion"[4].

4.1.2. Zweckrationaler und wertrationaler Aspekt der Arbeit

Problematisch erscheint allerdings in diesem Zusammenhang die alleinige Charakterisierung von Arbeit als Produktionsfaktor. Denn aus der konstatierten Notwendigkeit zur Erbringung von Produktionsleistungen für Befriedigungsmittel stellt sich Arbeit im Rahmen der Organisation gesellschaftlicher Produktion und Verteilung zunächst primär als Mittel zum Zweck der Erlangung produzierter Leistungen dar; man kann es den „zweckrationalen"[5] Aspekt der Arbeit nennen.

Insofern jedoch die Person als bedürfnisgeprägte Einheit unteilbar ist, gerät der Prozeß des Arbeitens selbst zu einem Bereich, in dem Bedürfnisse des Individuums hinsichtlich ihrer Befriedigungsmöglichkeiten relevant werden. Damit stellt sich das Problem, welcher Wert denn der Arbeit als solcher, also nicht als bloßes Mittel zum Zweck, bei der Persönlichkeitsentfaltung zukommt.

Arbeit sei, wird gesagt, „die erste Grundbedingung alles menschlichen Lebens, und zwar in einem solchen Grade, daß wir in gewissem Sinne sagen müssen: Sie hat den Menschen selbst geschaffen"[6]. Nach solchen und ähnlichen Ansichten verwirkliche sich der Mensch überhaupt erst im Vollzug der Arbeit, komme erst in und durch die Arbeit zu sich selbst.

Hier also wird nicht Arbeit als etwas gesehen, mit dessen Hilfe man instrumental zur Erreichung eines, zumeist materiellen Ziels gelangt, sondern Arbeit wird selbst zum Lebensraum, beansprucht im Vollzug Wert an sich. Man kann vom „wertrationalen"[7] Aspekt der Arbeit sprechen.

Derartige Interpretationen der Arbeit gehen im deutschen Bereich zurück z. T. auf christliches Gedankengut, vor allem aber auf die Philosophie des Idealismus[8]. Nach dieser Philosophie „wird der Mensch durch die Vernunft sich seiner selbst bewußt. Die Förderung dieses Vernunft-

[4] *Boettcher*, E. (29), S. 3 und folgende.
[5] *Weber*, M. (242), S. 12.
[6] *Engels*, F. (69), S. 5.
[7] *Weber*, M. (242), S. 12.
[8] *Bolte*, K. M. (35), S. 415.

zwecks erscheint als unbedingte Pflicht des Menschen und als bevorzugter Ort dieser Pflichterfüllung der Beruf"[9]. Hiernach ist der Beruf „eine der wesentlichsten Möglichkeiten des Menschen, seine Persönlichkeit, also sein Menschsein überhaupt, erst zu entfalten und damit zu verwirklichen. Der Beruf ist das Medium, in dem Persönlichkeit wird und sich vollendet"[10]. „Erst in der Form des Berufs wird Arbeit zur Möglichkeit der Verwirklichung der Persönlichkeit[11]." Dieses Leitbild des Arbeitsverständnisses, das auf dem Gegensatz von zweckrationaler und wertrationaler Arbeit basiert, dauert bis in die Jetztzeit an. Vor allem die sozialistische Theorie (hier in eigenartiger Verknüpfung mit bürgerlicher Kulturkritik) tradiert dieses Leitbild und konstatiert vor allem für die arbeitsteilige Industriearbeit einen Verlust an Möglichkeit zur Persönlichkeitsfindung. Ein großer Teil des mit dem Stichwort „Entfremdung" umschriebenen Problems ist hier angesiedelt[12].

Mag man mehr den wertrationalen Aspekt (Beruf) oder mehr den zweckrationalen Aspekt (den zunehmend nur „Job"-Charakter) der Arbeit betonnen und damit häufig zugleich gutheißen oder bedauern, die Arbeitswelt ist einer der entscheidenden Entfaltungsbereiche des Menschen. Insofern läßt sich schlußfolgern, daß sich in der Arbeit und durch die Arbeit wesentlich die Entfaltungschancen der Gesellschaftsmitglieder konkretisieren. Daraus resultiert, daß nicht nur die Frage nach dem Ziel leistungsbezogenen Tuns aufgeworfen ist, sondern gleichermaßen die Frage nach den Bedingungen, unter denen Arbeitsleistungen zu erbringen sind, ins Blickfeld rückt. Diese Bedingungen aber werden überwiegend durch den je konkreten Prozeß des Wirtschaftens gesetzt.

4.1.3. Wirtschaften als produktiver Prozeß und als Herrschaftsprozeß

Arbeit und Wirtschaften lassen sich somit als generelle Erscheinungen gesellschaftlicher Existenz beschreiben. Ihre spezifiischen Ausformungen jedoch unterliegen dem gesellschaftlichen Wandel[13]. Wesentlich abhängig vom Stand der Produktionstechnik, dem Grad der Arbeitsteilung und der normativen Ordnung des Leistungsprozesses, vom Entwicklungsstand und d. h. vom Komplexitätsgrad der Gesellschaft also und ihrer Ordnung gestalten sich damit historisch konkret die Chancen der freien Entfaltung der Gesellschaftsmitglieder.

Je weiter fortgeschritten dabei die Ausdifferenzierung in auf bestimmte Leistungen konzentrierte Subsysteme ist, je mehr der einzelne nur-

[9] *Bolte*, K. M. (35), S. 416.
[10] *Kluth*, H. (128), S. 261.
[11] *Kluth*, H. (128), S. 262.
[12] *Marx*, K.: Die deutsche Ideologie, S. 361 ff. Hier entnommen aus: *Fetscher*, I. (79), S. 38 f.
[13] Vgl. *Littek*, W. (149), S. 8.

mehr partiell in bestimmten Rollenbezügen mit einzelnen Systemen verflochten ist, je mehr sich die Entfaltung der Person nur aus der Summierung äußerst vielfältiger partikularer Verzahnungen mit anderen Rollen und Systemen sowohl als Lieferant von Leistungen als auch als Empfänger von Leistungen ergibt, umso mehr bedarf es einer dem Prinzip nach einheitlichen übersubjektiven Ordnung, die die gewollte gesellschaftliche Zweckmäßigkeit und Gerechtigkeit für alle Teilleistungsbereiche, das ökonomische System ebenso wie das politische und kulturelle System, herzustellen in der Lage ist[14].

In allen diesen Leistungsbereichen wird Arbeit eingesetzt und über die Verwendung prinzipiell knapper Mittel entschieden, also gewirtschaftet. Im Detail unterscheiden sie sich nur durch die im Grundsatz unterschiedlichen Leistungen, die sie als Endprodukte der Gesellschaft zur Verfügung stellen. Wie sich die partille Arbeitssituation und der Zugang zur gesellschaftlichen Leistung insgesamt für die Gesellschaftsmitglieder darstellt, wie sich also die Realisierung ihrer Befriedigungswünsche ergibt, hängt demnach von der Art des Zustandekommens und dem Inhalt der die jeweiligen Leistungsprozesse gestaltenden Entscheidungen in ihrer Gesamtheit ab. Da Entscheidungen, wie weiter oben dargelegt, Selektionsakte sind, die bestimmte Möglichkeiten aus einem tendenziell unbegrenzten Alternativenraum auswählen und insofern auch Interessendominanzen verankern, ist das Problem entscheidend, wer und in wessen Interesse er diese Entscheidungen fällt.

Damit wird nochmals deutlich, daß alle gesellschaftlichen Leistungsprozesse und mithin alle Akte des Wirtschaftens einerseits als ökonomisch-technische, also als produktive Prozesse und andererseits als Machtprozesse, vor allem in ihrer formalisierten Form als Herrschaftsprozesse zu charakterisieren sind. Und daraus wird weiterhin deutlich, daß kein gesellschaftlicher Produktionsvorgang ein nur einer irgendwie abstrakten Effizienz, ein nur einer neutralen Sachrationalität unterworfener Prozeß ist. Der allgemeine Effizienzbegriff konkretisiert sich vielmehr aus unendlich vielfältigen Variationen differierender Einzelinteressen, die ihrerseits vermittelt werden durch die Artikulation verschiedener Machtpositionen.

Als ein grundlegendes Problem gesellschaftlicher Ordnung ergibt sich somit die konkrete historische Gestaltetheit der jeweiligen gesellschaftlichen Herrschaftsordnungen und ihre Beziehungen zueinander. Für das

---

[14] Die Notwendigkeit einer solchen überindividuellen Ordnung ergibt sich m. E. bereits allein aus der Logik der Prozeßsteuerung mehrdimensional verzahnter Leistungsprozesse, die auf Grund ihres Umfangs und ihrer Komplexität die individuell-kommunikative Abstimmung nicht mehr zulassen und daher, um ihre sinnhafte Transparenz dennoch zu gewährleisten, einer überprüfbaren, in der Regel formalisierten Koordination bedürfen.

anstehende Problem einer Übertragbarkeit demokratischer Ordnung auf das ökonomische System ist dabei besonders das historische Verhältnis zwischen ökonomischem und politischem Herrschaftssystem von Belang, da einerseits zu vermuten steht, daß aus den Bedürfnissen des ökonomischen Systems und seiner jeweils Herrschenden bestimmte Zumutungen der Stabilisierung an das politische System herangetragen werden, wie andererseits dieses die konkrete Gestalt der ökonomischen Herrschaftsordnung wesentlich zu bestimmen vermag. Wenn zudem das politische System selbst demokratisch strukturiert ist, stellt sich die Frage nach der Vereinbarkeit eines solchen Ordnungsprinzips mit möglicherweise davon abweichenden Prinzipien ökonomischer Herrschaft.

Die je konkrete Struktur historischer Herrschaftssysteme ergibt sich jedoch nie, wie bereits angedeutet, ohne Bezug zu den jeweiligen, von der Entwicklung der Produktionstechnik abhängigen Produktionsbedingungen. Insofern erscheint die gesellschaftliche Arbeitssituation nie nur herrschaftlich fixiert, sondern ist zugleich vom Entwicklungsstand der Produktivkräfte geprägt. Wie allerdings bei gegebener Produktionstechnik die Last der Erbringung produktiver Beiträge verteilt und das Ergebnis der Produktion aufgeteilt wird, wie sich also eine Produktionstechnik sozial umfassend konkretisiert, ist weitgehend Ergebnis herrschaftlicher Strukturierung.

4.2. Merkmale des Wirtschaftens vorindustrieller Gesellschaften

Um die besondere Problematik einer produktiven und normativen Gestaltung der gesellschaftlichen Arbeitssituation unter komplexen industriellen Bedingungen nach demokratischer Leitmaxime, also die Entfaltungschancen aller Gesellschaftsmitglieder zu verbessern und sie einander anzugleichen, zu verdeutlichen, soll ein gedrängter Überblick darüber folgen, wie sich m. E. die technischen und sozialen Produktionsbedingungen im historischen Verlauf bis zur industriellen Situation spezifisch von dieser unterscheiden, wie zugleich aber schon immer beide Bedingungen zusammen erst die konkrete gesellschaftliche Arbeitssituation und Wirtschaftsordnung bestimmt haben.

Hinsichtlich der Unterscheidung von Formen des Wirtschaftens, die primär auf den Entwicklungsstand der Technik rückführbar sind, schälen sich drei charakteristische Zustände heraus: Jäger- und Sammler-, Agrar- und Industriegesellschaft. Jäger- und Sammler- sowie Agrargesellschaft werden als vorindustriell zusammengefaßt.

4.2.1. Gering differenzierte Produktionsstruktur und personale Sozialbeziehungen

Jäger- und Sammlergesellschaft: Wichtigstes Kennzeichen für Jäger und Sammler ist es, daß sie nomadisieren — also ihre Nicht-Seßhaftigkeit. Darauf weitgehend ist die Art ihres „Wirtschaftens" zurückzuführen. Ihre materielle Existenz sichern diese Gesellschaften durch unmittelbare Aneignung von Naturprodukten, also solcher Güter, die originär vorhanden sind, die nicht durch Arbeit erst erstellt werden müssen. Arbeit beschränkt sich überwiegend auf den Prozeß der Aneignung.

Die menschliche Arbeitskraft wird bereits früh, wenn auch zunächst in geringem Umfang, mit produzierten Produktionsmitteln, mit Werkzeug also, kombiniert. Dieses Werkzeug wird benutzt zur Jagd, zur Auseinandersetzung mit anderen Gruppen im Kampf und bald auch im Ackerbau, der in der primitiven Form des Hackbaus betrieben wird. Zu diesen Formen der Aneignung kommt sehr schnell eine frühe Form der Viehzucht[15].

Überwiegend läßt sich diese Phase charakterisieren als unmittelbare Ausbeutung der Natur durch den Menschen. Ausbeutung wird hier und im folgenden verstanden als Aneignung von Leistungsteilen, die nicht auf eigener Leistung basieren, u. U. auch gegen den Willen des Leistenden.

Bäuerliche Gesellschaft: Mit der Weiterentwicklung von Werkzeugen — hier vor allem das Benutzen des Pfluges — verlagert sich das Schwergewicht des Wirtschaftens auf die bäuerlichen Formen des Ackerbaus (unter Zuhilfenahme von Arbeitstieren) und intensiverer Viehzucht. Mit dieser Entwicklung einher geht der Prozeß der Seßhaftwerdung.

„Mit diesen Unterschieden der Wirtschaftsform kreuzt sich die Arbeitsteilung der Geschlechter. Ursprünglich fiel, dem Schwerpunkt nach, auf die Frau die Ackerbestellung und die Ernte. Erst als schwere Arbeit (mit dem Pflug, an Stelle des Hackbaus) zu verrichten war, mußte der Mann eingreifen. In der innerhäuslichen Arbeit ... war ausschließlich die Frau zuständig. Mannesarbeit war ferner Jagd, Hausviehhaltung, Schnitzerei und Metallbearbeitung, endlich vor allem aber der Krieg[16]."

Das alles vollzieht sich zunächst im Rahmen der Kleinfamilie im Zusammenhang mit Stamm und Sippe. Die Kleinfamilie ihrerseits kann sich zum Großhaushalt entwickeln, „und zwar entweder genossenschaftlich oder herrschaftlich als Herrenhaushalt ..."[17]. Dominante Erscheinung wird der Herrenhaushalt.

---

[15] Vgl. *Weber*, M. (243), S. 49.

[16] *Weber*, M. (243), S. 50.

[17] *Weber*, M. (243), S. 57.

Die materielle Existenzsicherung erfolgt also im Rahmen bäuerlicher Gesellschaft überwiegend anders als bei den Jägern und Sammlern: wurden dort vor allem Güter verwandt, wie sie natürlich vorhanden waren, werden hier solche Güter genutzt, wie sie überwiegend erst durch eigentliche Produktionsleistungen des Menschen zustande kommen.

Der entscheidende Unterschied ist darin zu sehen, daß nicht mehr Natur überwiegend unmittelbar angeeignet wird, sondern daß Teile der Natur (Boden und Rohstoffe) benutzt werden, um durch Kombination mit menschlicher Arbeit Güter für den gesellschaftlichen Bedarf erst herzustellen. Erst hier kann von Produktion im eigentlichen Sinne gesprochen werden.

Es kommt also zur mittelbaren Ausbeutung von Natur durch Menschen. Diese Phase ist dadurch gekennzeichnet, daß die sachliche Produktionsausrüstung — hier in Form des „originären" Produktionsfaktors Boden plus der vergleichsweise geringer bedeutsamen produzierten Mittel — ungemein im Prozeß des Wirtschaftens an Bedeutung gewinnt.

Die Arbeitssituation der Gesellschaftsmitglieder läßt sich für derartige Gesellschaften wie folgt beschreiben: „Im ländlichen Familienbetrieb ... waren die „Familie" und der „Betrieb" untrennbar in einer einzigen Haushaltung — also in einem Sozialgefüge — verschmolzen. Der Arbeitsraum des einzelnen war gleichzeitig sein Lebensraum überhaupt. Es gab eigentlich keine eigenständige, nur Arbeitsverpflichtung enthaltene Rolle, sondern die im Familienbetrieb unterscheidbaren Rollen bezogen sich zugleich auf andere Lebensbereiche[18]." Der einzelne war also mit seiner ganzen Person, d. h. mit allen Fähigkeiten, Bedürfnissen und Regungen integrierter Bestandteil der gesellschaftlichen Kerneinheit der Familie.

Zusammengefaßt heißt das: „Im landwirtschaftlichen Familienbetrieb der vorindustriellen Zeit a) gab es keine eigenständigen und spezifischen Berufsrollen, b) erschien es als normal und legitim, daß persönlich emotionales Verhalten in die Arbeitstätigkeiten einfloß, c) bestimmten sich Pflichten und Rechte primär nach zugeschriebenen Kriterien wie Alter, Geschlecht, Geburtsrang usw., d) bestimmte sich das Verhalten nach traditionalen und auf bestimmte Personen bezogene Kriterien[19]."

4.2.2. Die gesellschaftliche Doppelfunktion des Produktionsmitteleigentums

Hinter dieser sachlichen Beschreibung verbirgt sich die schwerwiegende Tatsache, daß natürlich für die einzelnen Gesellschaftsmitglieder ihre Rechte und Pflichten inhaltlich sehr unterschiedlich ausgestaltet sind.

[18] *Bolte*, K. M. (35), S. 413.

[19] *Bolte*, K. M. (35), S. 414.

Diese unterschiedliche Füllung scheint wesentlich auf ein bis in die Jetztzeit gravierend wirksames gesellschaftliches Phänomen rückführbar zu sein, das private Eigentum.

Eigentum, beschreibbar als individueller Reichtum, kann in Verfügung über Menschen und Sachen bestehen. Unterschiedlicher Reichtum wiederum beschreibt und konstituiert u. a. gesellschaftliche Ungleichheit und damit ungleiche Befriedigungs- und Entfaltungschancen der Mitglieder einer Gesellschaft[20]. Er ensteht parallel mit der Herausbildung des Herrenhaushalts. „Die typische Form der herrschaftlichen Entwicklung ist der Patriarchalismus. Charakteristisch für ihn ist, daß Appropriation [Eigentumsbildung und -bindung, Anm. d. Verf.] ausschließlich an einen einzelnen stattfindet, den Hausherrn, dem gegenüber es keinen Anspruch auf Abrechnung gibt, und die absolute, lebenslängliche und erbliche Despotie des Hausvaters. Sie erstreckt sich auf Frau, Kinder, Sklaven, Vieh, Arbeitswerkzeug ...[21]."

In dem Maße, wie sich die Produktionstechnik verbessert, wie also Boden als Produktionsfaktor genutzt wird, erkennt man, daß das Versorgungsniveau der Gesellschaft um so höher und gesicherter erscheint, je mehr an Boden zur Verfügung steht. Diese Überlegung trifft nicht nur in bezug auf die Gruppe, sondern gleichermaßen auch für den einzelnen zu: wer mehr an relevanten Produktionsmitteln besitzt, ist anderen überlegen. Damit kommt es im Bestreben um bessere Befriedigungsmöglichkeiten der Bedürfnisse zum Wettbewerb um die Aneignung des Produktionsfaktors Boden und der damit zu erreichenden Produktion.

In vielfältigen Formen kommt es zu Aneignungsprozessen innerhalb und zwischen verschiedenen gesellschaftlichen Gruppen. Aus Gründen des Erreichungs- und Erhaltungsinteresses einmal Erworbenen kommt es zu unterschiedlichsten Schutzkoalitionen, im Trend zur Herausbildung größerer und differenzierter Gesellschaften.

Zunächst jedoch erscheint die primäre Quelle des Reichtums in der Verfügung über Arbeitskraft (Leibherrschaft), erst später in der Verfügung über Boden zu suchen zu sein. „Erst in der Karolingerzeit vollzieht sich jene Umbildung der Leibherrschaft (Herreneigentum an Menschen) zur Grundherrschaft Herreneigentum an Boden) ...[22]."

Beide Faktoren jedoch, Verfügung über Menschen und über Boden, sind von Anfang an eng gekoppelt und begründen wesentlich gesellschaftliche Ungleichheit. Als Quellen der Entwicklung werden genannt:

---

[20] Zum komplexen Problem sozialer Ungleichheit insgesamt vgl. *Bolte - Kappe - Neidhardt* (37).

[21] *Weber*, M. (243), S. 57 f.

[22] *Lütge*, F. (154), S. 9.

1. Häuptlingswürde:
   a) Sippenhäuptling: er verteilt Landbesitz an die Genossen, woraus sich Abgabepflicht entwickelt.
   b) Kriegshäuptling: er erhält Vorzugsanteil an der Beute und übernimmt die Verteilung des neuerworbenen Landes; das Herrenland ist abgabepflichtig.
2. Interne Differenzierung: mit steigender militärischer Technik und besonderer Qualität der Ausrüstung entsteht ein Berufskriegerstand. Dieser rekrutiert sich aus denen, die kraft Besitzes Träger militärischer Selbstausrüstung sein können. Diejenigen, die dazu nicht in der Lage sind, können ihre Vollfreiheit nicht bewahren. Mit Entwicklung der Ackerbautechnik ist der gewöhnliche Bauer immer stärker an seine Arbeit gebunden. Für die Militärleistungen muß er Abgaben entrichten.
3. Unterwerfung einer feindlichen Bevölkerung: zunächst wird der Feind getötet, später zum Hörigen mit Abgabepflicht gemacht. Es entsteht eine Leibherrenschicht, die mit Menschenbesitz Boden roden und bearbeiten kann, was dem Gemeinfreien mit möglich ist.
4. Freiwillige Ergebung der Waffenlosen in die Herrschaft der Wehrhaften: um Schutz zu erhalten, erkennen die Waffenlosen einen Herrn an, dem gegenüber sie Anspruch auf Verteidigung und z. B. Vertretung vor Gericht haben. Dafür geben sie Dienste und Abgaben.
5. Grundherrliche Siedlung: wer Land rodet, erhält es zu eigen. Wer viele Menschen und Arbeitstiere hat, kann viel roden. Menschenbesitz führt zu Bodenbesitz. Dieser wird nicht selbst bearbeitet, sondern in Form der Leihe verwertet. Es kommt zu Vermischung von Sippenabhängigkeit und Herrenabhängigkeit. Beides verschmilzt in grundherrliches Hintersassentum.
6. Handel: entweder als Eigenhandel des Häuptlings, der Zölle und Taxen erhebt und über die Vergabe von Darlehen die Stammesgenossen zu Schuldsklaven werden läßt, oder durch Zusammensiedeln in Handelsniederlassungen, woraus sich die Städte mit einem Patriziat entwickeln, das ebenfalls über Kreditgewährung eine Verschuldung der anderen Schichten bewirkt.
7. Fiskalische Ursache: es entwickelt sich eine selbständige fürstliche Wirtschaft als naturalwirtschaftliches Feudalsystem, die Entstehung von Herreneigentum durch Lehen[23].

Es kommt also im Verlauf der Entwicklung zur Herausbildung zweier prinzipieller Gruppierungen von Gesellschaftsmitgliedern: zum einen die Gruppe derer, die überwiegend im Besitz des Bodens sind; zum anderen

[23] *Weber*, M. (243), S. 60 ff.

die Gruppe derer, denen wesentlich nur ihre Arbeitskraft zur Verfügung steht. Aus dieser Trennung und der allgemeinen Angewiesenheit auf die Nutzung von Boden ergibt sich ein grundsätzliches Abhängigkeitsverhältnis zwischen diesen Gruppen zugunsten der Eigentümer des entscheidenden Produktionsfaktors Boden. Dieses Abhängigkeitsverhältnis hat zur Folge, daß ein Teil des Arbeitsertrages der Nicht-Eigentümer den Eigentümern zufließt. Wie hoch dieser Anteil jeweils war und welche Rechte sonstiger Art den Eigentümern zustanden, hat in der Geschichte außerordentlich unterschiedliche Ausformungen erfahren. Im Gegensatz zu verschiedenen Arbeitsbeziehungen unter industriellen Bedingungen scheint sich die Nutzung der unterworfenen Bauern durch den Herrn in der Art vollzogen zu haben, „daß sie nicht als Arbeitskraft, sondern als Rentenzahler verwendet wurden“[24].

In der Systematik der bisherigen Überlegungen jedenfalls heißt das, daß im Prozeß der mittelbaren Ausbeutung (d. h. Aneignung von Leistungsteilen, die nicht eigener Anstrengung entstammen) von Natur durch Menschen sich als paralleler Vorgang der Prozeß der gesellschaftlichen Ausbeutung von Menschen durch Menschen entwickelt[25]. Grundlage solcher Ausbeutung ist die an das Eigentum gebundene Herrschaftsordnung.

Trifft die bisherige Beschreibung auch auf die große Mehrzahl der Bevölkerung zu, so sind Differenzierungen durch den schon sehr früh einsetzenden, mit der Entfaltung größerer Gesellschaften zunehmend sich intensivierenden Vorgang der Arbeitsteilung verbunden. Neben der schon erwähnten Arbeitsteilung zwischen den Geschlechtern und einer gewissen Abspaltung der mit überwiegend militärischen Aufgaben betrauten Gruppen findet die weitere Differenzierung der Gesellschaft ihren Niederschlag vor allem in Tätigkeiten der Ausübung und Pflege der Kunst und Religion[26] und der Verselbständigung der Funktionen von Handwerk und Handel[27].

Dominiert im landwirtschaftlichen Bereich das hauswirtschaftliche Eigenbedarfsprinzip im Rahmen der Familienproduktion auf der Basis der Kombination der originären Produktionsfaktoren Arbeit und Boden, verschieben sich die Gewichte im Bereich von Handwerk und Handel. Das Handwerk geschieht zwar ebenfalls überwiegend im Rahmen des hauswirtschaftlichen Eigenbedarfsprinzips, ist aber bereits auf Tausch angewiesen. Im Handwerk dominieren als sachliche Produktionsausrüstung produzierte Produktionsmittel in Form der Werkzeuge, zu denen

---

[24] *Weber*, M. (243), S. 77.

[25] Vgl. *Hauser*, A. (107), S. 10.

[26] *Hauser*, A. (107), S. 19 ff.

[27] Zur sehr frühen Verselbständigung von Handwerk und Handel vgl. *Lütge*, F. (154), S. 12 ff.

allerdings mit steigender Bedeutung die zu verarbeitenden Rohstoffe kommen. Charakteristisch ist, daß lange Zeit eine unmittelbare Verbindung von persönlicher Qualifikation und Werkzeug erhalten bleibt. Differenzierungen im Arbeitsprozeß erfolgen daher hier auch nicht so sehr entsprechend der Eigentums- sondern eher entsprechend einer Qualifikationskategorie, wie sie als Vervollkommnungsstufung in Lehrling, Geselle und Meister zum Ausdruck kommt[28]. Die tatsächliche gesellschaftliche Position des selbständigen Handwerksmeisters ergibt sich jedoch auch hier erst aus der Kombination von fachlicher Qualifikation mit dem Produktionsmitteleigentum und dem erworbenen Recht auf Ausübung des Handwerks.

Im Handel wiederum spielt die sachliche Produktionsausrüstung gegenüber dem wertmäßigen Engagement in das Handelsgut eine untergeordnete Rolle. Hier wird vor allem als erstes das reine Eigenbedarfsprinzip zugunsten des Erwerbsprinzips aufgegeben, das auf Gewinnerzielung im Tausch ausgerichtet ist[29]. Die Entwicklung zur Verkehrswirtschaft nimmt hier über die Entfaltung der Geldwirtschaft ihren Anfang. Die große Bedeutung von Geld als Wertäquivalent für reale Güter jeder Art wird als weiterer Faktor im Wirtschaftsprozeß relevant[30]. Die besondere gesellschaftliche Stellung des Handelsherrn ergibt sich hier jedoch ebenfalls erst aus seiner Eigentümerfunktion.

In den bisher beschriebenen Phasen wirtschaftlicher Entwicklung überwiegen die originären Produktionsfaktoren Arbeit und Boden sowie — mit zunehmender Gewichtung — der derivative Faktor Geld. Aufgrund der Bedeutung des gesellschaftlichen Instituts des Privateigentums kommt es zur teilweisen Trennung der personengebundenen Einheit von Arbeit und sachlicher Produktionsausrüstung. Innerhalb der Gruppierung von Eigentümern und Nicht-Eigentümern an Produktionsmitteln kommt es zur Verfügungsdominanz der Eigentümer über ihr Sacheigentum und — in den verschiedenen Phasen der Entwicklung mit unterschiedlicher Intensität — im Gefolge auch über die Gesellschaftsmitglieder, deren Basis der persönlichen Existenzsicherung überwiegend nur in ihrer Arbeitskraft besteht. Für diese Gruppe von Menschen erhält damit ihre Arbeit den Charakter der Fremdbestimmtheit.

Eigentum vor allem an Produktionsmitteln zeigt sich damit von Beginn an in seiner bis heute hart umstrittenen Doppelfunktion: zum einen

---

[28] Vgl. *Höhn*, R. (112), S. 31.

[29] „Die beiden Grundtypen aller Wirtschaft sind Haushalt und Erwerb, die zwar durch Übergangsstufen miteinander verbunden, in ihrer reinen Form aber begriffliche Gegensätze sind. Haushalt bedeutet ein Wirtschaften, das an der Deckung des eigenen Bedarfs orientiert ist ... Erwerb dagegen heißt Orientierung an Gewinnchancen, und zwar an Tauschgewinnchancen." *Weber*, M. (243), S. 6.

[30] *Lütge*, F. (154), S. 95 ff.

erhöht es für den Eigentümer den gesellschaftlichen Freiheitsraum, zum anderen beschneidet es sofern mit dem Eigentum Verfügungsmacht verbunden ist, den Freiheitsraum der dieser Verfügung Unterworfenen. Durch Eigentum werden also gleichermaßen Freiheitschancen eröffnet und beschnitten.

Für die vorindustrielle Zeit muß immer wieder betont werden, daß die Arbeit nie von der Person als ganzer losgelöste Nur-Arbeit, sondern stets in die sonstigen sozialen Bezüge eingebunden ist. Das gilt für das in nahezu allen gesellschaftlichen Bereichen gültige Prinzip des Patriachalismus, das nie nur Anordnungsgewalt des Patriarchen, sondern immer auch Fürsorgepflicht gegenüber dem „Unmündigen" beinhaltet. Das gilt auch für die Einordnung in das mit zunehmender Entfaltung der Gesellschaft wirksam werdende soziale Ordnungsprinzip der ständischen Gliederung, das primär auf gesellschaftlicher Funktionenteilung gründet und sich mit der alten Schichtung entsprechend der Rechtsstellung in Freie und Unfreie verbindet[31].

Trotz der beschriebenen gesellschaftlichen Zwänge findet der einzelne durch die Integration in einer übersubjektive Ordnung und relativ kleine, weitgehend autarke Produktionskooperative zu einem hohen Maß an subjektiver Verhaltenssicherheit und durch das patriarchalische Moment der Sorgepflicht zu einem zumindest prinzipiellen Schutz gegenüber Basisrisiken[32].

4.3. Das ökonomische System der Industriegesellschaft

Die ständige Weiterentwicklung der überwiegend agrarisch bestimmten Produktionsweise in Kombination mit spezifischen gesellschaftlichen Ordnungselementen, die u. a. die konkrete Machtverteilung begründen, führt durch die permanente Aufnahme neuer Produktionselemente zu ihrer Charakterisierung als vorindustriell und damit als Übergangsphase zu einer wesentlich anders bestimmten Produktionsweise.

4.3.1 Allgemeine Bedingungen industrieller Produktion

4.3.1.1. Entwicklung der Technik

Damit ist angedeutet, daß der Übergang zur überwiegend durch industrielle Produktion gekennzeichneten Gesellschaft nicht abrupt erfolgt,

[31] Es kommt zur Differenzierung in Adel (militärisch-politische Führungsschicht), Kleriker, Krieger, Bürger (Handwerker und Kaufleute) und Bauern, die in sich jedoch noch mannigfaltig differenziert sind.

[32] Für eine zusammenfassende Charakterisierung der vorindustriellen Situation vgl. *Bolte*, K. M.: Die gesellschaftliche Situation der Gegenwart. In: *Bolte*, K. M. (33), S. 27.

wenn auch ihr eigentlicher Beginn mit dem ausgehenden 18. Jahrhundert datiert wird[33].

Der Übergang zur Industriegesellschaft wird durch vielfältige Entwicklungen etwa seit dem 15. Jahrhundert vorbereitet. Zu ihnen zählen der organisierte Ausbau des Handwerks zum Gewerbe; die Entwicklung des Bergbaus und damit speziell der Metallverarbeitung; die Entfaltung des Handels und der Städte und damit des Geldwesens und des Kapitalverkehrs; die Entwicklung neuer Unternehmensformen, besonders des Verlagswesens und der Manufaktur; schließlich die Ausweitung des Wirtschaftsraumes durch Gründung von Kolonien. Der entscheidende Impuls jedoch geht von der Entwicklung der Naturwissenschaften und ihrer Übersetzung in praktische Verwertbarkeit, der Technik, aus. Die Entfaltung der Technik beinhaltet potentielle und faktische Möglichkeiten einer enormen Produktivitätssteigerung der Werkzeuge und damit ungeahnte Chancen der Steigerung der materiellen Wohlfahrt der Gesellschaft. Diese Chancen jedoch verteilen sich zunächst durchaus nicht einheitlich auf die Gesellschaftsmitglieder.

4.3.1.2. Teilung und Konzentration der Produktionsvorgänge

Der Charakter der Produktionsweise verändert sich durch eine entscheidende Gewichtsverlagerung vom originären Produktionsfaktor Boden hin zu den produzierten Produktionsmitteln der mechanisierten und später automatisierten Großwerkzeuge.

Das qualitativ Neue industrieller Werkzeuge ist ihr überindividueller Charakter, d. h. der Übergang vom Handwerkzeug zur Maschine beinhaltet eine Loslösung des Werkzeugs von der einzelnen Person des Produzenten, also einer Verselbständigung gegenüber dem einzelnen.

Die Werkzeuge erhalten Anlagencharakter. Die Arbeit wandelt sich zunehmend von einer individueller zu solcher kollektiver Natur. Aus dem Anlagencharakter der Werkzeuge, d. h. aus ihrer Größe und organisatorischen Einheit, ergibt sich die Notwendigkeit, relativ viele Arbeitskräfte zum Standort der Produktionsmittel zu orientieren und hier zu binden. Es wird also immer weniger die einzelne Arbeitskraft mit Werkzeugen, sondern die Produktionsanlagen werden mit wechselnden Mengen des Faktors Arbeit kombiniert. Es findet also Arbeitshäufung auf engem Raum statt.

Eine derartige Struktur der Produktion bedingt die Abkehr vom individuellen Einzelprodukt zum typisierten Serienprodukt. Dieser Vorgang wiederum hat zur Voraussetzung und zur Folge eine ständige Zunahme der Spezialisierung und Differenzierung der Produktion, ein Phänomen, das als Prozeß der intensiven Arbeitsteilung konstitutives Element aller

[33] Im einzelnen vgl. *Lütge*, F. (154), S. 482 ff.

Industrialisierung ist. Die Arbeitsteilung findet wegen des Produktivitätsvorsprungs der Spezialisierung sowohl innerhalb der einzelnen Produktionsstätten statt als auch zwischen den Produktionsstätten und mit zunehmender Entwicklung auch zwischen ganzen Wirtschaftsräumen. Im Zuge der Entfaltung einer weltweiten Arbeitsteilung werden auch staatlich fixierte Ländergrenzen ignoriert.

Dieser Prozeß des technischen Fortschritts führt im Bereich der ökonomischen Produktion zu einer ständigen Konzentration der Produktionseinheiten im Typ des Großbetriebes, der Fabrik[34]. Das hat zur Folge, daß die überwiegend an „ganzheitlicher" Produktion orientierten und weitgehend an Familienverbände gekoppelten Produktionseinheiten vorindustrieller Art ihre gesellschaftliche Produktionsfunktion verlieren. Diese sehr stark auf das Eigenbedarfsprinzip ausgerichteten und daher nur lose ökonomisch verknüpften gesellschaftlichen Systemeinheiten werden zumeist ihrer unmittelbaren Versorgungsfunktion entledigt. Im Gefolge von Arbeitshäufung und Arbeitsteilung verselbständigt sich der Produktionsbereich und mit ihm der Arbeitsbereich im gesellschaftlichen Kontext. Damit kommt es zur Herausbildung einer eigenen Berufswelt und zur Ausdifferenzierung spezieller und spezialisierter Berufsrollen[35].

Die Struktur der industriellen Produktion läßt sich auf der Grundlage der angeführten Merkmale wie folgt zusammenfassen[36]:

„1. Es kommt zu einer Arbeitsteilung, die sich von traditionellen Formen der Arbeitsteilung durch ihre bewußte Bezogenheit auf ein optimales Arbeitsergebnis unterscheidet.

2. Es kommt zu einer Akkumulation von Arbeitskräften in Betrieben, deren Ordnung in Folge ihrer Größenordnung einer bewußten institutionalisierten Organisation bedarf.

...

3. Die Rationalisierung der kooperativen Arbeit führt zur Verwendung von Apparaten und Maschinen.

4. Aus der Absicht, rationell vorzugehen, entspringen organisatorische Maßnahmen und spezielle technische Einrichtungen, die dem Zweck dienen, die geteilte Arbeit nachträglich wieder zu einem Ganzen zusammenzufügen: zu einem geschlossenen durchrationalisierten Arbeitsprozeß mit minimalen Reibungs- und Zeitverlusten oder zu einem Produkt, dessen Teile genauso zusammenpassen, als ob sie von einem einzigen Produzenten hergestellt wären."

---

[34] Zum Begriff der Fabrik: *Lütge*, F. (154), S. 483.

[35] Vgl. dazu im einzelnen: *Bolte*, K. M. (35), S. 292 ff.

[36] *Bahrdt*, H. P.: 12, S. 21.

Insgesamt bedeutet dieser Vorgang, daß es im Gefolge des immer komplizierteren und komplexeren gesellschaftlichen Leistungsprozesses zu einer ständigen Ausweitung der Beziehungen der einzelnen Systemeinheiten kommt. Ständig mehr Arbeitsleistungen können nur miteinander, aufeinander bezogen und voneinander abhängig erbracht werden. Der kollektive Aspekt der Arbeit nimmt zu, bei gleichzeitig wachsender Vereinzelung und Anonymität, d. h. Auswechselbarkeit der einzelnen Arbeitsleistung und der sie zur Verfügung stellenden Person, präziser, der jeweiligen produktiven Rollenträger.

Eine solche Arbeitssituation bedarf der organisierten Koordination der einzelnen Produktionsbeiträge. Damit werden immer mehr Gesellschaftseinheiten von den Entscheidungen und Handlungen anderer Gesellschaftseinheiten ebenso abhängig, wie ganze Gesellschaften bzw. Gesellschaftsteile von den Entscheidungen und Handlungen anderer Gesellschaften bzw. Teilen anderer Gesellschaften abhängig werden. Immer größer wird also die prozeßhafte Verzahnung des Individuums mit seiner sozialen Umwelt. Wir haben es mit dem bereits oben definierten Vorgang der Vergesellschaftung zu tun[37].

Die industrielle Produktionsweise ist also gekennzeichnet durch die Verlagerung vom ursprünglich vorherrschenden originären Produktionsmittel Boden zum neu dominanten Produktionsmittel der produzierten Werkzeuge, dem Kapital[38]. Das bedeutet auch einen Funktionswandel des Faktors Boden: im industriellen Prozeß wird er benötigt, nicht um ihn zu bearbeiten, sondern um auf ihm zu produzieren und die in ihm lagernden Rohstoffe zu gewinnen.

4.3.1.3. Der Koordinationstyp der Organisation

Um die Grundlage industrieller Produktivitätssteigerungen, das Kapital, zu bilden und einzusetzen, werden völlig neue Dispositionsleistungen nötig. In zunehmendem Maße können wesentliche Teile des Ergebnisses einer Produktionsphase nicht mehr zur unmittelbaren Bedürfnisbefriedigung verwandt, sondern müssen über den Akt der Investition zur Schaffung neuer Produktionsmittel eingesetzt werden. Fähigkeit und Bereitschaft also, „Arbeit in Sachkapital umzusetzen"[39], müssen entwickelt und intensiviert werden.

Hinzu kommt, daß Art und Dimension industrieller Produktionsweise eine kalkulierbare Rechenhaftigkeit nahelegen, wenn nicht erfordern.

[37] Der Begriff der Vergesellschaftung in seiner modernen Bedeutung geht zurück auf erste Ansätze bei *Weber*, M. (242), S. 21 ff. Zur heutigen Verwendung im systemtheoretischen Sinne vgl. nochmals *Hondrich*, K. O. (117), S. 35 ff.

[38] Der Begriff Kapital wird im folgenden überwiegend nicht differenziert gebraucht, d. h. er umfaßt die Bedeutung von Geld-Kapital gleichermaßen wie Sach-Kapital.

[39] *Hondrich*, K. O. (116), S. 79.

Diese immanente, scheinbar neutrale Sachrationalität begründet mehr und mehr ein Verhaltensmuster, das darauf gerichtet ist, beim Einsatz grundsätzlich knapper Mittel keine unnötigen Reibungsverluste auftreten zu lassen, d. h. „ein Ziel ist mit dem geringstmöglichen Mittel-Aufwand zu erreichen; oder vorhandene knappe Mittel sind so einzusetzen, daß ein Ziel bestmöglich bzw. mit den größten Erfolgsaussichten angestrebt wird“[40].

Ein Denken in solchen Kategorien entsteht natürlich nicht erst mit der Industrialisierung, wird aber in zunehmendem Maße für die industrielle Produktionsweise als solche charakteristisch, je mehr sich die eher technisch vermittelte Systemrationalität im einzelnen Produktionsbetrieb auf den ihr angemessenen Systemtyp der Koordination arbeitsteiliger und spezialisierter Produktion, die Organisation, stützen kann[41]. Die Organisation wird verstanden als ein soziales Gebilde, das durch zielgerichtetes, planvolles Handeln einer angebbaren Zahl von persönlich austauschbaren Rollenträgern, also in diesem Sinne anonymen Mitgliedern mit dem Anspruch der Sachrationalität gekennzeichnet ist[42]. Ihr Koordinationsprinzip ist zum einen horizontal entsprechend überwiegend technischer Abläufe (funktionale Organisation) orientiert und zum anderen vertikal in Form einer hierarchischen Über- und Unterordnungsstruktur (skalare Organisation) ausgerichtet[43].

Mit der Ausdehnung industrieller Produktionsweise werden immer mehr Gesellschaftsmitglieder in ihrer Rolle als Produzenten zu rollenspezifischen Mitgliedern solcher Organisationen und daher einerseits immer stärker auf ein Verhalten hin, das sich am Rationalitätsprinzip orientiert, sozialisiert. Dies auch deshalb, weil der Systemtyp der Organisation in immer mehr gesellschaftliche Bereiche vordringt und so den die Industrialisierung begleitenden Vorgang der Bürokratisierung markiert[44].

---

[40] Hier zitiert nach *Hondrich*, K. O. (116), S. 81. Dieses ökonomische oder Rationalitätsprinzip läßt sich im Grunde seit M. Weber in sehr ähnlichen Formulierungen immer wieder in der Literatur finden. Vgl. z. B. *Kosiol*, E. (133), S. 13.

In Kombination des von ihm angenommenen generellen Leistungsziels „individueller Wohlstand“ mit der Fähigkeit, Arbeit in Sachkapital umzuwandeln, und der Bereitschaft, sich nach dem ökonomischen Prinzip zu verhalten, konstituiert sich nach *Hondrich* wesentlich die moderne Leistungsgesellschaft (116, S. 75 ff.)

[41] Organisationen etablieren sich natürlich nicht nur im ökonomischen Bereich, sondern das Gebilde „Organisation“ wird als genereller Systemtyp industrieller Gesellschaften angesehen. Siehe hierzu ausführlich: *Silverman*, D. (225).

[42] Vgl. *Mayntz*, R. (170), S. 36.

[43] Zum Gebrauch der Begriffe vgl. *Burisch*, W. (51), S. 82 ff. Es sei darauf verwiesen, daß allgemein der Begriff „Organisation“ zweifach verwandt wird: 1. Organisation beschreibt den Zustand und die Tätigkeit der Strukturierung der Binnenprozesse sozialer Gebilde. 2. Organisation ist ein bestimmter Typ sozialer Gebilde.

Woraus gefolgert wird: „Die Bedeutung bürokratischer Organisationen in einer zunehmend ‚verwalteten', zunehmend von Großorganisationen als wesentlichen Strukturelementen und Aktionszentren bestimmten Gesellschaft ist offensichtlich. Wieviel Zeit der einzelne auch immer in solchen Organisation verbringen mag, ihre Eigenart und ihr Funktionieren sind schicksalshaft für ihn, auch dann, wenn er mehr als Klient, Konsument, Bürger usw. mit ihnen in Kontakt kommt als unmittelbar als Mitglied in ihnen handelt[45]."

4.3.2. Private Verfügungsmacht der Kapitaleigner als Grundlage der ökonomischen Herrschaftsordnung

4.3.2.1. Doppelte Funktion herrschaftlicher Koordination

Das Verpflichtetwerden auf die Organisationsrationalität ist jedoch nicht nur eine Ausrichtung an reiner Zweckmäßigkeit, auf eine nur technisch vermittelte Produktivität, auf eine abstrakte Effizienz also. In einer kaum trennbaren Verbindung mit dem auf ökonomische Rationalität ausgerichteten bzw. auszurichtenden Verhalten der Organisationsmitglieder wird an diese die Zumutung herangetragen, sich einem obersten Leistungswillen unterzuordnen, der für sich in Anspruch nimmt, und das gilt vor allem auch für den ökonomischen Bereich, konkret durch inhaltliche Zielfestlegung zu bestimmen, was als jeweils effizient zu gelten hat.

„Kapital bzw. Produktionsmittel kommen nicht freischwebend vor; sie sind immer eigentumsgebunden[46]." Damit werden die Organisationsmitglieder zugleich mit ihrer Sozialisation in Richtung organisatorischer Rationalität auf eine scheinbar systemnotwendige herrschaftliche Unterordnung sozialisiert; eine Unterordnung jedoch, die über die Notwendigkeit formalisierter Koordination arbeitsteiliger Prozesse hinaus eben nur scheinbar systemnotwendig, faktisch eine Subordination der Arbeit unter das herrschaftlich gesicherte Interesse der Kapitaleigentümer ist.

Insgesamt repräsentieren bürokratische Organisationen durch ihre geballte Leistungsfähigkeit Macht. Eine Macht jedoch, die zumindest zweifache Funktionen erfüllt: zum einen, indem sie das objektive Interesse der Gesellschaft als ganzer nach Erhalt bzw. Steigerung der Produktivität unterstützt; zum anderen aber, indem sie zur Interessenssicherung nur bestimmter gesellschaftlicher Gruppen, der jeweils Herrschenden, einge-

---

[44] Es sei allerdings darauf verwiesen, daß sowohl die Hierarchie als auch die Bürokratie nicht erst mit der Industrialisierung als Gestaltungsprinzip entstehen: „In der staatlichen Verwaltung, im Heer, in der Kirche, aber auch in großen Handelshäusern war es bereits vorhanden." *Bahrdt,* H. P. (12), S. 27. Vgl. auch *Höhn,* R. (113), S. 1 ff.

[45] *Mayntz,* R.: Einleitung. In: Mayntz, R. (Hrsg.) (171), S. 13.

[46] *Rich,* A. (205), S. 16.

setzt wird und insofern nicht nur einzelne Interessenpositionen mit erhöhter sozialer Durchsetzungschance, also mit Macht versieht bzw. diese Macht erhöht, sondern ein ganzes Herrschaftssystem zu sichern vermag.

Dieser spezifische Machtaspekt geht auch aus folgender Charakterisierung der Funktion bürokratischer Organisation hervor: „Als eine historisch entwickelte Struktur manifestiert die bürokratische Organisation gesellschaftliche Ungleichheiten, Abhängigkeits- und Unterordnungsbeziehungen, kurz: bestimmte gesellschaftliche Machtverhältnisse; sie setzt sie voraus, bildet sie nach und verstärkt sie. Die bürokratische Organisation ist ein Herrschaftsmittel, das zuerst im gesellschaftlichen Herrschaftsapparat selbst, der Verwaltung, entstand ... und dann von der Industrie und anderen Arten von Betrieben übernommen wurde. Diese enge Beziehung bürokratischer Strukturformen zum Zwecke der Herrschaftsausübung und -sicherung wurde und wird noch immer leicht vergessen, wenn man den Siegeszug bürokratischer Organisation auf ihre besondere Zweckmäßigkeit zurückführt. Gewiß ist sie außerordentlich zweckmäßig, aber diese Zweckmäßigkeit ist keine unbedingte, sondern gilt nur unter spezifischen Umständen, zu denen insbesondere der angedeutete Herrschaftsaspekt gehört[47]."

Es ist vor allem diese doppelte, auf Produktivitätserhalt bzw. -steigerung und auf die Wahrung eines spezifiischen Interesses, der Eigentümer der Produktionsmittel, gerichtete herrschaftliche Funktion industrieller Organisationen, die in das Zentrum gesellschaftlicher Auseinandersetzungen gerät und wesentlich Gegenstand der Bemühungen um Demokratisierung der Wirtschaft wird[48].

4.3.2.2. Die soziale Durchsetzung des Industriesystems

Ehe es jedoch zu derartigen Auseinandersetzungen kommt, gehen der Entstehung dieses überwiegend auf privatem Eigentum an Kapital basierenden industriellen Herrschaftssystems selbst heftige Auseinandersetzungen um die Überwindung der weitgehend vorindustriellen Herrschaftsstrukturen und Produktionsweisen voraus; die industrielle Produktion muß sich also selbst zunächst einmal sozial durchsetzen bzw. muß durchgesetzt werden.

Die auf dem systematischen Einsatz produzierter Produktionsmittel in arbeitsteiligen Prozessen basierende industrielle Produktionsweise zeigt sich sehr bald hinsichtlich ihres Produktivitätseffektes den alten agrarisch und handwerklich strukturierten Produktionsformen leistungsmäßig überlegen. Die ihr zugrunde liegende neue ökonomische Rationalität hin-

[47] *Mayntz*, R.: Einleitung (171), S. 13.

[48] Mir scheint interessant zu vermerken, daß expressis verbis erst in neuesten Ansätzen der Betriebswirtschaftslehre auf diese Doppelfunktion eingegangen wird. Vgl. *Koubek*, N. (134).

sichtlich der Verwendung der Produktionsfaktoren, besonders hinsichtlich der Bildung und des Einsatzes der produzierten Produktionsmittel, des Kapitals, bedarf jedoch einer relativen Freizügigkeit in der Disposition. Diese Freizügigkeit muß zunächst mühsam gegenüber bestehenden gesellschaftlichen Regelungen, vor allem gegen die grundbesitzenden und handwerklichen Nutznießer dieser Regelungen, erkämpft werden.

Es ist eine besondere Gruppe des Bürgertums, die die sich neu eröffnenden Chancen der neuen Wirtschaftsform erkennt und sie mit persönlichem Elan nutzen will und zu nutzen versteht: die Unternehmer; die, indem sie ihr eigenes Interesse vertreten, damit zugleich die wesentlichen Schrittmacher des neuen Industriezeitalters werden.

Der Unternehmer, dieser „Pionier" des Wirtschaftens, dem als herausragendes Kennzeichen die „schöpferische Zerstörung", Aufbruch und Durchbruch zu immer wieder neuen Möglichkeiten des Wirtschaftens zugeschrieben wird[49], läßt sich in ersten Ansätzen bereits bis ins 15. und 16. Jahrhundert zurückverfolgen. Die typisch industriellen Unternehmer des ausgehenden 18. und besonders des 19. Jahrhunderts setzen sich als Gruppe zusammen aus einigen die Zeichen der Zeit noch rechtzeitig erkennenden, primär auf großes Grundvermögen als Ausgangslage zurückgreifen könnenden adligen Unternehmern und in steigendem Umfang aus den schwergewichtig auf Handel und Technik zurückgreifenden bürgerlichen Unternehmern zusammen[50].

Die auf neuem Leistungsvorsprung basierende Macht des Unternehmers hat dieser durch mühsames Kämpfen vor allem gegen die herrschaftlich verfestigten Machpositionen der Feudalherren[51], aber auch gegen die zünftisch organisierten städtischen Handwerker erstreiten müssen.

„Lange hat er ringen müssen, um sich gegenüber den ständisch privilegierten Führungsschichten der älteren Zeit durchzusetzen. Er ist ja seinem Wesen nach unständisch, demokratisch in diesem Sinne des Wortes, oder, wie man auch gesagt hat, ‚bindungslos', ja revolutionär. Sein Aufkommen bedeutet, daß sich wirtschaftliches Führertum von politisch-gesellschaftlichem Führertum loslöst[52]."

4.3.2.3. Die „Privatisierung" der Wirtschaft

Zunächst allerdings hat dieses „private" Unternehmertum gegen die ständischen Einengungen einen unfreiwilligen Bundesgenossen im absoluten Fürsten, der aus dem Interesse seines absoluten Führungsanspruchs

---

[49] Siehe die klassische Darstellung bei *Schumpeter,* J. A. (221), S. 99 ff.

[50] Zur Herkunft der Unternehmer im einzelnen vgl. *Zorn,* W. (251), S. 25 ff.

[51] Vgl. *Galbraith,* J. K. (92), S. 63 ff.

[52] *Lütge,* F. (154), S. 372.

ständische Reservate der Verfügungshoheit zu beseitigen trachtet. So werden auch die ersten modernen Wirtschaftsaktivitäten im System des Merkantilismus vom Fürsten installiert, wodurch die Wirtschaft „öffentlich“ im Sinne staatlicher Wirtschaft intensiviert wird. Jedoch: „Zur Sphäre privater Autonomie entfaltet sich diese Privatsphäre erst im Maße der Emanzipation vom merkantilistischen Reglement[53].“

Daher stehen auch in Deutschland am Anfang der modernen Wirtschaftsentwicklung die „politischen, sozialen und wirtschaftlichen Reformen, die zu Beginn des 19. Jahrhunderts in Preußen und in den Rheinbundstaaten durchgeführt worden sind. Diese Reformen emanzipierten Gesellschaft und Wirtschaft von den ständisch-korporativen Bindungen der vorindustriellen Zeit. Sie gaben eine weitgehende Freizügigkeit in der Wahl des Wohnsitzes und des Berufs; sie lösten das Geburtsprivileg durch das Bildungs- und Besitzprivileg ab und schufen die Voraussetzung für die starke soziale Mobilität und für die Marktwirtschaft des Industriezeitalters“[54].

Wichtige Bestandteile dieser Reformen sind die Überführung des Eigentums an Produktionsmitteln in prinzipiell freie Disponibilität und die Vertragsfreiheit[55]. Die Vertragsfreiheit, die vor allem die ökonomischen Beziehungen, besonders die Schuldner- und Gläubigerverhältnisse, „formal rational“ regelt und sie vor Willküreingriffen der Obrigkeit schützt und insofern kalkulierbar macht[56] wird zum gravierenden Charakteristikum der neuen industriellen Leistungsgesellschaft.

Durch diese Konstruktion des liberalen bürgerlichen Rechtsstaats wird die Wirtschaft im eigentlichen Sinne privatisiert; der Staat soll überwiegend nur rechtssetzende und -kontrollierende Funktion neu wahrnehmen.

4.3.2.4. Interesseneinseitigkeit der Herrschaftsordnung

Die primär auf privatem Eigentum an den Produktionsmitteln basierenden Produktionsverhältnisse haben jedoch darüber hinaus eine gravierende Konsequenz.

Die ersten industriellen Produktionsstätten werden — hier ganz in der Tradition handwerklicher Denkweise und in problematischer Weise z. T. bis heute nachwirkend — überwiegend als Ergebnis persönlicher Leistung derer begriffen, die die notwendigen Qualifikationen der Innovation und Kapitalbildung verbunden mit entsprechender Risikobereitschaft zur Verfügung stellen, eben der Unternehmer. Diese sich primär

[53] *Habermas*, J. (103), S. 209.

[54] *Born*, K. E.: Einführung des Herausgebers. In: *Born*, K. E. (Hrsg.) (39), S. 16.

[55] Vgl. *Kehr*, E. (126), S. 44 ff.

[56] Vgl. *Weber*, M. (242), S. 94. Auch *Habermas*, J. (103), S. 201 f.

in individuellen Leistungskategorien begreifende Weltsicht dokumentiert auch bewußtseinsmäßig den privaten Charakter früher industrieller Produktion. Und insofern es „sein“ Unternehmen ist, das auf „seinem“ Eigentum und „seiner“ Leistung basiert, beansprucht er wie selbstverständlich, und erhält sie durch die Rechtsordnung dann auch zugestanden, die uneingeschränkte Verfügungsgewalt über sein Eigentum.

Damit begründet sich jedoch eine neue, oben schon mehrfach angesprochene, zunächst eindeutige interessen-einseitige ökonomische Herrschaftsordnung und wird hinfort zu einer die soziale Situation wesentlich bestimmenden und bis heute heftig umstrittenen Komponente: das Herrschaftssystem des Kapitalismus[57].

Diese Herrschaftsordnung führt dazu, daß der jeweilige Kapitaleigner unter der Bedingung marktmäßiger Konkurrenz (die bei Funktionsfähigkeit des Wettbewerbs durchaus zu Korrekturen des interessen-einseitigen Systems im Sinne gesamtgesellschaftlicher Interessenausgleiche hinsichtlich der allgemeinen Produktivitätserwartung tentdiert) für das einzelne Unternehmen relativ autonom die Geschäftspolitik bestimmen und damit entsprechend seines Interesses festlegen kann, was als effizient zu gelten hat.

Wenn auch die Motive unternehmerischen Handelns im einzelnen sehr unterschiedlich und zugleich vielschichtig sein mögen, wenn auch besonders für heutige Verhältnisse eher von einem ganzen Bündel sich gegenseitig bedingender oder ergänzender Ziele, einem Zielsystem also, für das Unternehmen gesprochen wird[58], so muß m. E. aus der Sicht des Eigentümers dennoch von einer eindeutigen Zieldominanz hinsichtlich eines möglichst rentablen Einsatzes des Kapitals ausgegangen werden, d. h. das allgemeine Ziel der Effizienz verdichtet sich zur Rentabilität des eingesetzten Kapitals[59].

---

[57] Auf diesen Aspekt des privaten Unternehmens verweisen besonders die Marxisten immer wieder mit aller Eindringlichkeit und leiten daraus ihre Auffassung wesentlich ab, daß Demokratisierung der Wirtschaft solange nicht wirklich stattfinden kann, wie Herrschaft an privates Eigentum an Produktionsmitteln gebunden ist. Klassisch die Formulierung bei K. *Marx*, 164, S. 348): „Der Kapitalist ist nicht Kapitalist, weil er industrieller Leiter ist, sondern er wird industrieller Befehlshaber, weil er Kapitalist ist. Der Oberbefehl in der Industrie wird das Attribut des Kapitals, wie zur Feudalzeit der Oberbefehl in Krieg und Gericht Attribut des Grundeigentums war.“

[58] Zu dieser sich auf empirische Untersuchungen stützenden Annahme vgl. *Heinen*, E. (108), besonders S. 30 ff.

[59] Wenn neuerdings häufiger darauf verwiesen wird, daß ein Wandel in der Orientierung von Unternehmen weg vom Gewinnmaximierungsziel hin zum Wirtschaftlichkeitsprinzip und d. h. der betrieblichen Wertschöpfung erfolge (vgl. z. B. *Graetz*, W. [95]. S. 122 ff.), so gilt das einerseits sicherlich primär für Großunternehmen in der Rechtsform der Kapitalgesellschaft, wie es andererseits m. E. bereits ein Ausdruck für faktisch sich verschoben habende Machtpositionen in der Gesellschaft und die erklärliche Orientierung eine beauftrag-

Der Rentabilitätsgesichtspunkt konkretisiert sich im scheinbar neutralen Gewinnprinzip der Unternehmensführung. Scheinbar neutral deswegen, weil der Gewinn selbst in seiner Doppelfunktion zu problematisieren ist. Gewinn ist zum einen rechnerischer Ausdruck der produktiven Ertragskraft des Unternehmens, insofern Ausdruck des dynamischen Bemühens und zugleich Ergebnis des Bemühens, die Differenz aus Erlösen und Kosten langfristig zu maximieren, und insofern u. a. auch eine der wichtigsten betriebswirtschaftlichen sowie volkswirtschaftlichen Steuerungsgrößen zukünftiger Entwicklung, d. h. unmittelbar zunächst einmal für zukünftige Investitionen und das ganz unabhängig davon, wer im Einzelfall das notwendige Kapital zur Verfügung stellt, also unabhängig auch von der jeweiligen Eigentumsordnung[60].

Gewinn aber ist auch Einkommensgröße und insofern in das schwierige Problem einer angemessenen Verteilung des erwirtschafteten Unternehmensergebnisses (betriebliche Wertschöpfung) involviert. Die besondere Brisanz erwächst in diesem Zusammenhang daraus, daß Gewinn nicht nur über eine neutrale Steigerung der produktiven Leistung des Unternehmens zu erhöhen ist, sondern auch durch eine Minderbewertung des produktiven Beitrags der Arbeitnehmer erreicht werden kann.

Die herrschaftlich fixierte Messung der Effizienz als Rentabilität kann dann dazu führen, daß, da Arbeit als Kostenfaktor in die Kalkulation bzw. Erfolgsrechnung eingeht, die Effizienz eines Unternehmens rechnerisch sinkt bzw. die erreichte Leistung als nicht ausreichend angesehen wird, nur weil die Arbeitnehmer bzw. Teile davon höher am Unternehmensergebnis beteiligt, d. h. hier zunächst einmal besser entlohnt werden[61].

Oder anders formuliert: „Daß das Höchstmaß von formaler Rationalität der Kapitalrechnung nur bei Unterwerfung der Arbeiter unter die Herrschaft von Unternehmern möglich ist, ist eine ... spezifische materiale

---

ten Managements an einer für ihren eigenen Erfolg viel wichtigeren Größe ist. Insofern ist ein beauftragtes Management m. E. gerade eine der wichtigsten Voraussetzungen dafür, bei klarer Ausrichtung des Unternehmens an der Produktivität, die ja am eindeutigsten in der betrieblichen Wertschöpfung zum Ausdruck kommt, dieses interessenplural, also im Sinne der weiter oben entwickelten Definition demokratisch zu führen. Voraussetzung ist dafür allerdings, den Auftrag und die Kontrolle des Managements ebenfalls plural zu gestalten.

[60] Gerade diese notwendige Funktion des Gewinns ist es, die allzu leicht in Vergessenheit gerät und, manchmal kann man den Eindruck haben, gar unterschlagen wird, wenn im Rahmen von Demokratisierungsdiskussionen das kapitalistische System ins Feuer der Kritik gerät. Andererseits wird allerdings auch häufig so getan, als habe Gewinn nur diese Funktion und jede Kritik daran sei daher gegen die allgemeine ökonomische Vernunft. Beide Positionen sind einer sinnvollen Problemlösung nicht eben förderlich.

[61] Auf die Problematik dieser Effizienzzumessung und die darin liegenden Verzerrungen hat hingewiesen: *Nell-Breuning*, O. v. (189).

Irrationalität der Wirtschaftsordnung[62]. Noch schärfer, im Rahmen unserer bisherigen Systematik, heißt das: ein gewisses Maß an Ausbeutung, definiert wie oben als Aneignung von Leistungsteilen anderer, wird hier zum rechenhaften Effizienzkriterium[63].

4.3.2.5. Die Verselbständigung des Verzinsungsinteresses

Im Gefolge der Entfaltung industrieller Produktion, d. h. mit zunehmender Dimension des Umfangs und der Arbeitsteiligkeit der Herstellung und Verteilung von Gütern, des Übergangs zur Massenproduktion also, verändern sich die Sozialformen industriellen Wirtschaftens. Vor allem kommt es zur Herausbildung immer größerer Unternehmenseinheiten[64].

Das hat zum einen zur Konsequenz, daß die häufig begrenzten Eigenmittel der einzelnen Eigentümerunternehmer nicht mehr ausreichen, die aus sachlichen und Konkurrenzgründen notwendige Realisierung von technischem Fortschritt durchzuführen. In zunehmendem Maße wird nach Finanzmitteln gesucht, die sich an diesem Vorgang beteiligen wollen und können.

Eine solche Beteiligung geschieht entweder über den direkten Erwerb von Beteiligungstiteln am Unternehmen selbst (was von der persönlichen Mitunternehmerschaft im Rahmen der Offenen Handelsgesellschaft, über den stillen bzw. begrenzt haftenden Gesellschafter bis zur anonymen Beteiligung im Rahmen der Aktiengesellschaften reichen kann) oder über den indirekten Weg der befristeten Zurverfügungstellung von Finanzkapital über den Kredit.

Das Entscheidende ist wohl, daß sich ein Markt für „freies" Kapital bildet. Das weit überwiegende Interesse dieser Kapitalgeber am Unternehmen ist deutlicher, weil losgelöster als bisher eine höchstmögliche Verzinsung ihres eingesetzten Kapitals. Das Verzinsungsmotiv verselb-

---

[62] *Weber*, M. (242), S. 78.

[63] Aber auch diese hier festzustellende individuelle und kollektive Ausbeutung ist nicht einfach negativ zu werten. Es läßt sich vermuten, daß ohne die über diesen Aneignungsprozeß gewonnenen Mittel die notwendigen umfangreichen Investitionen zur Entwicklung der industriellen Produktion nicht hätten aufgebracht werden können, die industrielle Entwicklungsdynamik sich möglicherweise nicht ausreichend eingestellt hätte und damit die Voraussetzungen für neue Arbeitsplätze und gesamtgesellschaftliche Wohlstandssteigerung nicht geschaffen worden wären. Zu einem solchen Ergebnis kommt u. a. auch J. *Robinson* (206, S. 9): „Soziale Gerechtigkeit und politische Gleichheit hätten das System abgewürgt, ehe es hätte wachsen können."

[64] Initiiert wird dieser Prozeß zum einen durch das sachliche Gebot einer produktiven Nutzung industrieller Großwerkzeuge. Er wird wesentlich aber auch vorwärtsgetrieben durch das konkurrierende Verzinsungsinteresse der Kapitaleigner. Zur kritischen Analyse des Akkumulations- und Konzentrationsprozesses des Kapitals vgl. *Marx*, K. (164). Zur Weiterführung vgl. *Sweezy*, P. M. (230), besonders S. 93 ff. und 300 ff.

ständigt sich also vom Arbeitszusammenhang. Das kann soweit gehen, daß vom Unternehmen selbst vollständig losgelöste, also „betriebsfremde" Kapitalinteressen unternehmensgebundene Kapitalbeteiligungen allein spekulativ einsetzen[65].

4.3.2.6. Trennung von Eigentümer- und Unternehmensleitungsfunktion

Diese Entwicklung des Kapitalbereichs, die u. a. zu einer zunehmenden Bildung von Kapitalgesellschaften führt, hat vor allem bei diesen des weiteren zur Konsequenz, daß es zu einer Trennung von Eigentümerfunktion und Unternehmensleitungsfunktion kommt: die Gruppe der beauftragten Unternehmer bzw. Manager entsteht. Diese Trennung erscheint einigen Theoretikern für die entwickelte Industriegesellschaft dann derart charakteristisch, daß es zur Erarbeitung ganzer Theorien der Managerherrschaft kommt[66].

Die Bedeutung des beauftragten Managements im Rahmen industrieller Großproduktion nimmt zwar kontinuierlich zu und führt sicherlich auch zu einer funktionengebundenen relativen Machtverschiebung vom Nur-Eigentümer zum eigentlich praktizierenden Unternehmer, dem Manager, vom Kapital also auf die „organisierte Intelligenz". Ob es sich dabei allerdings ganz analog „um eine Verlagerung der Macht von einem Produktionsfaktor auf einen anderen, die genau der Machtverlagerung vom Grundbesitz auf das Kapital entspricht"[67], handelt, muß m. E. in dieser generellen Form bezweifelt werden.

Denn das Management orientiert sich zwar möglicherweise stärker als der reine Eigentümer an der sachrational geforderten produktiven Entwicklung des Unternehmens und ihm obliegt auch die eigentliche konkrete Entscheidungsgewalt im Unternehmen und diese macht es gegenüber dem peripheren und zunehmend partikularen Eigentum z. B. des einzelnen Aktionärs mächtiger als bisher[68]. Aber soviel persönliche und besonders auch gruppenmäßige, vor allem im Innenverhältnis des Unternehmens und darüber hinaus durch mannigfaltige Verzahnungen der

---

[65] Hier ist nach M. *Weber* (242, S. 79) eine weitere spezifische Irrationalität und Krisenursache des marktwirtschaftlichen Systems zu sehen; eine Ansicht, die durch spektakuläre Aktienverkäufe der letzten Zeit unmittelbare Aktualität gewonnen hat.

[66] Vgl. die als klassisch geltende Studie von *Burnham*, J. (52).

[67] *Galbraith*, J. K. (192), S. 73.

[68] Welche auch rechtlich fixierten Machtverschiebungen weg vom Kapitaleigner im Gefolge jüngster Bestrebungen noch eintreten werden, die darauf zielen, die Stimmrechte auch größter Aktienpakete auf 5 % des Aktienkapitals einer Gesellschaft zu begrenzen, um Majorisierungen durch ausländische Anleger vor allem zu verhindern, ist noch nicht abzusehen (vgl. *Willenbrock*, E. [246]). Besonders ist noch nicht zu übersehen, zu wessen Gunsten eine solche Machtverlagerung ablaufen wird.

Interessen insgesamt oligarchisch sich verfestigende sachbezogene Entscheidungsmacht das Management auch realisieren mag, als einzelner bleibt auch der höchste Manager eben nur Angestellter und damit abhängig.

Seinen Auftrag erhält das Management, ob nun eher formal und anonym (Publikumsgesellschaft) oder eher unmittelbar und auch persönlich erkennbar (Mehrheitsaktionär) oder in einer Mischung aus beiden (Mandatsvertretung durch Banken z. B.), allemal überwiegend von privaten Kapitaleignern und ist daher primär deren Effizienzkriterium der Kapitalrentabilität unterworfen. Und obwohl als Unternehmer typischerweise nicht mit dem persönlichen Kapitalrisiko eintretend, sondern im Auftrag anderer handelnd, identifizieren sich die meisten Manager offenbar darüber hinaus in ihrem herkunfts- und sozialisationsbedingten Selbstverständnis mit dem traditionellen Unternehmerbild[69] und internalisieren damit deren primäre Leitmaxime nicht nur als unmittelbar sanktionsfähige Kontrollgröße, sondern auch als Bewußtseinswert[70], wiewohl gerade im deutschen Bereich mit der jüngsten Diskussion um die Rolle der leitenden Angestellten und bestätigt durch neuere Untersuchungen erhebliche Differenzierungen im Bewußtsein der Angehörigen des Managements zu verzeichnen sind, die nicht dem unmittelbaren Kreis der Firmenleitungen, also Vorstand bzw. Geschäftsführung, zuzurechnen sind[71].

4.3.2.7. Fremdbestimmung und Entfremdung der Arbeit

Wie auch immer jedoch im einzelnen die relative Machtverschiebung zwischen Kapital und Management zu Buche schlagen mag, die Interessenidentität zwischen Kapitaleignern und Managern[72] ist so groß, daß sie gemeinsam dem überwiegend ausführenden Faktor Arbeit als, wenn auch im einzelnen differenzierte, Machtkoalition entgegentreten.

Aus dem Bedeutungsgewicht der sachlichen Produktionsmittel im industriellen Prozeß, aus der Angewiesenheit auf produktiv eingesetztes Kapital als Bedingung materieller Existenzsicherung und daher der Bindung der nur über Arbeit verfügenden Gesellschaftsmitglieder an die in Kombination mit eingesetztem Kapital zur Verfügung gestellten Arbeitsplätze und aus der Legitimation zum Einsatz der Produktionsfaktoren

[69] Vgl. die empirische Studie von *Pross*, H. - *Boetticher*, K. W. (200).

[70] Primär auf amerikanische Verhältnisse bezogen die Überlegungen von *Baran*, P. A. - *Sweezy*, P. M. (15), besonders S. 41 ff.

[71] Vgl. neben zahlreich publizierten Stellungnahmen vor allem auch von Interessenverbänden (Union Leitender Angestellter, Gewerkschaften), die das z. T. gebrochene Selbstverständnis der Leitenden selbst als auch die gebrochene Einstellung gegenüber dieser Gruppe verdeutlichen, die Untersuchungen von *Hartmann*, H. - *Bock-Rosenthal*, E. - *Helmer*, E. (106).

[72] Vgl. auch die Bemerkungen von *Dahrendorf*, R. (58), S. 274.

aus dem Eigentum ergibt sich zunächst eine eindeutige Dominanz der Eigentümer und ihrer Beauftragten über die Arbeiter. Die faktische Situation der Arbeit ist damit stärker als je zuvor durch ihre Fremdbestimmtheit charakterisiert[73].

Hinzu kommt, daß natürlich auch unter industriellen Verhältnissen die Arbeitsleistungen von einzelnen Menschen erbracht werden, diese Leistungen jedoch, wie schon mehrfach angesprochen, unter arbeitsteiligen und kollektiven Bedingungen konkretisiert erscheinen. Das äußert sich zum einen darin, daß Vereinzelung in der Masse, Anonymität und auch Monotonie, erfahren als sinnentleertes Tätigsein zum einzigen Zwecke des Gelderwerbs, die individuelle Arbeitssituation kennzeichnen. Das äußert sich aber auch darin, daß sich — entsprechend den Güter- und Kapitalmärkten — ein Markt für „freie“ Arbeit bildet, auf dem Arbeitskraft als „Ware“ gehandelt wird; eine Ware zudem, die auf Grund vielfacher Einflußfaktoren zunächst nicht besonders knapp ist und daher ständig unter Preisdruck steht.

Eine solche Welt, die ihm ständig als eine ihm fremde entgegentritt, in der er beständig mit aus der Technik der Produktion und ihren sozialen Organisationsformen begründeten Unterwerfungszwängen konfrontiert wird, entfremde, wird gesagt, den arbeitenden Menschen schließlich seiner selbst, sei in diesem Sinne zutiefst inhuman[74].

Da der skizzierte Arbeitscharakter mit fortschreitender Entfaltung industrieller Produktion zunächst für eine immer größere Zahl von Gesellschaftsmitgliedern hinsichtlich ihrer vergleichbaren sozialen (objektiven und subjektiven) Situation gilt, wird dieser Zustand als „Klassenlage“[75] der Arbeit beschrieben, der die Klassenlage der Kapitaleigentümer antagonistisch entgegenstehe.

Als Konsequenz dieser Situation ist eine Desorganisation tradierter Formen konstatiert worden. „Diese Desorganisation gewinnt in fünf Erscheinungen ihren (industrie-)soziologisch bedeutsamsten Ausdruck:

---

[73] Eigenartig mutet es an, wenn über das Phänomen der Fremdbestimmung seit Jahrzehnten diskutiert wird, es enzyklopädisch zumindest aber als nicht existent behandelt bzw. verdrängt wird. Dieser Eindruck entsteht, wenn man feststellt, daß alle einschlägigen Lexika das Stichwort nicht führen, wie z. B. Brockhaus Enzyklopädie, Gablers Wirtschaftslexikon, Management Enzyklopädie, Handwörterbuch der Sozialwissenschaft u. a.

[74] Zur weiteren Darstellung dieses bereits oben angesprochenen Entfremdungsphänomens vgl. *Marx*, K.: Zur Kritik der Nationalökonomie. Hier nach *Goldberg*, B. (Hrsg.) (165), S. 110 ff. Zur neueren Diskussion des Begriffes vgl. *Markovic*, M. (163), S. 178 ff. Wieweit bis heute solche Entfremdungswirkungen auf das Bewußtsein der Arbeiter Einfluß haben, scheint in der Fixierung eines dichotomischen Weltbildes („wir hier unten“ — „die da oben“) zumindest bei einem Teil der Arbeiter deutlich zu werden. Vgl. u. a. *Popitz*, H. - *Bahrdt*, H. P. - *Jüres*, E. A. - *Kesting*, H. (197a), besonders S. 241 ff.

[75] Zu einem kurzen terminologischen Vergleich der Schichtungsbegriffe Stand, Klasse, Schicht, vgl. *Bahrdt*, H. P. (12), S. 10 ff.

1. in der Transformation relativ geschlossener Standes- oder Kastengesellschaften in offene Klassengesellschaften, 2. im Zerbrechen überlieferter Status-Hierarchien und die Gleichmachung aller Lohnarbeiter, 3. in der Schaffung einer Situation akuter Fehlanpassung und Entfremdung für die der Industrie zunächst fremd gegenüberstehenden Arbeiter, 4. in der Hervorbringung wachsender sozialer Notstände vor allem bei der Industriearbeiterschaft, 5. in den durch alle diese Umstände sich ständig verschärfenden Klassengegensatz von Unternehmern und Arbeitern[76]."

4.3.3. Auseinandersetzung um die Ordnung der Industriegesellschaft

Eine spezifische Kombination von Komponenten industrieller Produktionsweise, ökonomischer Herrschaft und staatlicher Organisation ist es also offenbar, die diese soziale Desintegration bewirkt und damit einen Konflikt begründet, der zunehmend die Stabilität des Gesamtsystems der Gesellschaft gefährdet und zugleich den eklatanten Widerspruch zwischen Ordnungsanspruch und Ordnungsrealität dokumentiert.

Damit wird in aller Deutlichkeit unter Beweis gestellt, daß die theoretische Annahme von einer und die praktisch gewünschte Trennung von Staat und Gesellschaft nicht aufrechtzuerhalten ist, daß ökonomisches und politisches System jeweils voneinander abhängige und sich gegenseitig bedingende gesellschaftliche Ordnungsbereiche darstellen und gemeinsam nicht losgelöst vom Entwicklungsprozeß der Produktionstechnik gesehen werden können.

Kein Wunder, daß im Laufe der weiteren Entfaltung der Industriegesellschaft dem Ordnungsproblem erhöhte Bedeutung zuwächst und ihm heftige Auseinandersetzungen gewidmet sind. Dabei geht es für die Gesellschaft als ganze zugleich um die Entwicklung der Produktionskräfte, die Stabilität der Gesellschaft nach innen und außen und um die soziale Lage der Gesellschaftsmitglieder.

4.3.3.1. Dimension und Ordnungsrealität des ökonomischen Systems

Daher ist im konkreten Fall die Auseinandersetzung um die Entwicklung der Industriegesellschaft immer auch eine Auseinandersetzung um das System des Kapitalismus, der Marktwirtschaft und bestimmter Konzepte und Formen von Demokratie. Die Abhängigkeiten und Verschränkungen zwischen den oder auch die jeweilige Gewichtung der einzelnen Komponenten werden dabei bis heute in Praxis und Theorie außerordentlich kontrovers gewichtet und begründen ganz unterschiedliche Positionen in der Ordnungsdiskussion[77].

---

[76] *Burisch*, W. (51), S. 68.

Auf jeden Fall läßt sich feststellen, daß im Zuge zunehmender Akkumulation und Konzentration des Kapitals, intensiverer internationaler Konkurrenzbeziehungen und steigender Bedeutung der Großbetriebe (Beschäftigungsfunktion, Ausbildungsfunktion, soziale Sicherungsfunktion, Steueraufbringungsfunktion, Integrationsfunktion u. a.) nicht nur eine steigende Zahl einzelner Arbeitnehmer, sondern eine tendenziell unbegrenzte Zahl gesellschaftlicher Leistungsprozesse von den ökonomischen Entscheidungen tangiert werden, und solchermaßen die Wirtschaft und ihre Untersysteme (vor allem die Großunternehmen) wegen ihrer gesellschaftsumgreifenden Wirkungen zunehmend de facto ihren privaten Charakter einbüßen. Insofern sie damit, zumindest in bedeutenden Teilen, zur öffentlichen Angelegenheit wird, gerät die Wirtschaft zum potentiellen Objekt der öffentlichen Gewalt, wird sie Gegenstand des bewußten und gezielten Ordnungshandelns des Staates.

Einerseits also wegen der Dimension seiner faktischen Wirkungen und andererseits wegen der praktisch widerlegten These von der Machtfreiheit marktwirtschaftlicher Prozesse sieht sich der Staat der Herausforderung konfrontiert, neu-ordnend in das ökonomische System einzugreifen. Es lassen sich verstärkt Bemühungen feststellen, primär im ökonomischen Bereich entstandene und entstehende Konflikte zur Lösung in den politischen Bereich zu verlagern[78].

Da derartige Bemühungen in ihrer Gesamtheit auf die Verbesserung der Qualität gesellschaftlicher Entscheidungen, vor allem auch hinsichtlich des normativen Ziels einer allseitigen Realisierung freier und gleicher Entfaltung der Gesellschaftsmitglieder gerichtet sind, lassen sie sich, im Sinne der oben entwickelten Definition, als Demokratisierungsbemühungen qualifizieren. Ihrer Tendenz nach sind sie nicht nur auf die Wirtschaft, sondern auf das Ordnungssystem der Gesellschaft insgesamt gerichtet, beinhalten also auch Demokratisierungsabsichten in bezug auf das politische System selbst.

4.3.3.2. Oligarchische Wirkungen des liberalen Rechtsstaats

Denn zwar erfolgt, wie oben gezeigt, eine Demokratisierung des Staates bereits durch und nach dem Kampf des Bürgertums um neue Rechte der (vor allem ökonomischen) Freizügigkeit gegenüber bis dahin Privilegierter wie Adel und Klerus und gegen eine sich aus göttlicher Gnade legitimierende unumschränkte Herrschaft des absoluten Fürsten[79] und findet

[77] Zu den Folgerungen, die für wissenschaftliche und politische Orientierungen aus derartigen unterschiedlichen Gewichtungen gezogen werden, vgl. *Adorno*, T. W.: Einleitung zum 16. Deutschen Soziologentag. In: Adorno, T. W. (Hrsg.), (1), S. 12 ff.

[78] Vgl. *Habermas*, J. (103), S. 209 ff.

[79] Zu einer kurzen Charakteristik der Legitimation absoluter Herrschaft vgl. *Apel*, G. (7), S. 21 f.

seinen Niederschlag in der Etablierung des liberalen Rechtsstaats in der Form der konstitutionellen Monarchie, wodurch hier Herrschaft ihrem Wesen nach, da dieses System politischer Herrschaft zumindest dem Prinzip nach nurmehr unter Kontrolle gewählter Vertreter der Öffentlichkeit ausgeübt werden kann, nicht mehr monopolistisch, sondern z. T. allgemein, also demokratisch legitimiert wird[80].

Die neuen Freiheitsräume gelten faktisch zunächst jedoch nicht für alle Gesellschaftsmitglieder. Tatsächlich werden Besitz und Bildung die entscheidenden Voraussetzungen gesellschaftlicher Positions- und Chancenverteilung[81]. Die erreichten Demokratisierungseffekte sind somit zunächst nicht substantiell allgemein, sondern sie beschränken sich weitgehend auf die durch Besitz und Bildung Privilegierten und auf eine dadurch konstituierte Mündigkeit nur eines Teils der Gesellschaftsmitglieder[82]. Relative Freiheit bezieht sich also wiederum auf eine, wenn auch erweiterte Teilgruppe der Gesellschaftsmitglieder, deren Interessendurchsetzung von dem gegebenen Ordnungssystem mit Priorität versehen wird und das sich damit als interessen-einseitig ausweist.

Parallel zur weiteren industriellen Entwicklung läßt sich daher ein verstärktes Ringen um die Realisierung der Voraussetzungen allgemeiner Entfaltungsfreiheit feststellen. Zielgruppe dieses Ringens ist vor allem die Arbeiterschaft. In der Summe geht es um den Abbau der faktisch oligarchischen Wirkungen bisheriger Demokratisierungen[83] und den Ausbau der Gültigkeit des grundlegenden demokratischen Freiheits- und Gleichheitspostulats auf alle Bereiche und alle Mitglieder der Gesellschaft.

4.3.3.3. Politisches und ökonomisches Herrschaftssystem

Wo allerdings der Hebel für das Erreichen solcher Ziele anzusetzen ist, ob der Kampf revolutionär oder evolutionär-reformerisch zu führen sei, ist z. T. bis heute Gegenstand heftiger Kontroversen. Dabei war und ist z. T. vor allem der Wert eines pluralistischen und parlamentarischen politischen Systems der Demokratie unter den Bedingungen eines auf privatem Eigentum an den Produktionsmitteln gründenden ökonomischen Herrschaftssystems innerhalb der Wissenschaft sowohl als auch innerhalb der Arbeiterschaft und ihrer Interessenvertreter umstritten. Ihm wird häufig wegen der gesellschaftlichen Macht der Besitzenden nur formale Qualität zugeschrieben, die sogar, so wird unterstellt, bewußt ein-

---

[80] Diese These gilt m. E. auch dann, wenn man die konstitutionelle Monarchie als Mischform aus Gottesgnadentum und demokratischer Legitimation beschreibt, denn die demokratische Komponente wird die immer gravierendere. Zur Mischform vgl. *Apel*, G. (7), S. 22 ff.

[81] Zu einer exemplarischen Verdeutlichung vgl. *Rosenberg*, H. (208), S. 287 ff.

[82] Vgl. *Habermas*, J. (103), S. 201 ff.

[83] Vgl. *Stammer*, O. (228), S. 285 ff.

gesetzt wird, um durch allgemeinen Zugang zu ihr die tatsächlichen gesellschaftlichen Abhängigkeiten zu verschleiern und das ökonomische Herrschaftssystem zu stabilisieren: „Die äußerliche Demokratisierung und das damit verknüpfte Abgleiten in einen egalisierenden politischen Wettbewerb dienten der Verteidigung oligarchischer Vormachtsstellung gegen die von unten andrängenden politischen und ökonomischen „Pressure Groups", die eine ihrer kulturellen und wirtschaftlichen Bedeutung entsprechende Mitwirkung am Staat und gesellschaftliche Aufwertung durchzusetzen suchten[84]."

So wird vor allem von marxistischen Theoretikern immer wieder auf eine Erkenntnis verwiesen, die den ökonomischen Teilbereich als in seiner Wirkung für die Bestimmung der Lebenschancen der Gesellschaftsmitglieder so gravierend ansieht, daß sie alle anderen, also auch den politischen Bereich, primär vom ökonomischen System und damit von dessen Herrschaftssystem determiniert erachtet: „Meine Untersuchung mündete in dem Ergebnis, daß Rechtsverhältnisse wie Staatsformen weder aus sich selbst zu begreifen sind noch aus der sogenannten allgemeinen Entwicklung des menschlichen Geistes, sondern vielmehr in den materiellen Lebensverhältnissen wurzeln, deren Gesamtheit *Hegel* nach dem Vorgang der Engländer und Franzosen des 18. Jahrhunderts unter dem Namen „bürgerliche Gesellschaft" zusammengefaßt, daß aber die Anatomie der bürgerlichen Gesellschaft in der politischen Ökonomie zu suchen ist[85]."

Wenn auch die Bedeutung des ökonomischen Systems nicht unterschätzt werden darf, so ist doch zweifelhaft, ob es zulässig ist und nicht eine zu starke Verkürzung der Argumentation darstellt, wenn dergestalt das komplexe Gesamtsystem Gesellschaft als nahezu identisch mit den Bedingungen des ökonomischen, besonders seines Herrschaftssytems gesetzt wird und zur Charakterisierung der Gesamtgesellschaft als kapitalistisch führt. Sehr nahe liegt dann die Versuchung, aus einer solchen monokausalen Analyse auch zu einer monistischen politischen Handlungsmaxime zu gelangen, wonach substantielle Veränderungen des Gesamtsystems, also tatsächliche Demokratisierung, nur durch eine prinzipielle Veränderung des ökonomischen Herrschaftssystems und d. h. durch eine revolutionäre Abschaffung des bestehenden Systems möglich werden[86].

Es ist darauf hingewiesen worden, daß solche Ansätze in eigenartiger Weise (allerdings mit umgekehrtem Vorzeichen) solchen Konzepten ent-

---

[84] *Rosenberg*, H. (208), S. 298 f.

[85] *Marx*, K. (165), (Vorwort), S. 12.

[86] Auf den Utopiecharakter daraus abgeleiteter Zukunftsgesellschaften, auf ihre Geschichtslosigkeit im eigentlichen Sinne, vor allem ihre Zukunftslosigkeit, weil als konfliktfreier Endzustand beschrieben, hat in einer eindringlichen Studie R. *Dahrendorf* (Pfade aus Utopia. In: *Dahrendorf*, R. 59, S. 242 ff.) hingewiesen.

sprechen, die ihrerseits den Bestand eines „freiheitlichen" Gesamtsystems abhängig sehen vom unangetasteten Bestand privaten Eigentums auch an den Produktionsmitteln. Es ist „der Ideologiecharakter einander entsprechender statisch-konservativer bzw. statisch-revolutionärer Vorstellungen des gesellschaftlichen Systems, die von vornherein bestimmte Reformkonzeptionen und -strategien ablehnen, weil sie „das System (nicht) verändern". Die Konservative wie die „linke" Variante dieser Frage (Anklage) ist gleich irrational. Beiden liegt ein mythisierter und zugleich reduzierter Begriff des gesellschaftlichen „Systems" zugrunde. Das Wesen" des bestehenden Sozialsystems wird reduziert auf die Herrschaft privater Verfügung über die Produktionsmittel ..."

Und als Konsequenz führten diese Haltungen dann zu der „ebenso unwirklichen Alternative von „Systemerhaltung" oder „Systemüberwindung" in diesem ökonomisch verengten Sinn und machen jede Teilnahme an den tatsächlich möglichen und notwendigen Systemveränderungsprozessen unmöglich"[87].

4.3.3.4. Ergänzung des Rechtsstaats durch den Sozialstaat

Sehr viel differenzierter im Sinne der eben zitierten Stellungnahme klingt es, wenn betont wird: „Die sozialistische Kritik an dem bloß formalen Charakter des bürgerlichen Rechts hat stets betont, daß die privatrechtlich verbürgte Autonomie nur in dem Maße allen Rechtssubjekten gleichermaßen zukommen könnte, indem gleiche ökonomische Erfolgschancen die Realisierung der juristisch gleichen Gestaltungschancen gestatten[88]."

Auf eben die materiale Realisierung dieser Chancen ist m. E. der gesamte Prozeß der Demokratisierung der Gesellschaft gerichtet, der insofern eine Transformation der „rechtsstaatlichen Verbürgung der individuellen Freiheit" zum „Prinzip der sozialen Freiheit"[89] vollziehen hilft, was nichts anderes als die Ergänzung der Charakteristik des Staates als Rechtsstaat durch seine Charakterisierung als Sozialstaat darstellt und den Anspruch an das politische System und zugleich den Anspruch des Staates selbst umschreibt, „der im freiheitlichen Rechtstsaat erreichten oder doch erstrebten größtmöglichen Freiheit und Sicherheit die größte Wohlfahrt und Gerechtigkeit für alle Bürger hinzuzufügen, und zwar in der Befriedigung ihrer individuellen Bedürfnisse wie auch in der Entfaltung ihrer persönlichen Fähigkeiten"[90].

[87] *Vilmar*, F.: Menschenwürde — Sachzwänge — Strategien der Demokratisierung. In: *Vilmar*, F. (Hrsg.) (237), S. 26 f.

[88] In Anlehnung an *Menger*, A.: Das bürgerliche Recht und die besitzlosen Klassen. Tübingen 1890, bei *Habermas*, J. (103), S. 215.

[89] Unter Bezug auf H. *Laski* vgl. *Stammer*, O. (228), S. 284.

[90] *Maihofer*, W. (158), S. 9.

Die Verbesserung der Qualität gesellschaftlicher und damit auch ökonomischer Entscheidungsprozesse im Sinne so formulierter Zielvorstellungen macht m. E. den Gehalt des historisch sich vollziehenden Prozesses gesellschaftlicher Demokratisierung, also auch der Demokratisierung der Wirtschaft aus. Am prägnantesten hat dieser Prozeß m. E. seinen Niederschlag im Kampf um die Mitbestimmung gefunden, dessen Geschichte zugleich die Dauerhaftigkeit des Ringens zeigt, wie sie deutlich macht, daß es ganz unterschiedliche Demokratieverständnisse sind, die immer wieder, zumeist vermittelt durch konkrete Interessenpositionen, in der öffentlichen Auseinandersetzung aufeinanderstoßen, und wie sie ebenfalls dokumentiert, welche praktischen Veränderungen sowohl das ökonomische als auch das politische Herrschaftssystem erfahren haben, und Demokratisierung zum Ausdruck und zur Bedingung dessen wird, was man in humaner Ergänzung zum technischen Fortschritt den sozialen Fortschritt nennt.

Da sich, wie eingangs dieser Arbeit gesagt, die aktuelle Diskussion um die angestrebte Ausdehnung bestimmter Mitbestimmungsformen u. a. zu einer nochmaligen prinzipiellen Auseinandersetzung um die Sinn- und Zweckhaftigkeit einer Demokratisierung der Wirtschaft ausgeweitet hat, liegt es nahe und erscheint es mir zweckmäßig, gerade an der Geschichte der Mitbestimmung in gedrängter Form exemplarisch den historischen Charakter dieser aktuellen Auseinandersetzung zu verdeutlichen und zugleich zu zeigen, wie Demokratisierung sich am Beispiel eines sozialen Phänomens, primär der Arbeitssituation der Mehrzahl der Gesellschaftsmitglieder, vollzieht. Damit werden auch die bisherigen Überlegungen dieser Arbeit zu ihrem Ausgangspunkt zurückgeführt.

5. Interdependenz ökonomischer und politischer Herrschaft am Beispiel der Geschichte der Mitbestimmung

Um den Stellenwert der Mitbestimmung im Prozeß der Demokratisierung zu verdeutlichen, sind vor der Darstellung der Geschichte der Mitbestimmung noch einige Überlegungen zum Verhältnis von Demokratisierung und Mitbestimmung anzustellen.

5.1. Demokratisierung und Mitbestimmung im Zusammenhang

5.1.1. Funktionalität und Legitimität ökonomischer Ordnung

Wie bereits mehrfach angesprochen, kann man davon ausgehen, daß eine bestimmte Organisation gesellschaftlicher Leistungsprozesse, wenn sie zu gravierenden Fehlanpassungen bzw. zur Nichterfüllung wesentlicher Erwartungen an das jeweilige Leistungssystem führt, sich hinsichtlich ihrer Ordnungsprinzipien und d. h. vor allem hinsichtlich ihrer Herrschaftsstruktur einem erheblichen Druck benachteiligter bzw. sich als benachteiligt oder in ihrer Entfaltung behindert empfindender Gruppen von Gesellschaftsmitgliedern in Richtung auf Veränderung konfrontiert sieht.

Insofern nun, als im Rahmen der Entwicklung industrieller Produktionsweise in Kombination mit einem auf privatem Eigentum an den Produktionsmitteln basierenden Herrschaftssystem die oben beschriebenen Fehlanpassungen und der darauf gründende Klassenkonflikt zwischen Kapital und Arbeit mehr und mehr zum Faktum und damit sozial relevant werden, geraten sowohl z. T. die industriellen Formen des Produzierens selbst als auch besonders das Herrschaftssystem des Kapitalismus in die gesellschaftspolitische Auseinandersetzung.

Wenn, wie ich meine, die Aussage richtig ist, daß sich Herrschaft über die Funktionsfähigkeit des Systems legitimiert[1], hier umfassend gemeint weniger in bezug auf ihre legale Legitimität als vielmehr in bezug auf ihre leistungsbezogene gesellschaftliche Zweckmäßigkeit, die u. a. als grundsätzlicher Konsens über ihre Berechtigung bzw. Sinnhaftigkeit bei einer Mehrheit bzw. wesentlichen Teilen der Gesellschaftsmitglieder auf-

[1] *Altmann*, N. - *Bechtle*, G. (5), S. 19 f.

scheint, und wenn angenommen werden muß, daß die zunächst gegebene Ordnung des liberalen Rechtsstaats in Verbindung mit der kapitalistischen Herrschaft und dem Lenkungssystem der freien Marktwirtschaft vor allem den normativen Erwartungen nach Freiheit und Gleichheit der Chancen aller in weiten Bereichen nicht gerecht geworden ist bzw. wird, und z. T. vermutet wird, daß sie zur Erfüllung dieser Erwartungen überhaupt nicht in der Lage ist, dann kann es nicht wunder nehmen, daß das politische und ökonomische Ordnungssystem als ganzes auf seine gesellschaftliche Funktionalität überprüft und alternative Systemmodelle zur Diskussion gestellt werden.

Die kritische Auseinandersetzung bezieht sich sowohl auf die individuelle als auch auf die kollektive Situation der Arbeit, so daß einerseits das Herrschaftssystem des einzelnen Unternehmens und andererseits die kollektive Unterworfenheit des Faktors Arbeit unter die Herrschaft des Faktors Kapital und die darauf zurückgeführten Auswirkungen auf die gesellschaftliche Situation der Arbeiter ebenso wie das System der Marktwirtschaft zum Gegenstand der Diskussion werden. Es sind vor allem diese umgreifenden Phänomene, die den Konflikt zu einem allgemeinen Konflikt der Gesellschaft machen und letztlich zur Infragestellung der Gesellschaftsordnung schlechthin führen bzw. führen können und daher notwendigerweise auch den Staat tangieren und in die Auseinandersetzung involvieren.

Angesichts einer Herausforderung der bestehenden Ordnung durch Forderungen nach Veränderung und auch nach revolutionärer Abschaffung des bestehenden Systems, die den massiven Dissens über die gegebenen Ordnungsgrundlagen eindringlich dokumentieren, wird die Frage evident, wie denn die Legitimität gesellschaftlicher Herrschaft bewahrt bzw. neu zu erreichen ist. Da, wie gesagt wurde, die Legitimität abhängig gesehen werden muß von der Funktionsfähigkeit des Systems bzw. der jeweils betroffenen Systeme, d. h. also von der Fähigkeit, den funktionalen Erwartungen sowohl in produktiver als auch in normativer Hinsicht zu entsprechen, zielt die Frage auf die Lösung des Problems, wie diese Fähigkeit des ökonomischen Systems als ganzem und seiner Subsysteme und auch des politischen Systems erhöht werden kann.

Die Lösung dieses Problems ist offenbar nur über den Weg der Verbesserung der Entscheidungsqualität ökonomischer und politischer Entscheidungsprozesse zu erreichen, und daher sind die Bemühungen um eine solche Lösung entsprechend der oben abgeleiteten Definition als Demokratisierungsversuche zu kategorisieren.

5.1.2. Die Konkretisierung von Demokratisierung

Was im einzelnen jedoch Demokratisierung zum Inhalt hat bzw. haben soll und kann; ob Demokratisierung letztlich wegen der vermuteten generellen Unfähigkeit des bestehenden Systems zu substantieller Demokratisierung über den Weg des Verschärfenlassens gegebener Widersprüche nur über revolutionäre Beseitigung[2] oder durch evolutionär-reformerische Verbesserung des Bestehenden durch materiale Chancenangleichung und gleichberechtigte Artikulation im Rahmen ökonomischer und politischer Willensprozesse angestrebt werden soll bzw. als erreichbar angesehen wird; ob bestimmte Reformen denn nun wirklich in ihrer Wirkung als Demokratisierungsschritte zu qualifizieren sind — alle diese Fragen sind, wie gesagt, zum einen als Gesamtheit und auch im Detail umstritten, wie ihre Beantwortung zum anderen auch von der Struktur der jeweiligen betroffenen spezifischen Entscheidungsprozesse abhängt.

Insofern ist mit der Charakterisierung der Lösungsbemühungen als Demokratisierungsversuchen zunächst nur darauf verwiesen, daß der Begriff der Demokratisierung „auf die Notwendigkeit der Respektierung von Wertentscheidungen verweist, die der Organisation gesellschaftlicher Prozesse allgemein vorgegeben sind, ohne daß damit jedoch etwas zu der konkreten Gestaltung dieser Organisation gesagt ist“[3].

Sowohl um die inhaltliche Konkretisierung von Demokratisierungsschritten muß also gerungen werden und ist seit der Heraufkunft der Industriegesellschaft gerungen worden, als auch muß darüber hinaus immer wieder um die Anerkennung des allgemeinen Prinzips der Demokratisierung als notwendigem Bestandteil einer sich demokratisch orientierenden Gesellschaft als solchem, selbst in der eben zitierten generellen Umschreibung, gerungen werden.

Die Geschichte dessen, was unter dem Stichwort „Mitbestimmung“ bekannt geworden ist, dokumentiert die mühsame Auseinandersetzung um die Konkretisierung und Durchsetzung von Demokratisierungsschritten und wird m. E. zum Beweis dafür, daß bei allem Risiko des Irrenkönnens und auch des Mißerfolgs der evolutionäre Prozeß der Demokratisierung eine Gesellschaftsordnung in Konzept und Praxis von einer durch erhebliche disfunktionale Wirkungen gekennzeichneten Ausgangs-

---

[2] Diese Verschärfung der Gegensätze und Widersprüche innerhalb des kapitalistischen Systems ist nach *Marx* und *Engels* zugleich geschichtlich notwendiger Prozeß wie zugleich politisches Programm der Arbeiterklasse und Ergebnis des gesellschaftlichen Verhaltens der Bourgeoisie (vgl. in kurzer Form *Marx*, K. - *Engels*, F. [166], S. 42 ff.).

[3] *Biedenkopf*, K. H. (19), S. 133. *Biedenkopf* referiert die Ansicht der 1968 von der Bundesregierung eingesetzten „Sachverständigenkommission zur Auswertung der bisherigen Erfahrungen bei der Mitbestimmung“, deren Leiter er war und deren Bericht erstmals als Bundestagsdrucksache VI/334 im Februar 1970 vorgelegt wurde.

lage auf ein qualitativ höheres Niveau zu bringen vermag. Derart wird der historische Prozeß der Demokratisierung auch der Wirtschaft zur Grundlage und das weitere Bemühen um sie zur strategischen Bedingung der Legitimitätsbewahrung gesellschaftlicher Ordnung und damit konkreter Herrschaft, indem mit begrenztem Risiko (gegenüber z. B. revolutionären Änderungsbemühungen) versucht wird, den produktiven Erwartungen auf höchste Entfaltung der Produktivkräfte als materieller Basis und den normativen Erwartungen auf freie und gleiche Entfaltung der Gesellschaftsmitglieder als wertbezogenem Überbau schrittweise, aber kontinuierlich Rechnung zu tragen.

In der Summe widerspiegelt damit die Geschichte des Prozesses der Durchsetzungsversuche der verschiedenen Varianten von Mitbestimmung den Vorgang der theoretischen und praktischen Vollziehung der Systemänderung einer durch hohen Grad an Komplexität und ständigen Wandel gekennzeichneten Industriegesellschaft unter den Bedingungen einer an die private Verfügung über die Produktionsmittel gebundenen ökonomischen Herrschaft und unter normativer Orientierung an den demokratischen Werten der Freiheit und Gleichheit.

5.1.3. Demokratisierung nicht nur als Mitbestimmung

Von daher erscheint es plausibel, wenn die Geschichte der Demokratie insgesamt charakterisiert wird als „nichts anderes als der Prozeß zunehmender Mitbestimmung und Mitwirkung immer breiterer Kreise der Gesellschaft am Zustandekommen und an der Durchführung von Entscheidungen, die diese Gesellschaft betreffen“[4].

Eine solche Charakterisierung verengt m. E. jedoch das Problem der Demokratisierung zu sehr auf den Aspekt der aktiven Mitgestaltung gesellschaftlicher Entscheidungsprozesse. Sie verdeckt, wenn auch möglicherweise nicht der Intention nach, daß es bei der Verbesserung der Interessenqualität von Entscheidungen nicht nur auf die Beteiligung der Betroffenen am Zustandekommen, der Durchführung und der Kontrolle der jeweiligen Entscheidungen ankommt, einmal abgesehen von der problematischen Fixierung derer, die als Betroffene in hochgradig arbeitsteilig verzahnten Leistungsprozessen zu gelten haben, sondern daß primär auf die Wirkung der Entscheidungen hinsichtlich ihrer Interessenqualität zu achten ist.

So ist es durchaus möglich, z. B. die von der Kapitalseite bestimmte interesseneinseitige Qualität ökonomischer Entscheidungen in Richtung einer interessen-pluralen Qualität zu verbessern, indem durch gesetzliche Maßnahmen begrenzende Daten der freien Entscheidungshoheit der

[4] *Apel*, G. (7), S. 19.

Kapitaleigner zugunsten der ihrer Herrschaft unterworfenen Arbeitnehmer gesetzt werden, ohne daß diese selbst unmittelbar an den Entscheidungen beteiligt sein müssen.

Und in der Tat läßt sich ein historisch weit zurückreichender Prozeß zunehmender rechtlicher Absicherung gegenüber zunächst relativ unbegrenzter Verfügungsgewalt der Eigentümer der Produktionsmittel nachweisen, eine Entwicklung, die vom Sachenrecht, unter das ursprünglich die Sklaven fielen, über das Schuldrecht bis zum Arbeits- und Sozialrecht der modernen Gesellschaft reicht. Die Bedeutung, die diesem Weg beigemessen werden kann, wird deutlich, wenn vom Arbeiter gesagt wird: „Er, der früher nur Sache war, dann zur Person aufstieg, wird durch das Arbeitsrecht zum Menschen[5].“

Nimmt man hinzu, daß auch durch erhöhte Anstrengungen, den Arbeiter unabhängig von seiner sozialen Ausgangsposition durch vermehrte Bildungschancen zu qualifizieren, ebenfalls eine Verbesserung seiner gesellschaftlichen Situation möglich erscheint, und daß die Macht der einzelnen Kapitaleigner durch Erhalten bzw. Intensivieren eines funktionsfähigen Wettbewerbs durchaus in ihrer gesellschaftlichen Wirkung zumindest teilweise eingeengt werden kann, und daß heute durch aktive Steuerungseingriffe des Staates in den konjunkturellen und strukturellen Prozeß der Marktwirtschaft, wodurch sich in der Summe jene Umformung vom System der freien Marktwirtschaft zum System der sozialen Marktwirtschaft dokumentiert[6], insgesamt erhebliche Impulse in Richtung eines Abbaus gesellschaftlicher Abhängigkeit der Arbeitnehmer erreicht werden und diese Wirkungen in ihrer Gesamtheit offenbar auf eine Verbesserung der Interessenqualität der ihnen zugrunde liegenden Entscheidungen rückführbar sind, dann sind alle diese Gestaltungsanstrengungen ebenfalls als Elemente von Demokratisierung zu qualifizieren.

5.1.4. Mitbestimmung als Element der Veränderung der ökonomischen Herrschaftsordnung

Allerdings fällt auf, daß die hier skizzierten Demokratisierungseffekte überwiegend als Elemente des Aufbaus eher passiver Schutzrechte in Kombination mit absichernden materiellen Ansprüchen verstanden werden können bzw. verstanden werden müssen und ihnen daher ein gewisser sozialer Reservatcharakter eigen ist. Unabhängig zunächst einmal von der Frage, ob möglicherweise derartige Demokratisierungsschritte ohne aktive Einwirkung der Betroffenen vor allem auf die politischen Entscheidungsprozesse gar nicht zustande gekommen wären — denn

[5] *Naphtali*, F. (182), S. 150.

[6] Zu einer komprimierten Übersicht der Intentionen der Wirtschaftsordnung der sozialen Marktwirtschaft vgl. *Thieme*, J. (232), besonders S. 9 - 28.

denkbar zumindest erscheint mir, daß theoretisch solche strukturellen Veränderungen auch ohne direkte Mitwirkung hätten erreicht werden können — ist festzustellen, daß derartige Demokratisierungselemente zwar die soziale Situation der Arbeitnehmer verbessern, das ökonomische Herrschaftssystem, wenn auch in seiner Reichweite partiell beschnitten bzw. mit Auflagen versehen, im Prinzip jedoch unangetastet belassen.

Offenbar entsteht also in der Tat erst mit der Entwicklung spezieller Mitwirkungsrechte bei der Gestaltung politischer und in unserem Zusammenhang vor allem ökonomischer Prozesse eine Rechtsposition, die den patriarchalischen Reservatcharakter der Situation gesellschaftlicher Gruppen, hier der Arbeitnehmer, schlechthin zu beseitigen tendiert, schließlich eigenständige und formalisierte aktive Gestaltungsrechte, also Herrschaftsrechte[7], in der Regel partizipative Herrschaftsrechte zugesteht und insofern erst eigentlich die demokratische Qualität der souveränen Selbstbestimmung erfüllt.

„Wenn man als gemeinsamen Grundgedanken von Mitbestimmung (im Sinne jeder Art von Mitwirkung) ansieht, daß Menschen bei der Entscheidung über Angelegenheiten, die sie selbst betreffen, mitwirken sollen ...“[8], dann ist dieser aktive Teil von Demokratie tatsächlich nicht durch die eben genannten, eher passiven Demokratisierungselemente zu substituieren; allerdings gilt das m. E. auch umgekehrt derart, daß die demokratische Interessenqualität von Entscheidungen nicht ausschließlich an die Tatsache der Mitbestimmung bzw. gar bestimmte Formen der Mitbestimmung gebunden ist.

Da Mitbestimmung aber insgesamt, egal in welcher Variante, am intensivsten jedoch zweifelsohne hinsichtlich der Legitimierung der Herrschenden und der Zielfixierung sozialer Systeme auf die Substanz einer bestehenden Herrschaftsordnung zielt, sind die Auseinandersetzungen um sie auch im historischen Prozeß am heftigsten.

Wiederum kein Wunder, wenn anläßlich der aktuellen Diskussion um die mögliche rechtliche Fixierung einer gleichberechtigten Partizipation der Arbeitnehmer am unternehmerischen Herrschaftsprozeß der Großunternehmen, bei deren Verwirklichung eine grundsätzliche Veränderung des Charakters des Herrschaftssystems als bisher überwiegend an das private Kapitaleigentum gebunden eintreten würde, kein Wunder also, wenn am aktuellen Fall nochmals mit aller Vehemenz auch die Diskussion über die Demokratie und ihre Reichweite wieder auflebt.

Bis zur Etablierung jedoch einer Betriebs- und Unternehmensverfassung heutigen Umfangs und heutiger Qualität war ein langer Weg. Dieser

---

[7] Auf diesen speziellen Rechtscharakter der Mitbestimmung finden sich u. a. Hinweise bei *Weber*, M. (243), S. 12 ff.

[8] *Bolte*, K. M.: Mitbestimmung. In: *Bolte*, K. M. (32), S. 217.

sich mühsam und allmählich als Emanzipation des Arbeitnehmers vom gesellschaftlichen Objekt zum gesellschaftlichen Subjekt vollzogen habende und noch vollziehende Prozeß der Demokratisierung der Wirtschaft erscheint manchen als von einer derartigen historischen Bedeutung, daß in einer nahezu klassischen Formulierung gesagt werden kann: „Wir sehen das Wirken eines Gesetzes, das man als das Gesetz von der abnehmenden Herrschaft des Eigentums über den Menschen bezeichnen kann[9]."

Wenn damit m. E. auch ein historisch wichtiger Aspekt des Demokratisierungsprozesses richtig erfaßt wird, muß besonders aus heutiger Sicht jedoch die darin anklingende fast euphorische Zukunftsgläubigkeit problematisch erscheinen, die in alter sozialistischer Denktradition nahezu alle gesellschaftlichen Übel als vom privaten Eigentum an den Produktionsmitteln und des darauf basierenden Herrschaftsrechts abhängig erachtet und demzufolge in die Gefahr gerät, Freiheit und Gleichheit der Gesellschaftsmitglieder, speziell die Emanzipation der Arbeitnehmer, im Prinzip bereits als gesichert anzusehen, wenn das private Eigentum als Herrschaftsgrundlage abgeschafft ist[10].

---

[9] *Naphtali*, F. (182), S. 149.

[10] Stellvertretend ein längeres Zitat von F. *Engels*, 1847 (Grundsätze des Kommunismus. In: *Marx - Engels*, Werke, Bd. 4. Berlin 1959, S. 375. Hier zitiert nach: *Forwick*, F. [Hrsg.] [84], S. 109 f.):

„F[rage]: Was werden die Folgen der schließlichen Beseitigung des Privateigentums sein?

A[ntwort]: Dadurch, daß die Gesellschaft die Benutzung sämtlicher Produktivkräfte und Verkehrsmittel sowie den Austausch und die Verteilung der Produkte den Händen der Privatkapitalisten entnimmt und nach einem aus den vorhandenen Mitteln und den Bedürfnissen der ganzen Gesellschaft sich ergebenden Plan verwaltet, werden vor allen Dingen alle die schlimmen Folgen beseitigt, welche jetzt noch mit dem Betrieb der großen Industrie verknüpft sind. Die Krisen fallen weg; die ausgedehnte Produktion, welche für die jetzige Ordnung der Gesellschaft eine Überproduktion und eine so mächtige Ursache des Elends ist, wird dann nicht einmal hinreichen und noch viel weiter ausgedehnt werden müssen. ... Die große Industrie, befreit von dem Druck des Privateigentums, wird sich in einer Ausdehnung entwickeln, gegen die ihre jetzige Ausbildung ebenso kleinlich erscheint wie die Manufaktur gegen die große Industrie unserer Tage. ... Auf diese Weise wird die Gesellschaft Produkte genug hervorbringen, um die Verteilung so einrichten zu können, daß die Bedürfnisse aller Mitglieder befriedigt werden. Die Trennung der Gesellschaft in verschiedene, einander entgegengesetzte Klassen wird hiermit überflüssig."

Und bei K. *Marx*, 1844 (Nationalökonomie und Philosophie. In: *Landshut*, S. [Hrsg.] [141], S. 235): „Der Kommunismus als positive Aufhebung des Privateigentums als menschlicher Selbstentfremdung und darum als wirkliche Aneignung des menschlichen Wesens durch und für den Menschen; darum als vollständige, bewußte und innerhalb des ganzen Reichtums der bisherigen Entwicklung gewordene Rückkehr des Menschen für sich als eines gesellschaftlichen, d. h. menschlichen Menschen. Dieser Kommunismus ist als vollendeter Naturalismus = Humanismus, als vollendeter Humanismus = Naturalismus; er ist die wahrhafte Auflösung des Widerstreits zwischen dem Menschen mit der Natur und mit dem Menschen, die wahre Auflösung des Streits zwischen

Die Empirie gesellschaftlicher Systeme ohne nennenswerten Einfluß von Privatkapital zeigt m. E. zur Genüge, daß eine solche Automatik keinesfalls besteht und daß mir daher die im Rahmen dieser Arbeit entwickelte Definition von Demokratisierung als allseitige Verbesserung der Interessenqualität gesellschaftlicher Entscheidungen erneut als dem Problem angemessener erscheint, als die allzu verkürzte Identifizierung von Demokratisierung mit dem Bemühen um die Beseitigung des Kapitalismus.

5.2. Die Geschichte der Mitbestimmung als Beispiel evolutionär-reformerischer Demokratisierung der Wirtschaft

Zunächst allerdings geht es tatsächlich um die interesseneinseitigen Wirkungen des privat-kapitalistischen Systems und der begrenzten Demokratie der konstitutionellen Monarchie, wenn um die Verbesserung der sozialen Lage der Nichtbesitzenden gerungen wird.

5.2.1. Erste Ansätze zur Lösung der sozialen Frage

5.2.1.1. Patriarchalische Denkmuster

Die der ökonomischen Ordnung zugrunde liegende liberalistische Idee des freien Spiels der Kräfte und des Wettbewerbs der individuellen Leistungen erweist sich schon bald in der gesellschaftlichen Praxis des sich entfaltenden Industriesystems angesichts der desolaten sozialen Zustände als nicht sehr tragfähig, mit den entstandenen und sich weiter verschärfenden Problemen fertigzuwerden.

So wird die besondere Situation der Fabrikarbeiter innerhalb der Massenarmut der unteren Schichten nicht erkannt und unterschiedslos in das allgemeine Phänomen des Pauperismus eingeordnet. Bezeichnend ist, daß das von den sich auf die liberalistische Idee stützenden früheren Sozialreformen (vor der Revolution von 1848) in seinen eigentlichen Ursachen nicht erkannte materielle Elend vor allem wegen seiner Auswirkungen auf die soziale Verwahrlosung bedauert wird. Die ganze Hilflosigkeit der ersten Bemühungen um eine Lösung der mehr und mehr sichtbar werdenden „sozialen Frage“ wird daran deutlich, daß sich, da man an den Ursachen selbst nichts zu ändern können glaubt bzw. diese gar nicht sieht oder falsch einordnet, die liberalen Reformer sich daran machen, durch Gründung von Arbeiter-Bildungs-Assoziationen die sittliche Erziehung der Arbeiter zu heben und so ihrer Meinung nach ein

---

Existenz und Wesen, zwischen Vergegenständlichung und Selbstbestätigung, zwischen Freiheit und Notwendigkeit, zwischen Individuum und Gattung. Er ist das aufgelöste Rätsel der Geschichte und weiß sich als diese Lösung.“

Gegengewicht zur Maschinenwelt zu schaffen. Die Bewältigung von Industrialisierung und freier Marktwirtschaft und einseitiger Machtverteilung als Probleme der Sittlichkeit — fast rührend müssen uns heute diese ersten sozialreformerischen Versuche anmuten. Eine Denktradition allerdings, die noch lange besonders im Bereich des Bildungsbürgertums nachwirkt, immer wieder auch von kirchlicher Seite Nahrung erhält[11] und damit faktische Unfähigkeit bewirkt, der sozialen Herausforderung der Zeit angemessen zu begegnen.

Jedoch lassen sich auch bereits erste Stimmen verzeichnen, die das soziale Problem umfassender und differenzierter als industrielles und als Ordnungsphänomen erkennen und durch entsprechende Maßnahmen zu lösen versuchen. So machen z. B. die sogenannten „politischen Romantiker", z. T. unter Orientierung an den französischen Frühsozialisten, erste Ansätze zu einer Mitbestimmungstheorie[12].

Die Unsicherheit gegenüber den neuen Phänomenen und in ihrer theoretischen und praktischen Durchdringung wird auch hier an der eigenartigen Verknüpfung zwischen konservativen Denkkategorien einerseits und progressiven Neuerungsversuchen andererseits deutlich. Immerhin wird die Erscheinung einer Entfremdung der Arbeit als Konsequenz der sinnentleerten Vereinzelung im industriellen Arbeitsprozeß genauso entdeckt, wie der sich in allen Bereichen der Gesellschaft entwickelnde Gegensatz zwischen den vermögenslosen Klassen, für deren Mitglieder die Bezeichnung Proletairs gefunden wird, und den besitzenden Klassen, als auch, daß speziell die Fabrikherren die Konkurrenz der Arbeiter um die zunächst noch knappen Arbeitsplätze für ihr eigenes „antisoziales Interesse" auszunutzen versuchen.

Die diese Sozialtheoretiker bedrängende und leitende Erfahrung mag aus einem Resümee zwar in England gewonnener, aber prinzipiell wohl übertragbarer Eindrücke eines bedeutenden Theoretikers der politischen Demokratie hervorgehen, wenn dieser schreibt: „Hier ist der Sklave, dort der Herr, dort findet sich Reichtum einiger weniger, hier das Elend der

---

[11] Beispielhaft eine Passage aus der päpstlichen Enzyklika Rerum novarum von Leo XIII. (1891): „Die Besitzlosen aber belehrt die Kirche, daß Armut in den Augen der ewigen Wahrheit nicht die geringste Schande ist, und daß Handarbeit zum Erwerb des Unterhalts durchaus keine Unehre bereitet ... Diese Wahrheiten sind wahrlich imstande, in den Begüterten und Hochstehenden jeden Übermut niederzuhalten und in den Armen den Kleinmut aufzurichten; sie müssen den Reichen Entgegenkommen gegen die Armen einflößen und die Armen selbst zur Bescheidenheit stimmen. So wird die soziale Kluft zwischen den beiden Klassen unschwer verringert und hüben wie drüben freundliche, versöhnliche Gesinnung geweckt." (In: Cristliche Erneuerung der menschlichen Gesellschaft, Aschaffenburg 1962. Hier zitiert nach *Forwick*, F. [Hrsg.] [84], S. 121.)

[12] Zu nennen sind Namen wie F. v. *Baader*, R. v. *Mohl*, I. A. *Perthaler*, L. v. *Stein*, A. W. *Schmidt*. Im einzelnen vgl. *Teuteberg*, H. J. (231), S. 8 ff.

großen Zahl; dort bringen die organisierten Kräfte der Menge zum Nutzen eines einzelnen hervor, was die Gesellschaft zu leisten noch nicht vermocht hat. Hier zeigt sich die Schwäche des Individuums gebrechlicher und hilfloser als mitten in der Wüste[13]."

Die zeitbedingte theoretische Gebrochenheit der politischen Romantiker wird offenkundig, wenn als Maßnahmen zur Behebung des so erkannten Konflikts u. a. eine „standesgemäße Vertretung" des vierten Standes der Arbeiter (was immer das im einzelnen heißen mag), eine glaubwürdige Sozialordnung durch assoziative Sozialpolitik, eine obrigkeitliche Lohnordnung, Teilnahme an Kapitalbesitz und Gewinnen und schließlich eine Arbeitervertretung als Keimzelle betrieblicher Partnerschaft vorgeschlagen werden.

Diese zumeist noch von einer stark patriarchalischen Grundhaltung geprägten Gedanken orientieren sich an Ideen wie der „sozialen Familie" des ganzen „Personenstandes einer Fabrik", wirken jedoch auf Grund ihrer einzelnen konkreten Vorstellungen in einer sich überwiegend liberalistisch-konservativ verstehenden Umwelt als eher gefährlich empfundenes Außenseitertum, haben in der Praxis noch wenig Wirkung, sind aus theoretischer Sicht aber für den Fortgang des Demokratisierungsprozesses wegen des in ihnen erkennbar werdenden Zusammenhanges zwischen Organisation bzw. Desorganisation der Arbeit und gesellschaftlicher Armut nicht zu unterschätzen.

„Den Zusammenhang zwischen einer glaubwürdigen sozialen Betriebsverfassung und der gesamten Sozialordnung erkannt und in das Bewußtsein der Allgemeinheit gelenkt zu haben, ist das entscheidende Verdienst dieser ersten Begründer einer Theorie des Mitbestimmungsrechts[14]."

5.2.1.2. Liberal-bürgerliche Reformbestrebungen

Allmählich jedoch werden immer konkreter Vorstellungen über eine sozialistische Ordnung entwickelt und als alternative Konzepte zur gegebenen liberalen Ordnung der Gesellschaft in die Diskussion eingebracht[15].

Vor allem hier dringt die Erkenntnis von der historischen Dimension des Interdependenzverhältnisses von Staat und übriger Gesellschaft im Rahmen des sozialen Wandels ins Bewußtsein und wird zur Grundlage einer dynamischen Theorie der Gesellschaft und ihrer Ordnung, wenn auch noch überwiegend, ganz in der Tradition überkommener Staats-

[13] *Tocqueville*, A. de: Notizen von einer Reise nach England (1835). In: *Landshut*, S. (Hrsg.): Das Zeitalter der Gleichheit. Stuttgart 1954. Hier zitiert nach *Forwick*, F. (Hrsg.) (84), S. 104.

[14] *Teuteberg*, H. J. (231), S. 44.

[15] Neben den Frühschriften von F. *Engels* und K. *Marx* (siehe *Landshut*, S. [Hrsg.] [141]) ist besonders auf L. v. *Stein* zu verweisen (vgl. *Teuteberg*, H. J. [231], S. 45 ff.).

theorie, Staat und Gesellschaft als Pole und nicht die Gesellschaft als das den politischen und den ökonomischen Bereich umgreifende Obersystem begriffen werden.

Einer demokratischen Umgestaltung des Staates müsse eine neue Gesellschaftsordnung folgen, wird gesagt, wenn sich das Individuum frei entfalten solle. Die französische Revolution sei als gesellschaftliche Umwälzung zu begreifen: an die Stelle des Feudalismus sei die Herrschaft der Kapitalisten getreten; diese hätten nun ihrerseits das Proletariat erzeugt. Die Gesellschaftsordnung müsse diesem Wandel nun ebenfalls Rechnung tragen.

Ideen solcher Art können für sich einen erheblichen Aufmerksamkeitsgrad verbuchen, da sie in einer Zeit vorgetragen werden, in der sich Anfang der vierziger Jahre des 19. Jahrhunderts in Deutschland eine breite politische Öffentlichkeit zu etablieren beginnt und das Parteienwesen seinen Anfang nimmt[16]. Aus verschiedensten Motiven gespeist, läßt sich ganz allgemein ein großes Interesse an den Fragen sozialer Ordnung feststellen, und im besonderen beginnt die Vorstellung von einer sozialistischen Gesellschaft zu einer Art Bürgerschreck zu werden.

Derart durch die soziale Situation der unteren Schichten selbst und durch die theoretischen sozialistischen Alternativen aufgeschreckt, versucht das liberale Bürgertum durch eine Vielzahl unsystematischer Vorschläge und Maßnahmen der sozialen Schwierigkeiten Herr zu werden.

U. a. wird zu einem Königtum der sozialen Reformen aufgerufen, worauf der preußische König ganz im Sinne der individuellen Verinnerlichung des Pietismus und eines sentimentalen Patriarchalismus mit Almosenpolitik und Aufrufen zur Erziehung des Volkes zur Demut reagiert; eine Reakitionsweise, die den wahren Konflikt eher verschleiert und ihn dadurch verschräft, als daß sie ihm beizukommen vermöchte, und die sich der vollen Unterstützung noch lange auch der moralischen Kraft der katholischen Kirche sicher sein kann, indem etwa formuliert wird (1891!):

„Das Privateigentum gründet sich, wie wir gesehen haben, auf die natürliche Ordnung, und dieses Recht zu gebrauchen, ist nicht bloß erlaubt, sondern es ist auch im gesellschaftlichen Dasein eine Notwendigkeit ... Fragt man nun, wie der Gebrauch des Besitzes beschaffen sein müsse, so antwortet die Kirche ...: ‚Der Mensch muß die äußeren Dinge nicht wie sein Eigentum, sondern wie gemeinsames Gut betrachten und behandeln, insofern nämlich, als er sich zur Mitteilung derselben an

---

[16] Ein Parteienwesen allerdings überwiegend konservativen und liberalen bürgerlichen Zuschnitts, das als Vertreter ausschließlich Angehörige der besitzenden und gebildeten Schichten von Adel und Bürgertum kennt und durch ein Zensus-Wahlrecht diesen konservierenden Sozialcharakter noch lange beibehält. Zur Geschichte der Parteien allgemein vgl. *Bergsträsser*, L. (17). Und zu speziellen Aspekten: *Duverger*, M. (65).

Notleidende leicht verstehen soll. Darum spricht der Apostel: ‚Befiehl den Reichen dieser Welt, ... daß sie gerne geben und mitteilen'.' (Zitat nach *T. v. Aquin*, Anm. d. Verf.) Gewiß ist niemand verpflichtet, dem eigenen notwendigen Unterhalt oder demjenigen der Familie Abbruch zu tun, um dem Nächsten beizuspringen. Es besteht nicht einmal die Verbindlichkeit, des Almosens wegen auf standesgemäße und geziemende Ausgaben zu verzichten ... Ist der Besitz jedoch größer, als es für den Unterhalt und ein standesgemäßes Auftreten nötig ist, dann tritt die Pflicht ein, vom Überflusse den notleidenden Mitbrüdern Almosen zu spenden ... Diese Pflicht ist allerdings nicht eine Pflicht der Gerechtigkeit, den Fall der äußersten Not ausgenommen, sondern der christlichen Liebe, und darum könnte sie auch nicht auf gerichtlichem Wege erzwungen werden[17]."

Über Aufrufe zu einem sozialen Königtum hinaus werden Arbeiter- und Handwerkervereine gebildet, wiederum mit dem Ziel, die Arbeiter durch Hebung ihrer Bildung, von deren Fehlen man, wie bereits angesprochen, zumindest z. T. die angebliche Unsittlichkeit ableitete und auf diese wiederum z. T. das soziale Elend zurückführte, durch vermehrte Bildung also (jedoch nicht fach- bzw. berufsbezogene, sondern entsprechend dem bürgerlichen Bildungsideal allgemeine, wie man meinte, persönlichkeitsbildende Bildung) den Arbeiter in die allgemeine, in die bürgerliche Gesellschaft zu integrieren. Daneben sollte ein Netz von Arbeiterhilfsvereinen die wirtschaftliche Situation bessern helfen; eine eigentlich nur als flankierende Maßnahme gedachte Aktivität, die allerdings in mancherlei Form die tatsächlich nachhaltigsten Wirkungen zeitigte. Gedacht war an die Einführung von Spar- und Kranken-, Sterbe- und Pensionskassen, von Schulen, Kinderbewahranstalten und ähnliche Hilfseinrichtungen[18].

Durch derartige Maßnahmen und die Beteiligung der Arbeiter selbst an der Verwaltung der Einrichtungen hegten die Liberalen die Hoffnung, die Arbeiter auch für die politische Demokratie reifmachen zu können. Damit taucht zum erstenmal das sogenannte „Bildungsargument"[19] in der Mitbestimmungsdiskussion auf, das zunächst allerdings seine Gewichtung eher aus der erhofften Funktion einer Integration der Arbeiter in ein bestehendes Ordnungssystem, als aus der, im ersten Teil dieser

[17] Diese wohl aus der eigenen Organisation erwachsene ungebrochene Obrigkeitsmentalität dokumentiert m. E. sehr deutlich das schwierige Verhältnis speziell der katholischen Kirche (der Organisation wohlgemerkt, nicht der Religion!) zur Demokratie als Ordnungsmuster schlechthin. Zitat aus der Enzyklika Rerum novarum Leo XIII. (84), S. 120 f.

[18] Zu denken ist besonders an das Programm des „Centralvereins für das Wohl der arbeitenden Klassen (1844)", der von Fabrikanten und hohen Beamten gegründet wurde. *Teuteberg*, H. J. (231), S. 47 ff.

[19] Zum Begriff und den sich dahinter verbergenden Bestrebungen vgl. *Bolte*, K. M.: Mitbestimmung (32), besonders S. 220 ff.

Arbeit bereits angesprochenen, erwünschten Funktion einer Selbstbestimmungserfahrung erhält, woraus sich auch die teilweise Offenheit der Unternehmer gegenüber diesem Aspekt der Mitbestimmung z. T. erklären läßt.

5.2.1.3. Unwirksamkeit sozialer Theorien

In der gesellschaftlichen Praxis werden alle diese Pläne des liberalen Bürgertums und ihrer Reformer jedoch durch konservativen einerseits, durch sozialistischen Widerstand andererseits sowie den um die Bewahrung seiner noch verbliebenen obrigkeitlichen Funktion ringenden Staat[20] hinsichtlich ihrer Wirkungen beträchtlich beeinträchtigt, wenn nicht gar zur faktischen Bedeutungslosigkeit diskreditiert.

Vor allem, als mit dem Erscheinen des „Kommunistischen Manifests" genau im Revolutionsjahr 1848 eine politische Kampfschrift völlig neuen Stils mit gravierend anderen Ansätzen zur Lösung der sozialen Frage aufwartet, durch das sich das bestehende System insgesamt und die es tragenden Schichten gefährdet sehen, werden die Akzente der politischen und sozialen Auseinandersetzung erheblich verschoben. Denn nach einer Analyse der Geschichte als einer Geschichte von Klassenkämpfen, basierend auf den jeweiligen Produktionsverhältnissen der Gesellschaft, wird die Zukunft im Rahmen des Manifests in einer Beseitigung der Herrschaft des Kapitals über den Weg der Abschaffung jeglichen Privateigentums an den Produktionsmitteln durch den verbündeten revolutionären Kampf des Proletariats gegen alle bisherige Obrigkeit gesehen[21]

Diese Schrift, die de facto eine massive Absage an jede Art patriarchalicher Wohlfahrtspolitik und eine partielle Mitwirkung der Arbeiter an der Gestaltung der ökonomischen Prozesse beinhaltet, entfaltet in der Zukunft als Grundlage marxistischer bzw. sozialistischer Ordnungsvorstellungen zwar sowohl mannigfaltige theoretische als auch praktische Wirkungen in der sozialpolitischen Auseinandersetzung, ist ihrer Zeit jedoch in Deutschland einerseits bezüglich der Herausbildung eines eigenständigen und sich selbst bewußten Industrieproletariats als auch bezüg-

[20] Zur vielschichtigen Problematik des sich selbst im Wandel befindlichen staatlichen Bereichs; zur sozialreformerischen Dynamik besonders der preußischen Beamtenschaft; zur gleichzeitigen personellen Verzahnung der Beamten mit den oberen Schichten und damit ihrer Verbundenheit mit diesen und ihrer selbstbewußten Unabhängigkeit gegenüber partiellen Wirtschaftsinteressen ebenso wie gegenüber dem Monarchen; vor allem aber auch zur Halbherzigkeit und z. T. Hilflosigkeit des Staates in der Reaktion auf die sozialen Probleme, die nicht zuletzt aus der Verfassungsidee und -konstruktion des liberalen Rechtsstaats erwuchs („Der Staat setzte eine Wirtschaftsgesellschaft frei, ohne sie verfassungsmäßig einzubinden." S. 78) und die die Langwierigkeit des Demokratiesierungsprozesses der Wirtschaft erheblich beeinflußte, vgl. *Koselleck*, R. (132), S. 55 ff. Kritische Akzentverschiebungen, besonders in bezug auf das faktische Demokratisierungspotential bzw. Antipotential der staatlichen Bürokratie, bei *Kehr*, E. (126), S. 37 ff.

[21] *Marx*, K. - *Engels*, F. (166).

lich der Geschlossenheit der oberen Schichten als homogener Klasse der Bourgeoisie weit voraus bzw. bildet die tatsächlichen Verhältnisse nicht differenziert genug ab.

Zunächst jedenfalls konzentriert sich die politische Aktivität auf die Auseinandersetzungen im Rahmen der Revolutionsversuche von 1848. Diese 48er-Revolution ist total eine Sache des liberalen Bürgertums. Ihre Ziele sind bezeichnenderweise Verfassungs-, Presse- und Versammlungsfreiheit sowie die nationalstaatliche Einheit. Die soziale Elendslage der unteren Schichten ist kein Thema. Die Fabrikarbeiter selber sind noch nahezu stumm, die Handwerker überwiegend reaktionär eingestellt, sie wollen zurück in die Geborgenheit der Zunftordnung.

Führt man sich eine preußische Statistik von 1846 vor Augen, wird auf Grund der Beschäftigungszahlen, die auch ein Abbild der industriellen Entwicklung widerspiegeln, deutlich, daß das Industrieproletariat auch rein zahlenmäßig noch keine dominante Rolle spielt. Beschäftigt waren danach in der Industrie 551 240 Menschen, im Handwerk 842 148, im Handel 319 641, im Bereich Verkehr und Gastwirtschaften 139 654, in der Landwirtschaft rd. 1,4 Mill. und in Haushalten rd. 1 Million[22].

Zwar tauchen Vorstellungen über einen Handwerker-Kommunismus auf; zwar verabschiedet der erste deutsche Arbeiterkongreß 1848 in Berlin eine „Soziale Volks Charte", in der ein grundsätzlicher Wille zur Zusammenarbeit auf der Grundlage des „Besitzes der Arbeit" bekundet wird und die Bildung von Kommitees, die Mitbestimmungsrechte bei Kündigungen haben sollten und zugleich als Tariforgane vorgesehen waren, vorgeschlagen werden[23]; zwar wird im Rahmen des volkswirtschaftlichen Ausschusses der Frankfurter Nationalversammlung von einem Fabrikanten die Bildung einer Ratshierarchie zur Wahrnehmung der Interessen und der Mitwirkung der Arbeiter nicht nur bei der Beratung, sondern auch bei der Beschlußfassung vorgeschlagen[24], doch die politische Entwicklung geht über alle diese Ansätze hinweg — einmal ganz abgesehen davon, daß sich typischerweise im Parlament der Paulskirche 1848/49 „unter Professoren, Juristen, Offizieren, Geistlichen, Ärzten, Schriftstellern, Gutsbesitzern, Kaufleuten, Fabrikanten und Bankiers kein Arbeiter und kein Bauer befand"[25].

Immerhin: ein Fabrikant macht Ernst und installiert 1850 als erste deutsche Betriebsvertretung der Arbeiter einen Fabrikausschuß mit begrenzten, aber fest umrissenen Befugnissen und sagt dazu, daß es auch für einen Unternehmer gewisse Pflichten geben müsse, „damit die Frei-

[22] *Teuteberg*, H. J. (231), S. 77.

[23] *Teuteberg*, H. J. (231), S. 88.

[24] *Teuteberg*, H. J. (231), S. 94.

[25] Zur Wiedergabe der Ergebnisse von K. *Demeter* (Soziale Schichtung des deutschen Parlamentes seit 1848), die den Charakter des Honoratiorenparlaments verdeutlichen, vgl. *Stammer*, O. (228), S. 317.

heit des einzelnen zur sicheren Grundlage der Ordnung des Ganzen und des Gesamtwohls diene"[26].

Insgesamt kann man davon ausgehen, daß für die in der Folgezeit entstehenden ersten Betriebsvertretungen die entscheidenden Impulse nicht von den Theorien der Sozialreformer ausgehen. Im Gefolge tradierter, vorindustriell begründeter genossenschaftlicher Sozialeinrichtungen wie Bruderbüchsen, Innungs- und Knappschaftskassen werden diese Formen patriarchalischer Sorgeverpflichtung als Werkskassen auf die Fabriken übertragen. Bis etwa 1860 verfügten die meisten größeren Unternehmen über irgendwelche Unterstützungskassen.

In die Verwaltung waren von alters her die Arbeiter einbezogen. So ist es kein Wunder, daß sich die Kassenausschüsse bzw. -vorstände durch Anreicherung mit weiteren Funktionen zu Betriebsvertretungen allgemeiner Art wandelten[27].

Die Arbeiterausschüsse avancierten zu einer Art Schiedsstelle zwischen der Unternehmensleitung und der „unmündigen" Belegschaft, indem ihnen Mitwirkung bei der Erstellung der Fabrikordnungen und Mitentscheidungen bei Arbeitsvertragsstreitfällen zuerkannt wurden. Neben reichlich difusen Bildungsvorstellungen wurden die Ausschüsse in der Praxis vor allem als Disziplinierungsinstrument der Arbeiter zur Produktivitätssteigerung[28] verstanden. Die Arbeitgeber verfügten in ihnen über eine eindeutige Stimmenmajorität.

5.2.2. Die Idee einer Wirtschaftsverfassung als einer Parallele zur politischen Demokratie

5.2.2.1. Vom Fabrikabsolutismus zur konstitutionellen Fabrik

Nach der Reichsgründung 1871 steigt die Zahl der Arbeiterausschüsse sprunghaft an. Neben den Motiven der sozial-liberalen Unternehmer, die aus der Wirtschaftsordnung entstandenen Spannungen pragmatisch abzubauen und vor allem auch die erstarkende Sozialdemokratie zu bekämpfen, und den Motiven aus sozial-ethischer Sicht, sich die Arbeiter zu guten, folgsamen und dankbaren Familienmitgliedern zu erziehen, gehen für die zukünftige Demokratisierungsdiskussion vor allem von der Idee einer „konstitutionellen Fabrikordnung" belebende Impulse aus.

[26] Fabrikant *Degenkolb*. In: Verhandlungen der deutschen verfassungsgebenden Reichsversammlung, Bd. 2, S. 934; Frankfurt/M. 1848/49. In: *Teuteberg*, H. J. (231), S. 113. Zu den Aufgaben des ersten Fabrikausschusses gehörten: Überwachung der Fabrikordnung, der Kinderarbeit; Schlichten von Streitigkeiten der Arbeiter; Einziehen von Strafgeldern und Mitverwaltung der Krankenkasse.

[27] Vgl. im einzelnen *Teuteberg*, H. J. (231), S. 208 ff.

[28] Zur heutigen eher positiven Bewertung und zur spezifischeren Fassung des wesentlich weiterem Kontext gesehen wird, vgl. *Bolte*, K. M.: Mitbestimmung (32), S. 223 ff.

Bei der Entwicklung solcher Ideen zeigt sich, daß im Lager der Unternehmer bis heute immer wieder Persönlichkeiten auftreten, die in der Lage sind, auch die soziale Problematik bzw. Dimension unternehmerischen Handelns frühzeitig zu erkennen, den Blick über die unmittelbaren ökonomischen und eher kurzfristigen individuellen bzw. gruppenbezogenen Interessenfragen hinauszurichten und, insofern sie praktische Schlüsse ziehen, mit der ständig beanspruchten gesellschaftlichen Verantwortung Ernst machen und durch ihre faktischen Demokratisierungsimpulse viel zur Glaubwürdigkeit und damit zur Bewahrung der Legitimität gesellschaftlicher Ordnungs- und damit Herrschaftsprinzipien beitragen. Leider muß bis heute ebenfalls konstatiert werden, daß solche Stimmen nicht eben die Mehrheit des Denkens und Handelns von Unternehmensleitungen repräsentieren.

So führt ein Seidenfabrikant bereits 1847 vor der Badischen Ständeversammlung aus: „Mir scheint es, die höhere Industrie wird Phasen durchlaufen, wie die staatlichen Verhältnisse. Jetzt steht sie in einem despotischen Zustande, es wird die Zeit kommen, wo wir für die Industrie einen konstitutionell-monarchischen Zustand erhalten werden, und wer kann wissen, ob nicht auch für sie die republikanischen Zustände kommen[29].“

Die ersten Ahnungen werden später aufgenommen und führen 1873 erstmalig zu einer Fabrikordnung, in der ein Fabrikrat nicht durch Stimmenmehrheit der Unternehmensleitung gekennzeichnet ist. Aus dem Fabrikabsolutismus sollte ein konstitutionelles Fabriksystem werden, mit dem der Industrieproletarier zum freien Wirtschaftsbürger gewandelt werden sollte. Eine umfangreiche Betriebvertretung, Gewinnbeteiligung, Tarifverträge und die Einführung des Acht-Stunden-Tages sollten diesem Ziel dienen[30].

Bemühungen dieser Art fallen vor allem bei einer Gruppe bürgerlicher Gelehrter, den sogenannten Kathedersozialisten, auf fruchtbaren Boden und werden von ihnen weiter theoretisch propagiert. Hier taucht vor allem immer wieder die Interdependenz zwischen politischer Demokratie und der Gestaltung der Arbeitsverhältnisse auf. „Ein politisch sich selbst regierendes Volk wird auch zur geschäftlichen Selbstbestimmung befähigt sein, und umgekehrt ist die geschäftliche Selbstregierung die Elementarschule der politischen Selbstregierung. Fabrikproletarier und Tagelöhner von Herrengütern werden leicht Stimmvieh ihrer Herren oder wüster Wahlpöbel, keinesfalls das Material, aus welchem freie Staaten geschnitzt werden. Das tägliche Sichbeherrschen und Mitherrschen

[29] Seidenfabrikant *Mez*. In: Verhandlungen der Ständeversammlung des Großherzogtums Baden 1847/48, Bd. 1. Zitiert nach: *Teuteberg*, H. J. (231), S. 254.

[30] Mit diesen Maßnahmen agierte 1892 der Hauptvertreter dieser Richtung: *Freese*, H. (86). Ähnlich auch *Abbe* bei Zeiss.

erzieht auch zur politischen Mündigkeit für das Gemeinde- und Staatsleben[31]."

Hier wird bereits angesprochen, was einen wichtigen Teil des Demokratieproblems auch noch heute ausmacht und gewichtiger Bestandteil des Anliegens auch der vorliegenden Arbeit ist. „Wenn man in der Gesellschaft vom Leitbild des mündigen Menschen ausgeht, kann man nicht in einem der wesentlichsten Realitätsbereiche, nämlich der Wirtschaft, den Mündigkeitsanspruch aufgeben." Und: „Mündigkeit allerdings kann man nicht als von vornherein gegeben ansehen, sondern Mündigkeit ist das Ergebnis von Herrschafts- und Erziehungsprozessen[32]."

Dieser Gedanke erscheint im Rahmen der frühen Mitbestimmungsdiskussion dann nochmals bei der nach 1900 intensiv ausgetragenen Diskussion um überbetriebliche Mitbestimmungsformen in der Vorstellung über eine „kooperative Wirtschaftsverfassung": „Man kann geradezu sagen, daß Deutschland durch seine militärische Erziehung für den industriellen Großbetrieb herangebildet ist. Aber im militärischen Vorbilde liegt neben unleugbaren Vorzügen eine sehr bedeutende Gefahr, nämlich die Erziehung zur gehorsamen Unterordnung auf Kosten der Erziehung zur bewußten Mitarbeit." Daher gelte es, „aus Industrieuntertanen Industriebürger zu gestalten".

Es wird weiter gefragt: „Und nun sehen wir eine Zukunft mit immer größeren Riesenbetrieben heranrücken. Wird diese Zukunft eine neue Sklaverei sein, ein Ende aller liberalen Träume, eine Hörigkeit der Massen? Oder gibt es eine Form der Mitwirkung der Beamten und Arbeiter an der Leitung, die derartige moderne Versklavung unmöglich macht? Behalten wir die Menschenrechte im Industriebetrieb? Das ist das tiefste Problem der Industrieverfassung[33]!"

5.2.2.2. Der „Herr-im-Hause"-Standpunkt der Mehrheit der Arbeitgeber

Vorstellungen dieser Art, d. h. konkret zunächst die Einführung freiwilliger, von den Arbeitern bestimmter Arbeitsausschüsse, treffen bei der Mehrzahl der Arbeitgeber jedoch auf keine Gegenliebe. Vom Geschäftsführer der Arbeitgeberverbände wird argumentiert, „daß diejenigen sich viel mehr gegen die Arbeiter versündigen (als die Unternehmer, Anm. d. Verf.), die ihnen eine Gleichberechtigung und ein Selbstbestimmungsrecht in Aussicht stellen, welches absolut nicht mit unserer Wirt-

[31] *Schäffle*, A.: Kapitalismus und Sozialismus mit besonderer Rücksicht auf Geschäfte und Vermögensformen, Vorträge zur Versöhnung der Gegensätze von Lohnarbeit und Kapital. Tübingen 1870, S. 293. Zitiert nach: *Teuteberg*, H. J. (231), S. 283.

[32] *Block*, J. (25), S. 16 u. 19.

[33] *Naumann*, F. (187), S. 278 u. 287.

schafts- und Gesellschaftsordnung vereinbar ist[34]"; ein Argument neben anderen der damaligen Zeit, das bis in unsere Tage hinein in der Diskussion um Mitbestimmung noch herhalten muß.

Zu den weiteren Argumenten zählen, daß die Qualifikation der Ausschußmitglieder nicht ausreiche, daß Extremisten und Radaumacher gewählt und damit die Ausschüsse zu Pflanzstätten von Unruhe und Agitation würden, daß die Gefahr einer weiteren Ausdehnung der Sozialdemokratie heraufbeschworen würde, daß die Betriebsdisziplin sich lockere und daß im übrigen der Gegensatz zwischen Kapital und Arbeit sehr übertrieben werde und zur Modesache geworden sei[35].

Exkurs: Die zunehmende Bedeutung der Interessenverbände in der sozialen Auseinandersetzung und ihr Einfluß auf die Demokratisierungsdiskussion

Daß in diesem Zusammenhang die Äußerung eines Geschäftsführers der Arbeitgeberverbände zitiert werden kann, verweist nebenbei auf ein Phänomen, das seit etwa 1870 bis heute für die Form gesellschaftlicher Auseinandersetzungen insgesamt und für die Demokratisierungsdiskussion speziell von gravierender und zunehmender Bedeutung geworden ist und weiterhin sein wird: die Existenz von Interessenverbänden.

Für ihr verstärktes Entstehen und ihre Qualität als politischer Faktor werden als Vorbedingungen „die verfassungsmäßig konsolidierte Teilhabe der Parteien an der Macht und das allgemeine Wahlrecht" genannt. Auslösend jedoch „waren die Krisen, wie sie aus der beschleunigten Entwicklung von Wirtschaft und Gesellschaft entstanden. In diesen Krisen erhob sich der Ruf nach Staatsintervention, und an diesem Ruf entzündete sich die Aktivität entstehender oder sich festigender Interessenverbände, und der werdende Interventionsstaat wiederum provozierte das Entstehen neuer Verbände[36]."

Insbesondere mit der Veränderung der wirtschaftspolitischen Prinzipien, von der Nichteinmischung des Staates unter der mehr oder weniger gültigen Maxime des Freihandels zur aktiven Intervention vor allem unter der Maxime der Schutzzollpolitik, entstehen die vielfältigsten Wirtschaftsverbände, die die unterschiedlichen und durchaus auch konkurrierenden Produzenteninteressen repräsentieren und nach außen zunehmend von einer einflußgewinnenden neuen Gruppe, den Funktionären, vertreten werden. „Im ganzen kann man sagen, daß der Kampf der Interessengruppen um ihre Existenzfähigkeit oder ihre Entwicklungsmög-

[34] *Bueck*, H. A. In: Schriften des Vereins für Sozialpolitik, Bd. 47, 1890, S. 152 f. Zitiert nach *Teuteberg*, H. J. (231), S. 295.

[35] Im einzelnen vgl. *Teuteberg*, H. J. (231), S. 289 ff.

[36] Vgl. die m. E. vorzügliche Darstellung von *Nipperdey*, T. (190), an die sich dieser Exkurs anlehnt. Zitat: S. 370.

lichkeit auf einen Staat traf, dessen Tätigkeit sich zusehends ausdehnte, weil die gesetzlich zu ordnenden Sachverhalte immer mehr anwuchsen; damit nahmen die Interessenkollisionen zu, jede steuer- und wirtschaftspolitische Maßnahme wurde zum Kampfobjekt[37]."

Immer deutlicher wird also die durch die steigende Komplexität der Industriegesellschaft bedingte Notwendigkeit des politischen Systems, speziell in seiner organisatorischen Verfestigung des Staates, durch bewußt gestaltende Akte ordnend in den gesamtgesellschaftlichen Leistungsprozeß einzugreifen. Zugleich wird immer klarer, daß durch solche umgreifenden Ordnungseingriffe immer partiellere Interessen unterschiedlich bevorteilt oder benachteiligt werden bzw. sich als solche empfinden und daher durch Interessenverbände kämpfend ihren Besitzstand zu erhalten bzw. auszudehnen suchen.

Sind es die unterschiedlichsten Produzenteninteressen, die von wirtschaftspolitischen Aktivitäten des Staates tangiert werden und daher zu einem Kampf der Wirtschaftsverbände durchaus auch gegeneinander führen, werden von der Sozialpolitik die Unternehmer nicht so sehr in ihrem Produzenten-, sondern eher in ihrem allgemeinen Arbeitgeberinteresse berührt und insofern die Wirtschaftsverbände gegen den Anspruch der Arbeitnehmer zu einer geschlossenen und starken Macht vereinigt[38].

Hier wird dann auch eine größere Parteienübereinstimmung insofern deutlich, als der Widerpart, die Arbeiterschaft, in seinen Interessen hauptsächlich von der Sozialdemokratischen Partei und später dann auch von den Gewerkschaften vertreten wird. Da die Auseinandersetzung mit der SPD überwiegend von den bürgerlichen Parteien getragen wird, werden die speziellen sozialpolitischen Interessen von den Arbeitgeberverbänden, und zwar — in einer interessanten Schwerpunktverlagerung — „weniger gegen die — schon von den Staatsorganen bekämpften — Arbeiterorganisationen als gegen die bürgerlichen Sozialpolitiker"[39], vertreten.

Insgesamt läßt sich offenbar speziell bei den Unternehmerverbänden ein gebrochenes Verhältnis zu den Parteien überhaupt feststellen (wenn auch eine Tendenz zum konservativ-liberalen Lager überwog[40]), zunächst sogar eine „Neigung, mit den Parteien zu konkurrieren, ja sie auszu-

[37] *Nipperdey*, T (190), S. 372.

[38] Zu welchen widersprüchlichen Koalitionen und zu welcher bisweilen skurilen Winkelzugpolitik sich die Wirtschaftsverbände veranlaßt sehen, wenn in allgemein- bzw. nationalpolitischen Fragen ihre Interessenpositionen nicht so eindeutig zu fixieren sind, ist am Beispiel der Flottenpolitik vor dem Weltkrieg zu verdeutlichen. Vgl. *Kehr*, E. (125), S. 389 ff.

[39] *Nipperdey*, T. (190), S. 372.

[40] Zum Engagement speziell der Industrie auch in finanzieller Hinsicht bei den Parteien vgl. *Nipperdey*, T. (190), besonders S. 381 ff.

manöverieren". Das schlug sich u. a. darin nieder, daß man versuchte, „den Beamten- und Obrigkeitsstaat gegen die Parteien zu stärken, indem man konkret den Bundesrat gegen den Reichstag ausspielte. Man ließ sich gar nicht erst daruf ein, mit den Parteien zusammenzuarbeiten, sondern hielt sich von vornherein allein an die Ministerialbürokratie, wobei natürlich personelle Verflechtungen eine besondere Rolle spielten — eine Haltung, die einen zugleich hypertrophen und gebrochenen Machtwillen spiegelte, der seine Interessen gegen die Parteien durchzusetzen suchte und zugleich im Untertanenstatus gegenüber dem den Interessen ja nicht einfach willfährigen Staat beharrte. Von daher stammte auch die ausgesprochene Sympathie der Unternehmerkreise mit den Staatsstreichsplänen der achtziger und neunziger Jahre, die auf eine Umformung des Reichstags und die Abschaffung des allgemeinen Wahlrechts hinausliefen." In die gleiche Richtung zielten Bemühungen, „unter dem Motto ‚Versachlichung' die Wirtschaftspolitik von der allgemeinen Politik, der ‚Parteipolitik', zu lösen ..." und sie sogenannten Experten zu übertragen[41].

Wie immer sich die politische Einstellung der Verbände auch bis heute verändert und wie zunehmend sie sich auch differenziert haben mögen, sie bleiben hinfort ein gewichtiger Einflußfaktor des gesellschaftlichen Geschehens, speziell der politischen Prozesse, und sind daher auch als bedeutende Agenten des Demokratisierungsprozesses bzw. als Widersacher zu bewerten. Insofern Demokratisierungsforderungen bzw. Antipositionen von starken Interessenverbänden vertreten werden, damit der Demokratisierungsverlauf auch ganz unabhängig zunächst von inhaltlichen Aussagen allein von der jeweiligen organisatorischen Macht der Verbände und ihrer ausgewogenen oder unausgewogenen Konkurrenz unter- und gegeneinander zu beeinflussen ist, werden die Verbände selbst, welches konkrete Interesse sie auch immer vertreten mögen, sowohl in ihrem Innenverhältnis als auch vor allem in ihren Außenwirkungen z. B. auf Parteien, Parlament und Regierung zum demokratischen Problem[42].

Gerade derartige Verbandsaspekte müssen in der öffentlichen Demokratisierungsdiskussion immer wieder mitreflektiert werden; besonders die aktuelle Auseinandersetzung macht ja m. E. deutlich, daß das Ringen um eine weitere Demokratisierung der Gesellschaft in bestimmten Teilen geradezu zu einem Verbändekampf werden kann und möglicherweise erst dadurch prinzipielle Antipositionen aufgebaut werden, die dann auch nur in toto prinzipiell anerkannt oder abgelehnt werden können bzw. zu einer derartigen Haltung tendieren und dadurch die eventuell

[41] *Nipperdey*, T. (190), S. 375.

[42] Zu einer kurzen systematischen Einordnung der Verbände in den politischen, speziell den demokratischen Prozeß vgl. *Stammer*, O. (228), S. 307 ff.

notwendige Differenzierung in der Sache verdecken und möglicherweise sinnvolle Detailfortschritte verhindern.

Zurück jedoch zunächst wieder zum Beginn dieser Erscheinungen und den sich intensivierenden Auseinandersetzungen um die gesellschaftliche, hier besonders die politische und ökonomische Ordnung der sich weiter entfaltenden Industriegesellschaft Ende des 19. Jahrhunderts.

Trotz der zunehmenden Größe und Arbeitsteilung der Betriebe und der daraus resultierenden Bürokratisierung und Anonymität der Arbeitsbeziehungen und der wachsenden gesellschaftlichen Wirkungen der Unternehmen insgesamt versuchen die Arbeitgeber weiterhin, ihren Herr-im-Hause-Standpunkt zu behaupten und die Arbeiterschaft mit patriarchalischer Sozialpolitik in das jeweilige Unternehmen zu integrieren. Zunehmend jedoch kommen sie mit der Vertretung dieser Position in Bedrängnis.

Denn auch von staatlicher Seite, speziell von einigen Beamten, werden neue, zunächst allerdings noch rein hypothetische Gedanken in die Diskussion eingebracht. „Der Großbetrieb ist nicht mehr eine reine Privatangelegenheit; durch die Vereinigung großer Massen von Arbeitern zu einer Gesamtorganisation gewinnt er eine Bedeutung für die Gesamtheit, welcher dieser ein Recht gibt, in seine Gestaltung durch gesetzliche Bestimmungen einzugreifen. Daneben bedingt er für die zu ihr vereinigten Arbeiter eine Beschränkung der wirtschaftlichen Selbstbestimmung, welche auf den unsere ganze Rechtsordnung beherrschenden Ideen nicht mehr vereinbar ist, wenn sie nicht in einer geordneten Mitwirkung ein ausgleichendes Korrelat findet[43]" — eine Ansicht, die im krassen Gegensatz zu der vorhin zitierten Meinung der Arbeitgeberverbände steht.

Die Ausgestaltung der Rechtsordnung im Sinne einer Mitbestimmung des Arbeiters (z. B. durch Koalitionsrecht, Gewerkschaften, Arbeiterkammern und Arbeiterausschüssen) war nach dieser Meinung ein Mittel, den Arbeiter zum „Bewußtsein seiner Selbstverantwortlichkeit ... und der Mitverantwortlichkeit für das allgemeine Wohl" zu erziehen.

So weitgehende Gedanken jedoch scheitern zunächst bereits innerhalb der Regierung und werden ersetzt durch eine den bisherigen Rahmen privater Sozialversorgung allerdings entschieden sprengende, staatlich umgreifende Sozialgesetzgebung, die innerhalb eines Jahrzehnts (1883 Kranken-, 1884 Unfall-, 1889 Invalidenversicherung) praktisch den Grundstein für das später entstehende Konzept einer sozialorientierten Marktwirtschaft legt. Ziel dieser Sozialgesetzgebung, die nach wie vor überwiegend patriarchalischem Denken entspringt, ist vor allem die Bekämpfung der Basis der zunehmend erstarkenden Sozialdemokratie und der Gewerkschaften.

---

[43] So *Lohmann*, T., vom preußischen Handelsministerium. Zitiert nach *Teuteberg*, H. J. (231), S. 348 f.

5.2.2.3. Die zwiespältige Haltung der Sozialdemokratie

Dennoch wird die Sozialdemokratische Partei 1890 zur stärksten Fraktion des Reichstages. Ihre Führung setzt jedoch auf die Hoffnung einer baldigen Verwirklichung des sozialistischen Zukunftsstaates über den Weg der sozial-politischen Revolution und bleibt mißtrauisch gegenüber reformerischen Veränderungen. Vor allem wendet sie sich gegen die patriarchalischen, d. h. die Unmündigkeit der Arbeiter zur Grundlage habenden Intentionen der Arbeiterausschüsse, eine Haltung, die bis heute wegen des ambivalenten Charakters von Reformen für revolutionäre Ziele nachwirkt.

„Zweifelsfrei handelt es sich dabei (Einführung innerbetrieblicher Interessenvertretung, Anm. d. Verf.) um die Geburt eines wichtigen neuen Ordnungsprinzips, das nach und nach mehr Einflußrechte einräumte, aber auch von Beginn an zwei einander ausschließende Möglichkeiten eröffnet: sich entweder als Keimzelle der künftigen industriellen Demokratie zu begreifen oder partnerschaftliches Hilfsorgan des Unternehmers und damit Instrument konformistischer Integration zu werden." Und noch schärfer: „„Systemkonforme Lösungen aber sind und bleiben nichts weiter als ein formal-demokratischer Schleier, der Einflußmöglichkeiten vortäuscht, wo es gar keine gibt, nach den durchaus noch zutreffenden Worten *August Bebels* das scheinkonstitutionelle Feigenblatt, mit dem der Fabrikfeudalismus verdeckt werden soll[44]."

Derartige, eher auf „reine" Lösungen sozialer Konflikte entsprechend theoretischer Konzeptionen angelegte Gedankengänge verhindern jedoch häufig die Einsicht in pragmatisch mögliche Verbesserungen der jeweils konkreten Gesellschaftssituation. Auf der Suche nach und auf dem Wege zur absoluten Freiheit gefährden sie dabei, wie bereits mehrfach angesprochen, nicht selten die relative Freiheit als die machbare Freiheit[45].

Dieses Problem wird bereits früh auch innerhalb der Sozialdemokratie gesehen und findet seinen Niederschlag in der Bewegung des sogenannten Revisionismus. Die Revisionisten gehen davon aus, daß nicht mehr der Zusammenbruch des kapitalistischen Systems, sondern ganz im Gegenteil eine Stabilisierung zu erwarten sei. Daher müsse sich das Ziel der Arbeiterbewegung verschieben und nicht mehr der Sturz der herrschenden Klasse angestrebt, sondern durch schrittweises Einführen des Sozialismus Fortschritte erreicht werden. Insgesamt bedeutet dieser Schritt, daß an die Stelle des Denkens in Kategorien von Revolution das Denken in Kategorien von Evolution tritt. Das Ziel der Bemühungen, Sozialismus statt Kapitalismus, bleibt das gleiche, nur der Weg ändert sich. Eine Kontroverse, die die Sozialisten bis heute als „Kampf um den

---

[44] *Schneider*, D. und *Kuda*, R. F. (218), S. 12 f.

[45] Vgl. *Dahrendorf*, R. (58), S. 23 ff.

richtigen Marx" begleitet und sie z. T. in tief gespaltene Lager geführt hat.

Durch eine erweiterte öffentliche Kontrolle über die Wirtschaft und die Institutionalisierung demokratischer Formen im Betrieb sollen letztlich die Unternehmer über den Weg fortgesetzter Forderungen der organisierten Arbeiterschaft soweit gebracht werden, daß sie die Produktionsmittel der Allgemeinheit zur Verfügung stellen. Die Arbeiterausschüsse könnten in diesem Sinne sozialistische Vorposten sein[46].

5.2.2.4. Gesetzliche Maßnahmen des Staates

Überlegungen so unterschiedlicher Art werden natürlich auch durch die Zeitsituation provoziert. 1889 wird das Reich von einer Wirtschaftskrise geschüttelt und die Bergarbeiter streiken gegen die unnachgiebigen Arbeitgeber. Z. T. als Reaktion darauf wird im Jahr 1891 eine neue Gewerbeordnung als Arbeiterschutzgesetz eingeführt, die vorschreibt, daß die Arbeiter vor Inkrafttreten der Fabrikordnung zu hören sind und fakultative Arbeiterausschüsse z. B. bei Arbeitszeit, Art der Lohnzahlung, Kündigungsfrist und fristloser Entlassung, Benutzungsordnung von Sozialeinrichtungen und bei der Festlegung von Strafart und Strafmaß bei Disziplinarfällen mitzuwirken hätten[47].

Wie kaum anders zu erwarten, führt die Gewerbeordnung bei den Unternehmern zu heftigen Reaktionen. Sie begreifen, daß hier ein wichtiger Schritt in Richtung der gesetzlichen Beschränkung ihrer Herrschaftsrechte aus Eigentum an den Produktionsmitteln erfolgt ist. „Das war auch der tiefere Grund, weshalb der „Centralverband deutscher Industrieller" und die Schwerindustrie einen beinahe wütend zu nennenden Widerstand gegen dieses Gesetz leisteten, das doch — verglichen mit anderen sozialpolitischen Neuregelungen — äußerlich nur unscheinbare Eingriffe in das Betriebsleben brachte. Es ging den Gegnern auf der Unternehmerseite auch nicht um den weiteren Ausbau einer sozialen Betriebsform und auch nicht um eine gesetzlich besser geregelte Fürsorge für den arbeitenden Menschen — bei der gerade die Vertreter des patriarchalischen Herr-im-Hause-Standpunktes oft Vorbildliches leisteten —, sondern um die neue Situation, daß der Unternehmer vom Staat gezwungen werden konnte, sich in seinem Bereich mit den Arbeitern an einen Tisch zu setzen und mit ihnen über Einzelmaßnahmen zu diskutieren. Das industrielle Arbeitsverhältnis sollte nach Ansicht der Regierung nicht mehr alleine

---

[46] Zu den auf E. *Bernstein* zurückgehenden Vorstellungen vgl. *Teuteberg*, H. J. (231), S. 307 ff. Interessant ist anzumerken, daß in einem programmatischen Papier der Jungsozialisten von 1971 ganz ähnliche Formulierungen wieder auftauchen, ohne jedoch auch hier aus der eher romantischen Sprache in pragmatisch Vorstellbares übersetzt worden zu sein.

[47] Vgl. *Teuteberg*, H. J. (231), S. 382 ff.

durch individualistischen Eigentumsanspruch, sondern auch als öffentliche Angelegenheit ... geregelt werden[48]."

Und als dann 1905 im Gefolge des großen Bergarbeiterstreiks im Ruhrgebiet in Bergwerken mit mehr als hundert Beschäftigten die Arbeiterausschüsse obligatorisch werden, wird mit starken Worten ein düsteres Bild gezeichnet: „Sie (die Unternehmer, Anm. d. Verf.) haben das Ende des Bestimmungsrechtes in ihren eigenen Unternehmen, das Aufhören ihrer Autorität vor Augen ..." Jeder, der dazu in der Lage ist, würde sich fortan hüten, Kapital in deutschen gewerblichen Unternehmen anzulegen[49]. Auch dies wieder Argumente, die bis heute nicht verstummt sind, obwohl die Praxis bisher keine nennenswerten Beweise zu liefern vermochte.

5.2.2.5. Hinwendung der Gewerkschaften zur evolutionären Strategie

Bei den Arbeitern und ihren unmittelbaren Interessenvertretungen, den Gewerkschaften, ist die Haltung zu den Betriebsvertretungen zwiespältig. Da diese in der Praxis zumeist Instrumente der Unternehmer bleiben und wirkliche Interessenvertretung in ihren Augen unmöglich erscheint, entwickeln die Arbeiter selbst keine großen Aktivitäten in dieser Richtung und bleiben mißtrauisch. Eine pointierte Wertung der damaligen Zeit mag das unterstreichen:

Die Fabrikordnung „ist deutlich das Produkt der Fabrikleitung, zugeschnitten nach den allein maßgebenden Gesichtspunkten ihrer einseitigen Interessen. Sie ist eine Hausordnung, die der Eigentümer allein nach seinem Willen erläßt und der sich jeder zu fügen hat, solange er als Glied dem Haus angehört. Es gibt für die Arbeiter gegen solche Arbeitsordnungen keinen anderen wirksamen Protest, als den des Austritts aus dem Verbande, dem sie Gesetz ist. Ihr Dasein und ihre Gültigkeit bezeichnet in allen Fällen von Bedeutung die vollkommen schweigende Abhängigkeit der Arbeiter; sie ist der Ausdruck eines absolutistischen Systems, das gerade Gegenteil von wirtschaftlicher Freiheit, die doch das heute herrschende Gesetz im Wirtschaftsleben der Völker sein soll; sie ist eine neue und folgenschwere Ursache der Unselbständigkeit und der Unreife des Charakters der heutigen Fabrikarbeiter ...[50]."

Erst als sich sowohl die Freien Gewerkschaften, die Christlichen Gewerkschaften und auch der Bergarbeiterverband zum Revisionismus bekennen und Gewerkschaftsarbeit als Sozialarbeit auf dem Boden der gegebenen Gesellschaft begreifen, beginnt sich die Haltung der Arbeiter-

---

[48] *Teuteberg*, H. J. (231), S. 529.

[49] *Bueck*, H. A.: Der Ausstand der Bergarbeiter im Ruhrkohlenrevier. Berlin 1905. Zitiert nach *Schneider*, D. und *Kuda*, R. F. (218), S. 67.

[50] *Göhre*, P.: Drei Monate Fabrikarbeiter und Handwerksbursche. Leipzig 1891. Zitiert nach *Teuteberg*, H. J. (231), S. 379.

schaft zu ändern. Im Gegensatz zur Sozialdemokratie beziehen die Gewerkschaften etwa ab 1900 positiv zu den Arbeiterausschüssen, die sich z. T. nun außerhalb der Betriebe an den Gewerkschaften orientieren, vor allem als Träger der sich ausbreitenden Tarifpolitik, Stellung.

Ist aus dem Unternehmerlager zu hören, wenn „ein Fabrikunternehmen gedeihen soll, so muß es militärisch, nicht parlamentarisch organisiert sein ...[51], so äußert einer der einflußreichsten Gewerkschaftsführer:

„So sicher wie der Absolutismus der Konstitution, dem verfassungsmäßigen Staat, weichen mußte, wird der verfassungsmäßige Staat der Republik und der Demokratie weichen ... So sicher wie diese Entwicklung sich auf dem Gebiet der Staatsformen vollziehen, so sicher vollzieht sich der Entwicklungsgang mit dem Gebiet der Fabrikation. Der Absolutismus der Arbeitgeber muß weichen der konstitutionellen Fabrik; der früher absolutistische Arbeitgeber muß es sich gefallen lassen, neben sich eine Vertretung der Arbeiterschaft des Betriebes zu haben, die mitbestimmend zu wirken hat ... auch hier in Deutschland, wo der Absolutismus auf diesem Gebiet fast noch unbeschränkt herrscht, wird diese konstitutionelle Fabrik kommen, die selbstverständlich, der weiteren Entwicklung folgend, abgelöst werden wird von der demokratischen oder, sagen wir richtiger, sozialistischen Fabrikation[52].“

Auch wenn hier, ebenfalls z. T. bis heute gebräuchlich, in m. E. problematischer Form Demokratie und Sozialismus gleichgesetzt werden, ist insgesamt die Entwicklung scharf gesehen. Jedenfalls wandelt sich im Gefolge dieses Denkens der Charakter der Arbeiterausschüsse von patriarchalischen Integrationsgremien zu eigenständigen Interessenorganen; eine Entwicklung, die die Arbeitgeber im Zusammenhang mit der Diskussion über die Einführung von überbetrieblichen Arbeiterkammern propagandistisch als Anfang des wirtschaftlichen Untergangs in Deutschland werten.

5.2.2.6. Das formale Ende der einseitigen Fabrikherrschaft

Eine entscheidende Wende nimmt dann die ganze Diskussion um die Mitbestimmung mit dem Ausbruch des ersten Weltkrieges. Unter Apell an die nationalen Gefühle wird 1914 zwischen allen sozial widerstreitenden Kräften ein sogenannter Burgfrieden geschlossen, der das Ende aller staatlich-repressiven Politik gegen die Sozialdemokratie und die Gewerkschaften bedeutet. So werden 1915 für ganz Preußen obligatorische

[51] Freiherr v. *Stumm-Halberg* 1889. In: *Schraepler*, E.: Quellen zur Geschichte der sozialen Frage in Deutschland. Göttingen 1957, Bd. 2, S. 99. Zitiert nach *Schneider*, D. und *Kuda*, R. F. (218), S. 55.

[52] K. *Legien* 1898. In: Graf Posedowsky und die Koalitionsfreiheit vor dem Reichstag. Berlin 1898, S. 60 f. Zitiert nach *Schneider*, D. und *Kuda*, R. F. (218), S. 61. Vgl. *Teuteberg*, H. J. (231), S. 490 ff.

Arbeiterausschüsse verfügt, die auch Mitwirkung bei Lohn- und Gehaltsfragen eingeräumt bekommen.

Als dann einige Gewerkschaften offen die Mitbestimmung nur als Vorstufe für eine gesamte Sozialisierung ansehen, machen nun die Unternehmer mehr und mehr Zugeständnisse bei der betrieblichen Arbeitervertretung, jetzt, um die weitergehenden Sozialisierungsforderungen zu bremsen[53].

Das endgültige Ende der einseitigen Fabrikherrschaft und damit einer der bedeutendsten Demokratisierungsschritte der Wirtschaft auch im formalen Herrschaftssystem des Kapitalismus überhaupt wird jedoch in einem Gesetz fixiert, das aus der Notwendigkeit geboren wurde, alle nationalen Reserven für den Krieg zu mobilisieren und das auf den ersten Blick nicht im geringsten nach einem derart gravierenden Sozialgesetz aussieht: das „Vaterländische Hilfsdienstgesetz" von 1916.

In ihm wird zunächst Entdemokratisierung betrieben, indem die Aufhebung des freien Arbeitsvertrages und das Ende des Rechts auf Freizügigkeit in kriegswichtigen Betrieben verordnet wird. In Rüstungsbetrieben wird die freie Arbeitsplatzwahl aufgehoben und alle Siebzehnbis Sechzigjährigen zum Hilfsdienst verpflichtet.

Zum Ausgleich für die Arbeiterschaft jedoch wird im § 11 in allen Betrieben ab 50 Arbeitnehmern die Einführung von Arbeiterausschüssen und ab 50 Angestellten die Einführung von Angestelltenausschüssen verlangt[54].

Global wird damit das Herrschaftsrecht als solches, das sich aus dem privaten Eigentum an den Produktionsmitteln ableitet, erstmals für die Zukunft richtungsweisend und gravierend eingeschränkt.

5.2.2.7. Das Weimarer Verfassungskonzept einer demokratischen Gesellschaftsordnung

Mit dem Zusammenbruch des Kaiserreichs allerdings mit dem Ende des Krieges und damit der Aufhebung auch dieses Gesetzes steht nicht nur die sozialpolitische Situation neu zur Diskussion, sondern das Ordnungsgefüge der Gesellschaft schlechthin. Vor allem die sich auf die Arbeiterschaft stützen könnenden politischen Kräfte drängen nach vorn und versuchen, in einem revolutionären Akt mit der Vergangenheit zu brechen und einen von Grund auf neuen Anfang zu machen.

Aber es findet keine Revolution nach russischem Vorbild statt. Zu unterschiedlich sind die theoretischen Positionen, zu sehr ist auch bei vielen Sozialdemokraten die nationale Verbundenheit gewachsen, zu sehr

---

[53] Zur Diskussion der Mitbestimmung als Verhütung oder Vorbereitung von Sozialisierung vgl. *Bolte*, K. M.: Mitbestimmung (32), S. 262 ff.

[54] *Schneider*, D. und *Kuda*, R. F. (218), S. 96.

herrscht auch bei vielen der Arbeiter und ihren Führern eine bürgerliche Furcht vor Anarchismus und der Leninschen Diktatur, zu sehr ist schließlich bei einigen entscheidenden Männern, vorab der spätere Reichspräsident, die Verantwortung für den Staat und die Sehnsucht nach einer friedvollen, von der Mehrheit des Volkes getragenen demokratischen Zukunft verankert und entwickelt, als daß sich eine sachlich einheitliche und personell geschlossene Alternative zum bisherigen Regime hätte bilden können[55].

So geht die Erste Deutsche Republik mit einer schweren Hypothek aus enttäuschten Hoffnungen einerseits und nur mühsam und z. T. gar nicht beherrschter Revanchelüsternheit und sentimentaler, nostalgischer Sehnsucht nach vergangener obrigkeitlicher Größe andererseits in eine ungewisse Zukunft. Für unseren Zusammenhang hier wird besonders wichtig, daß nach dem Scheitern des Versuchs, das politische System nach dem Muster einer Räterepublik zu organisieren und der Etablierung einer Verfassung auf der Grundlage einer parlamentarisch-repräsentativen Demokratie, wodurch über eine umfassende, zunächst zwar nur formelle Demokratisierung des Staates, in Ansätzen auch eine demokratische Einbeziehung des ökonomischen Bereichs, einer der für unsere heutige Situation wichtigsten Demokratisierungsimpulse geschaffen wird, daß danach innerhalb der Arbeiterschaft, innerhalb vor allem der Sozialdemokratie und der Gewerkschaften erneut eine heftige Diskussion über die zukünftige Gestaltung der Wirtschaft einsetzt — eine Diskussion, die unter den Bedingungen zunehmender Erstarkung der kommunistischen Bewegung, kräftig an Boden gewinnender restaurativer Kräfte und einer labilen und z. T. durch externe Auflagen der ehemaligen Kriegsgegner erheblich behinderten Wirtschaftsentwicklung stattfindet.

Unter dem Oberbegriff Sozialisierung geht es dabei um die verschiedensten Möglichkeiten einer demokratischen Gestaltung der Wirtschaft, im Kern um ein Kooperations- oder ein Konfrontationsmodell, präziser vielleicht, da Industrieproduktion immer auf Grund ihres arbeitsteiligen Charakters kooperativ ist, um ein Modell partizipativer oder konfrontativer Kooperation[56] zwischen den ökonomischen Kräften und immer auch

[55] In einer faszinierenden Biographie des Bürgers und Sozialdemokraten Ebert vermag W. *Besson* (18) am Beispiel des Werdeganges eines Mannes die Chancen und Versäumnisse, die Hoffnungen und Ängste, die Größe und Kleinmütigkeit, die Anständigkeit und bornierte Verstocktheit, die Schwierigkeit der pragmatischen Vernunft zwischen radikalisierten Extremen, kurz, das ganze flimmernde Spektrum dieses deutschen Versuches einzufangen, eine Gesellschaft auf den Weg zu einer umfassenden demokratischen Ordnung zu bringen. Das Denken dieses Mannes, dessen Grundlage und Auswirkungen damals wie z. T. noch heute heftig umstritten waren und sind, wird vielleicht aus folgendem Zitat deutlich: „Aber nach Eberts Meinung konnte nur noch die SPD verhindern, daß aus dem Bankrott des kaiserlichen Deutschland der Ruin des deutschen Staates wurde. Das Volk und nicht der Kaiser rief um Hilfe." (S. 60 f.)

[56] Vgl. zu diesen Begriffen *Rich*, A. (205), S. 63 ff.

um eine Mitbewertung des politischen Modells einer repräsentativen Demokratie.

Die wesentlich hier auftretenden Positionen erhalten sich im Prinzip bis in die Jetztzeit, jedoch im Verlauf mit wechselnder Gewichtung. Es kann hier allerdings nicht der Ort sein, all diese Standpunkte zu referieren.

Die Quintessenz der Sozialisierungsdebatte läßt sich in etwa so zusammenfassen: „Zu ihrem erklärten Ziel wurde nicht die alleinige Verfügungsgewalt des Staates mit bürokratischer Produktionsleitung, nicht die einseitige Verfügungsgewalt der Arbeiter in den Betrieben ohne gesamtwirtschaftliche Koordination, sondern die gemeinschaftliche Verfügungsgewalt der großen gesellschaftlichen Kräfte in den Schaltzentralen der Wirtschaft[57].“ Es entstehen Theorien der „organisierten Sozialisierung“ bzw. des „kooperativen Sozialismus“.

Die gesetzlichen Grundlagen dafür werden in der Weimarer Verfassung gelegt. Im Artikel 156 wird die Möglichkeit von Sozialisierung und Planwirtschaft geschaffen. Vor allem aber im Artikel 165 wird erstmals verfassungsmäßig die „Gleichberechtigung von Arbeitnehmern und Unternehmern bei der Regelung der Arbeits- und Lohnverhältnisse sowie der gesamtwirtschaftlichen Entscheidungen“[58] durch die Vorschrift zur Einrichtung obligatorischer Räte auf Betriebs- und Bezirksebene sowie eines Reichsarbeitsrats fixiert.

Als dann 1920 das Betriebsrätegesetz verkündet wird, liegt zum erstenmal in Deutschland eine Betriebsverfassung vor, die gesetzlich das Mit- und Gegeneinander von Arbeitnehmern und Unternehmern im einzelnen regelt, wenn auch die Rechte der Arbeitnehmer sich im Vergleich zu heute noch recht mager ansehen[59]. Typisch erscheint vor allem, daß im Gegensatz zum heutigen Betriebsverfassungsgesetz die Hauptaufgabe des Betriebsrats war, „die Interessen der AN (Arbeitnehmer, Anm. d. Verf.) gegenüber dem AG (Arbeitgeber, Anm. d. Verf.) wahrzunehmen ... Heute wird dagegen die Gemeinsamkeit der Aufgaben besonders betont“[60].

---

[57] *Schneider,* D. und *Kuda,* R. F. (218), S. 96.

[58] *Fischer,* R. (80), S. 26.

[59] Zu den Rechten zählten: 1. Mitentscheidung in sozialen Angelegenheiten, 2. Einspruchs- und Beratungsrecht in personellen Angelegenheiten, 3. Beratungs- und Informationsrechte in wirtschaftlichen Angelegenheiten, wie z. B. ab 300 Arbeitnehmer Einsicht in Bilanz und Gewinn- und Verlustrechnung, 4. Entsendung von 1 oder 2 Vertretern in den Aufsichtsrat. Vgl. *Schneider,* D. und *Kuda,* R. F. (218), S. 144 f.

[60] *Fitting - Kraegeloh - Auffarth* (82), § 49, 1. Entsprechend vgl. *Fitting - Auffarth* (81), § 2, 2 und 11.

5.2.2.8. Das gewerkschaftliche Konzept einer Wirtschaftsdemokratie

Auf Grund der Handhabung in der Praxis und vieler nichterfüllter Forderungen war mit diesen Gesetzesbestimmungen die Diskussion jedoch nicht beendet. Diese führt vielmehr zur Erarbeitung eines ganzen Konzeptes der Wirtschaftsdemokratie, das 1928 in einer Schrift vorgelegt wird. Die m. E. entscheidende Einsicht, auch für die weitere Behandlung des Problems, ist darin zu sehen, daß sich allmählich herausstellt, „daß die Struktur des Kapitalismus selbst veränderlich ist, und daß der Kapitalismus, bevor er gebrochen ist, auch gebogen werden kann“[61].

Und expressis verbis wird eine ganz pragmatische Strategiethese vorgestellt, die von nicht zu unterschätzender Bedeutung für das Bemühen um Demokratisierung generell ist: „Es widerspricht nicht, es entspricht vielmehr vollkommen den Aufgaben des Kampfes um die Zukunft, wenn man soviel wie möglich von dieser Zukunft zur Wirklichkeit macht[62].“ Und: „Wirtschaftsdemokratie bedeutet also den Aufbau der politischen Demokratie durch die Demokratisierung der wirtschaftlichen Beziehungen.“ Damit wird die Grundlage für die spätere Bereitschaft der Gewerkschaften in der Bundesrepublik gelegt, sich bei der Ausgestaltung und Realisierung des Verfassungskonzeptes des Grundgesetzes von einer Demokratie kooperativ zu engagieren.

Die Vorstellungen im einzelnen jedoch weichen von den späteren Konzeptionen der Gewerkschaften z. T. erheblich ab. So wird gesagt: „Der Weg zur wirklichen Mitführung der Wirtschaft durch die Arbeitnehmer kann nicht über einzelne Betriebe, nicht über Betriebsräte führen, sondern die Mitwirkung der Arbeitnehmerschaft muß gerade dort eingeschaltet werden, wo sich marktbeherrschende, Produktion, Absatz und Preis regulierende Organisationen bilden[63].“ Man will „die Kontrolle der Monopole und Kartelle, die Gleichberechtigung der Arbeitnehmer in allen Bereichen der Wirtschaftspolitik und den Ausbau der paritätischen Selbstverwaltung“[64].

Aus heutiger Sicht erscheint dieser Ansatz jedoch als problematische Einseitigkeit: „Mit dem Plädoyer gegen die Betriebsdemokratie war die Konsequenz verbunden, die Objektstellung des einzelnen Arbeiters mindestens kurzfristig nicht anzutasten[65].“

Vor allem aber bleibt die Frage offen, wie man sich denn im einzelnen eine solche Einschaltung in den ökonomischen Austauschprozeß vorzustellen hat. Denn Planwirtschaftssysteme mit ihren spezifischen Eigen-

[61] *Naphtali*, F. (182), S. 19.
[62] *Naphtali*, F. (182), S. 20 und 21.
[63] *Naphtali*, F. (182), S. 40.
[64] *Fischer*, R. (80), S. 28.
[65] *Schneider*, D. und *Kuda*, R. F. (218), S. 165.

schwächen[66] haben in der Praxis nicht eben zu tatsächlichen Verbesserungen von Lenkungsprozessen und damit zu faktischen Demokratisierungen geführt. Zudem ist das Marktwirtschaftssystem als solches nicht unmittelbar herrschaftlich geordnet, so daß eine Beteiligung der Arbeitnehmer erstens keine direkten Herrschaftsinstanzen vorfindet, an denen man sich beteiligen kann, und zweitens nicht unmittelbar einsichtig ist, woher denn und welche Kriterien die Arbeitnehmer nehmen wollen, den Prozeß effektiver zu gestalten.

Die Frage ist also, ob das Problem der volkswirtschaftlichen Lenkung überhaupt aus der Perspektive Arbeit — Kapital zureichend erfaßt werden kann. Gerade die heutige Erfahrung mit der Mitbestimmung im Aufsichtsrat von Unternehmen, auch der paritätischen im Montanbereich, läßt z. B. die Frage zu, ob denn Arbeitnehmer im Falle von Maßnahmen, die der Stärkung der Marktstellung ihres Unternehmens dienen, in ihrer Rolle als Produzent nicht darauf gerichteten Entscheidungen eher zustimmen, um ihre Arbeitnehmerinteressen nach sicheren und gut bezahlten Arbeitsplätzen dann besser realisieren zu können, als daß sie aus Gründen doch wohl des allgemeineren Konsumenteninteresses auf z. B. wettbewerbsbeschränkende Fusionspläne verzichten würden.

Hier wird erneut deutlich, daß sich Demokratisierung als allseitige Verbesserung der Interessenqualität von Entscheidungen nicht einfach auf das Rollenpaar Arbeitnehmer — Unternehmer oder gar Kapitalist reduzieren läßt, da einerseits zwischen diesen Rollen sehr wohl gemeinsame Interessen bestehen können (wenn nicht, wäre m. E. die ganze Mitbestimmung nach dem Betriebsverfassungsgesetz, besonders hinsichtlich ihrer Grundlage des § 2 der Zusammenarbeit zum Wohle der Belegschaft und des Betriebes, eine Fiktion), wie andererseits das vereinigte Interesse beider sich auch gegen Dritte richten kann und daher deren Interesse im Entscheidungsprozeß ebenfalls zu berücksichtigen ist[67].

Insgesamt ist die Diskussion in den zwanziger Jahren noch stark vom Denken in Klassenkategorien bestimmt und offenbart eine gebrochene Beziehung auch zum Wert der parlamentarischen Demokratie als primärem Ordnungskonzept des politischen Systems. Da zudem weiterhin große Teile des Bürgertums restaurativen, z. T. reaktionären politischen Bestrebungen nachhängen, die Sozialdemokratie in sich uneins ist, und auf Grund des Unvermögens der Regierungen, mit den politischen und öko-

[66] Zu einem kurzen Vergleich der typischen Vor- und Nachteile markt- und planwirtschaftlicher Systeme vgl. *Boettcher*, E. (29), S. 6 ff.

[67] Dieser rollenbezogene interessenplurale Charakter ökonomischer, speziell unternehmerischer Entscheidungsprozesse ist die Grundlage für ein darauf aufbauendes Modell der Unternehmensverfassung, daß E. *Boettcher* u. a. (30) vorgestellt haben und über das, möglicherweise weil es für die „sonstigen" Interessen der „Öffentlichkeit" keine organisierten Interessenverbände gibt, die Mitbestimmungsdiskussion m. E. viel zu schnell zur Tagesordnung übergegangen ist.

nomischen Schwierigkeiten fertigzuwerden, die extremistischen Gruppen vor allem der Kommunisten und Nationalsozialisten an Boden gewinnen, produziert das politische System als ganzes disfunktionale Herrschaftswirkungen in einem derartigen Ausmaß, daß die Übernahme der Macht durch die Nationalsozialisten zugleich auch ein Votum gegen das demokratische Prinzip als solches enthält[68].

Demzufolge finden die Diskussion um als auch die bisherigen Institutionen der Mitbestimmung mit dem Ende der Weimarer Republik zunächst ein abruptes Ende. Nach mehreren Gesetzen, die die bisherigen Bestimmungen außer Kraft setzen, wird Anfang 1943 mit dem „Gesetz zur Ordnung der nationalen Arbeit" eine neue Arbeitsverfassung auf der Grundlage des Führer-Gefolgschafts-Verhältnisses eingeführt, die bis zum Zusammenbruch 1945 im wirtschaftlichen Bereich ebenso wie im politischen einen Stillstand im theoretischen Prozeß der Demokratisierung bedeutet und darüber hinaus tatsächliche Entdemokratisierungen großen Umfangs beinhaltet.

5.2.3. Der Weg zu den Mitbestimmungsgesetzen der Bundesrepublik Deutschland

Das ehemalige Deutsche Reich wird nach der Niederlage im Zweiten Weltkrieg zunächst in vier Besatzungszonen aufgeteilt, deren drei westliche (amerikanische, englische und französische) später zur Bundesrepublik Deutschland zusammengeführt werden. Die Geschichte der Mitbestimmung wird hier nur für diesen Bereich weiterverfolgt.

5.2.3.1. Impulse für eine Neuordnung der deutschen Wirtschaft

Aus der allgemeinen Agonie, die dem Ende des Krieges und dem Zusammenbruch des nationalsozialistischen Regimes folgte, erhoben sich schon bald wieder politische Regungen, die nach einer Neuordnung Deutschlands suchten. Konstitutionelle Versuche fanden zunächst auf der Ebene der einzelnen Länder statt, wurden allerdings erheblich durch die politischen Absichten der Siegermächte behindert. Zu solchen Behinderungen zählten u. a. auch die Anullierungen der auf eine radikale Ver-

[68] Zu den Vorgängen in der Weimarer Republik und besonders zu den Folgen, die eine innere Ablehnung der Demokratie durch wichtige Gruppen der Gesellschaft haben muß vgl. *Tormin*, W. (Hrsg.) (233). Und *Schwarz*, A. (223). Zu einer Analyse und begrifflichen Klärung totalitärer Herrschaft vgl. *Nachtwey*, H.-J. (181). Siehe hier auch das Schwelgen in einer neuerlichen, totalen Identifikation der Gesellschaft mit dem Staat durch namhafte Staatsrechtler wie z. B. E. *Forsthoff* (S. 6) — ein Denken, das vor allem in konservativen Kreisen mit dem Festhalten am Prinzip der „Priorität des Staates" in der aktuellen Demokratisierungsdiskussion immer wieder aufleuchtet, obwohl gerade diese Gruppen andererseits so sehr auf das Individualprinzip im ökonomischen Bereich pochen und damit eine längst überholte Trennung von Gesellschaft und Staat wieder beschwören. Vgl. zu diesem Aspekt *Alemann*, U. v. (4).

änderung der Wirtschaftsstruktur gerichteten, durch Volksabstimmungen z. B. in Hessen, Bayern, Schleswig-Holstein, Groß-Berlin und Nordrhein-Westfalen zustande gekommenen Sozialisierungsbeschlüsse[69].

Um die industrielle Macht Deutschlands hinfort kleinzuhalten, planen die alliierten Sieger zunächst Demontage und Entflechtung der Industrieimperien. Aus Angst vor den Konsequenzen dieser Pläne und auf der Suche nach Verbündeten im Abwehrkampf kommt es zu einem der spektakulärsten Schritte in der Mitbestimmungsgeschichte überhaupt: von Arbeitgeberseite wird den Gewerkschaften Anfang 1947 das sensationelle Angebot unterbreitet, gemeinsam in den Aufsichtsräten ihrer Gesellschaften, ausgehend vom Prinzip der Gleichstellung von Kapital und Arbeit, die Geschicke der Unternehmen zu bestimmen und eine den Zeitverhältnissen entsprechende Neuordnung der Wirtschaft einzuleiten. Ein Vorschlag geht soweit zu sagen: „Der Aufsichtsrat der Klöckner-Werke wird nach dem Grundsatz der Gleichstellung von Kapital und Arbeit umgebildet. Die Vertreter der Arbeitnehmer sollen hierbei, zusammen mit der öffentlichen Hand, die Mehrheit der Sitze erhalten[70].“ Auf Einwirken vor allem der Engländer werden dann, als es zu den ersten Entflechtungen kommt, die Aufsichtsräte der Unternehmen im Montanbereich paritätisch besetzt und den Vorständen ein Arbeitsdirektor zugeschlagen.

Ein solches Vorgehen deckt sich durchaus mit einer weitverbreiteten politischen Einschätzung des ökonomischen Bereichs. Zu dieser Zeit sind sich noch nahezu alle Parteien und auch die Kirchen einig, daß es zu einer Neuordnung der deutschen Wirtschaft von Grund auf kommen müsse, weil, wie es im Ahlener Programm der CDU von 1947 heißt, „das kapitalistische System den staatlichen und sozialen Lebensinteressen des deutschen Volkes nicht gerecht geworden sei“[71].

[69] Vgl. *Schneider*, D. - *Kuda*, R. F. (218), S. 181. Zur Gesamtsituation vgl. S. 179 ff.

[70] Aufsichtsratsvorsitzender *Jarres* in einem Brief vom 18. Januar 1947. Zitiert nach *Schneider* - *Kuda* (218), S. 184.

[71] Bundesgeschäftsstelle der CDU (Hrsg.) (44). Nicht mehr „das kapitalistische Gewinn- und Machtstreben“ dürfte im Vordergrund stehen; eine „gemeinwirtschaftliche Ordnung“ soll dem Aufbau des Volkes und dem „inneren und äußeren Frieden“ dienen, in deren Mittelpunkt „Recht und Würde des Menschen“ stehen müsse. Um die „Zusammenballung wirtschaftlicher Kräfte in der Hand von Einzelpersonen, von Gesellschaften, privaten oder öffentlichen Organisationen“ zu verhindern, werden die Vergesellschaftung der Bergwerke, Entflechtung von Konzernen, Kartellgesetze, gesetzliche Begrenzung des in einer Hand vereinigten privaten Aktienkapitals, Vergesellschaftung der eisenschaffenden Großindustrie, Ausbau des Genossenschaftswesens, gesetzliche Kontrolle des Geld-, Bank- und Versicherungswesens und ein Mitbestimmungsrecht und eine Ertragsbeteiligung der Arbeitnehmer gefordert. Die „Zeit der unumschränkten Herrschaft des privaten Kapitalismus“ sei vorbei, allerdings sei dieser nicht durch einen noch schädlicheren „Staatskapitalismus“ zu ersetzen, sondern unternehmerischer Initiative im Rahmen geeigneter Kontrollen genügend Spielraum einzuräumen. — Ein Bewußtseinsstand, der später bei vielen Parteianhängern leider allzu schnell, wie ich meine, in Vergessenheit gerät.

Die Einschätzung der demokratischen Kraft der Unternehmer durch die Gewerkschaften ist jedoch äußerst skeptisch und klingt aus dem Munde des Vorsitzenden des Deutschen Gewerkschaftsbundes so: „Wir leben ... im zwanzigsten Jahrhundert, in einer Zeit geradezu unerhörten Geschehens. Dieses unerhörte Geschehen hat bei uns im Lande einen Menschen reifen lassen, der es einfach nicht mehr verträgt, dauernd und ausschließlich Objekt des Tuns und Trachtens anderer zu sein. Kommt hinzu, daß gerade dieses unerhörte Geschehen zweier Weltkriege, und das was sich daran anschloß, uns sehr viele, wenn nicht alle deutschen Wirtschaftsführer in einem sehr schlechten Licht gezeigt hat. Das ist keine Führung, weder eine politische noch eine wirtschaftliche Führung, die das eigene Volk und die ganze Welt im Zeitraum einer Generation in zwei so entsetzliche Verhängnisse führte. (...) weil wir, genau so wie im Großen und Größten, so auch im Kleinen und Kleinsten, unsere Unternehmer immer als kurzsichtig und engstirnig erkannt haben, und vor allem deswegen, weil wir ein drittes Mal solches Unglück vermeiden wollen, darum unser Wille, mitzubestimmen in der Wirtschaft[72]."

Neben der hier geäußerten Meinung über die bisherige Rolle der Unternehmer ist vor allem interessant, wie eng die Beziehung zwischen ökonomischer und politischer Macht gesehen, wie eindeutig ein Verschulden an den vergangenen Ereignissen besonders der beiden Weltkriege einer als eins angenommenen ökonomischen und politischen Führung zugemessen, wie, indirekt, gering die Potenz einer politischen Führung im Verhältnis zur Macht der Unternehmer gewertet und welche überragende Hoffnung hinsichtlich der Beeinflussung gesellschaftlicher Führung insgesamt daher der Mitbestimmung in der Wirtschaft eingeräumt wird.

5.2.3.2. Kampf der Arbeitnehmer und der Arbeitgeber um die Mitbestimmung

Die historische Entwicklung verläuft jedoch zunächst zumindest z. T. entgegen den Erwartungen der Gewerkschaften. Als sich auf Grund der verschärfenden ideologischen und machtbezogenen Gegensätze mit der Sowjetunion die Dimensionen des Denkens der westlichen Besatzungsmächte ausweiten und die Perspektiven sich in Richtung des Aufbaus eines integrierten westlichen Wirtschafts- und Militärbündnisses verschieben, findet das seinen Niederschlag in der Abkehr von ursprünglichen Entflechtungs- und Demontagevorhaben und in der Einbeziehung der westlichen Besatzungszonen in Form einer politischen Einheit im Rahmen des Marschallplans durch umfangreiche Kredithilfen des Europäischen Wiederaufbauprogramms (ERP). Das hat bei den Unterneh-

---

[72] *Böckler*, H.: In: Protokoll der Sitzung des Bundesvorstandes und Beirates (des Deutschen Gewerkschaftsbundes in der britischen Besatzungszone) vom 13. November 1947, Anlage 3, S. 2. Zitiert nach *Schneider - Kuda* (218), S. 185.

mensleitungen zur Folge, daß sie angesichts der Abwendung der unmittelbaren Bestandsgefährdungen ihrer Unternehmen und in der Hoffnung neu sich eröffnender ökonomischer Chancen ihre Mitbestimmungsambitionen schnell abbauen und von einer zuvor für nötig befundenen Gleichstellung von Kapital und Arbeit nichts mehr wissen wollen. Die Gewerkschaften sehen daher, und weil entsprechende Rechtsnormen bisher fehlen, den Bestand und die Ausdehnung von Mitbestimmungspositionen gefährdet, als die Regelung der Angelegenheiten der ursprünglich von der Entflechtung betroffenen Unternehmen unter deutsches Recht gestellt wird[73].

Die Gewerkschaften legen daher 1950 einen Gesetzesvorschlag vor, in dem sie, unterstützt durch die SPD, für alle Großunternehmen ab 300 Beschäftigten und einem Eigenkapital von 3 Millionen DM eine paritätische Besetzung der Aufsichtsorgane, unabhängig von der Rechtsform der Unternehmen, fordern[74].

Arbeitgeber und die von der CDU/CSU getragene Regierung kontern mit einem Gegenvorschlag, der nur eine Drittelbeteiligung der Arbeitnehmer in den Aufsichtsräten von Unternehmen vorsieht, die eine entsprechende Rechtsform haben.

Daraufhin kommt es zu gewerkschaftlichen Urabstimmungen[75] und einer entsprechenden Streikdrohung für die Mitbestimmung. Diese Aktionen führen schließlich zum ersten Mitbestimmungsgesetz der Bundesrepublik, dem 1951 verabschiedeten „Gesetz über die Mitbestimmung der Arbeitnehmer in den Aufsichtsräten und Vorständen der Unternehmen des Bergbaus und der Eisen- und Stahl erzeugenden Industrie". Nur für die Unternehmen der Montanindustrie werden danach paritätische Besetzung der Aufsichtsräte und die Bestellung von Arbeitsdirektoren für die Vorstände obligatorisch. 1956 werden diese Bestimmungen auch auf die Konzerngesellschaften ausgedehnt, sofern mehr als 50 % von den Umsätzen aus dem Montanbereich stammen.

Für alle übrigen Unternehmen ab 5 Arbeitnehmern wird mit seiner Verabschiedung 1952 das „Betriebsverfassungsgesetz" verbindlich, das in den Aufsichtsräten eine Drittelparität der Arbeitnehmer und ansonsten eine breitgefächerte institutionelle Mitwirkung vor allem durch Betriebsräte in personellen, sozialen und wirtschaftlichen Angelegenheiten vorsieht.

Da dessen Bestimmungen den Gewerkschaften und auch der SPD nicht weit genug gehen, stimmen sie im Parlament dagegen und bemühen sich

[73] Gesetz Nr. 27 der Hohen Kommission vom 16. Mai 1950. Vgl. *Schneider - Kuda* (218), S. 191.

[74] *Schneider - Kuda* (218), S. 191.

[75] Für einen Streik sprechen sich bei der IG Metall 95,9 % und bei der IG Bergbau 92,8 % der Organisierten aus. Angaben nach *Schneider - Kuda* (218), S. 196 und S. 200.

um eine Änderung dieses Gesetzes, was schließlich 1972 dann zur Verabschiedung eines neuen Betriebsverfassungsgesetzes führt[76]. Ausgespart bleibt bei dieser Neuregelung zunächst die Festlegung erweiterter Vorschriften für eine Beteiligung der Arbeitnehmer in den Aufsichtsräten besonders der Großunternehmen.

Begleitet wird das Ringen um konkrete rechtliche Bestimmungen zur Mitbestimmung von Anfang an von Auseinandersetzungen um die Bedeutung dieses Phänomens für das demokratische Ordnungssystem der Bundesrepublik. Speziell geht es dabei um die Möglichkeit und Notwendigkeit einer Demokratisierung der Wirtschaft überhaupt.

Um den Stellenwert und die Zulässigkeit einer Demokratisierung der Wirtschaft einordnen und entsprechend gewichten zu können, soll daher zunächst eine knappe Darstellung des bundesrepublikanischen Ordnungskonzepts selbst folgen und der besondere Rang der Mitbestimmung innerhalb der Demokratiserungsbemühungen diskutiert werden. Anschließend wird gezeigt, daß eben nicht erst das Problem der Demokratisierung virulent und in der Bundesrepublik darüber diskutiert wird, seit die Regierung einen heftig umstrittenen Gesetzentwurf zur paritätischen Mitbestimmung in den Großunternehmen vorgelegt hat[77], sondern daß, wie gesagt, von Beginn an solche Auseinandersetzungen stattfinden, sich allerdings auch, im Gefolge der sich, wie ich meine, tatsächlich vollziehenden Demokratisierungen, charakteristische Argumentationsverschiebungen ergeben haben.

---

[76] Dessen Bestimmungen im einzelnen zu nennen, muß hier unterbleiben. Zu Text und ausführlichem Kommentar vgl. *Fitting*, K. - *Auffarth*, F. - *Kaiser*, H. (81). Zu einer kurzen Information über die wichtigsten neuen Regelungen vgl. *Block*, J. (23).

[77] Regierungsentwurf (203).

6. Demokratisierung und Mitbestimmung im Rahmen des Verfassungskonzepts der Bundesrepublik Deutschland

6.1. Existenz zweier deutscher Gesellschaftssysteme und die Konkurrenz demokratischer Ansprüche

Als nach Kriegsende der Versuch mißlingt, für das ganze Deutschland eine gemeinsame politische und wirtschaftliche Ordnung zu schaffen, entwickeln sich, wie gesagt, in Deutschland zwei politische und ökonomische Systeme völlig unterschiedlicher Art.

Das Neben- und z. T. Gegeneinander zweier deutscher Staaten und der sie kennzeichnenden Ordnungskonzepte und Ordnungsrealitäten ist seitdem und wird auch vermutlich in absehbarer Zukunft nicht nur ein Ausdruck beliebiger Möglichkeiten sein, Gesellschaften unter industriellen Bedingungen unterschiedlich zu organisieren.

Den verschiedenen Systemen, obwohl beide formal mit dem Anspruch, demokratische Gesellschaften sein zu wollen, auftretend, liegen zugleich insgesamt und im Detail ganz unterschiedliche Wertorientierungen und methodische Vorstellungen der praktischen Organisation zu Grunde[1]. Insofern beinhaltet die allgemeine Konkurrenz der Systeme immer auch eine Konkurrenz der ihnen jeweils eigenen Wertentscheidungen und auf diesem Hintergrund eine Auseinandersetzung über den konkret erreichten bzw. erreichbaren Stand realer Freiheit der Gesellschaftsmitglieder.

Von daher ergibt sich bereits vorab ein spezifischer Hinweis auf das Demokratisierungsproblem, wie ich meine.

Welche Freiheiten angestrebt werden sollen und wie sie prinzipiell zu erreichen und zu sichern sind, ergibt sich aus dem jeweils gesetzten Verfassungsrahmen. Die Umsetzung einer solch allgemeinen gesellschaftlichen Zielvorgabe erfolgt dann über umfangreiche und detaillierte Entscheidungs- und durch diese bestimmte Durchführungsprozesse.

---

[1] Es wird im folgenden darauf verzichtet, näher auf die Situation der DDR einzugehen. Obwohl durch Verfassungsänderungen im Detail inzwischen ergänzungsbedürftig, vgl. zum Systemvergleich die umfangreiche Dokumentation der Bundesregierung: Bundesminister für innerdeutsche Beziehungen (Hrsg.) (47).

Faßt man daher Demokratie, wie oben bereits mehrfach angedeutet, nicht als Zustand, sondern als Prozeß der Durchsetzung von Freiheit auf[2], dann wird deutlich, daß — neben möglicherweise außerordentlichen Divergenzen in den verfassungsmäßigen Wertauffassungen — immer auch Ordnungskonzept und tatsächliche Ordnung einer Gesellschaft nicht nur voneinander abweichen können, sondern praktisch in der Regel z. T. erhebliche tatsächliche Differenzen aufweisen[3]. Und dann ergibt sich als Konsequenz, daß man davon ausgehen kann, daß es vor allem die Qualität der faktischen gesellschaftlichen Entscheidungsprozesse ist, die den jeweils substantiell-qualitativen Grad realisierter Demokratie bzw. die Diskrepanz zwischen Erstrebtem und Erreichtem sowohl bestimmt als auch repräsentiert.

Der Erfolg des Bemühens um eine möglichst weitgehende Umsetzung des demokratischen Konzepts in tatsächliche Demokratie und d. h. faktische Entfaltungsfreiheit möglichst aller Gesellschaftsmitglieder ist dann neben den fixierten Verfassungsschranken bzw. Verfassungschancen davon abhängig, wieweit es gelingt, eine kontinuierliche Verbesserung der Qualität gesellschaftlicher Entscheidungen zu erreichen[4]. Das Bemühen wiederum um solche Verbesserungen wurde oben als Bemühen um Demokratisierung und die tatsächlich erreichte Verbesserung im Sinne der allseitigen Berücksichtigung von Interessen, der produktiven und normativen funktionalen Erwartungen also der Gesellschaft bzw. ihrer Mitglieder, als Akt von faktischer Demokratisierung definiert.

Offene Auseinandersetzungen um die Konkretisierung weiterer Demokratisierungsschritte und der tatsächlich sich vollziehende Prozeß der Demokratisierung erscheinen somit zugleich als Voraussetzung und als Ausdruck der Fähigkeit eines gegebenen gesellschaftlichen Ordnungssystems (sowohl verfassungsmäßiges Ordnungskonzept als auch die faktische Organisation umfassend), qualitative Demokratie im historischen Vollzug zu praktizieren. Daher erhält gerade auch unter dem Aspekt der unmittelbaren Konkurrenz unterschiedlicher und sich gegeneinander abgrenzender gesellschaftlicher Systeme um die jeweilige Glaubwüridgkeit ihres demokratischen Anspruchs der evolutionär-reformerische Demokratisierungsprozeß im Rahmen der Realisierungsversuche des grundgesetzlich-demokratischen Ideals einen strategischen Wert und wird m. E. zum unverzichtbaren Bestandteil lebendiger Demokratie überhaupt.

---

[2] Ähnlich der damalige Fraktionsvorsitzende der SPD, H. *Schmidt* vor dem Bundestag anläßlich der Begründung der Mitbestimmungsgesetzentwürfe der SPD, wenn er von Demokratie als „Prozeß der Entfaltung des Fortschritts" spricht. Zitiert nach *Fischer*, R. (80), S. 56.

[3] Vgl. *Lange*, M. G. (142), S. 7. Zur inhaltlichen Konkretisierung festgestellter Abweichungen vgl. *Bolte*, K. M. (31), besonders S. 71 ff.

[4] Über die mögliche Rolle der Wissenschaft in diesem Zusammenhang vgl. *Bolte*, K. M.: Soziologie und Gesellschaft. In: *Bolte*, K. M. (32), S. 50.

6.2. Das Demokratiekonzept des Grundgesetzes

Über diese allgemeinen Gedanken jedoch hinaus ist zu zeigen, daß m. E. auch unabhängig von der Systemkonkurrenz die Verfassungsordnung der Bundesrepublik nicht nur eine Demokratisierung auch der Wirtschaft im oben definierten Sinne zuläßt, sondern sie aus ihrem umfassenden Anspruch als Gesellschaftsverfassung sogar erfordert. Dieses Ordnungskonzept stellt sich m. E. schwergewichtig wie folgt dar:

6.2.1. Das Grundgesetz als Gesellschaftsverfassung

Im Rahmen des Grundgesetzes als der Verfassung und damit des grundlegenden Organisationsstatuts der gesellschaftlichen Ordnung der Bundesrepublik wird als Leitbild staatlichen und gesellschaftlichen Handelns das demokratische Menschenbild umrissen[5]. Dieses Bild geht aus von der unantastbaren Würde des Menschen (Art. 1)und dem Recht auf freie Entfaltung der Persönlichkeit (Art. 2); gesellschaftliche Rechte und Pflichten treffen prinzipiell auf jedes Gesellschaftsmitglied nach dem Gleichheitsgrundsatz (Art. 3) zu.

Daraus geht hervor, daß das Grundgesetz von einer prinzipiellen Gleichrangigkeit der Interessen der Gesellschaftsmitglieder ausgeht. Jeder soll das Recht haben, seine Interessen in Form von freier Meinungsäußerung (Art. 5) kundzutun. Ein Abwägen der Interessen geschieht im komplizierten Prozeß öffentlicher Meinungsbildung „durch Wahlen und Abstimmungen und durch besondere Organe der Gesetzgebung, der vollziehenden Gewalt und der Rechtsprechung" (Art. 20). Interessenkoalitionen genereller (Art. 9) und politischer (Art. 21) Art sind zulässig.

Eine verbindliche Auslegung der Wertenscheidung des Grundgesetzes, die zugleich die gesellschaftsumgreifende Dimension ihrer Gültigkeit dokumentiert und den Charakter des Grundgesetzes als einer Gesellschaftsverfassung und eben nicht nur als einer Staatsverfassung verdeutlicht, geht aus einem Urteil des Bundesverfassungsgerichts von 1965 zum Verbot der KPD hervor:

„In der freiheitlichen Demokratie ist die Würde des Menschen der oberste Wert. Sie ist unantastbar, vom Staat zu achten und zu schützen. Der Mensch ist danach eine mit der Fähigkeit zu eigenverantwortlicher Lebensgestaltung begabte ‚Persönlichkeit'. Sein Verhalten und sein Denken können daher durch seine Klassenlage nicht eindeutig determiniert sein. Er wird vielmehr als fähig angesehen, und es wird ihm demgemäß abgefordert, seine Interessen und Ideen mit denen der anderen auszu-

---

[5] Vgl. u. a. *Bolte*, K. M.: Soziologie und Gesellschaft (32), S. 48. Auch: *Leibholz*, G. - *Rinck*, H. J. (145), S. 2 f. Auch: *Wertenbruch*, W. (245), S. 218.

gleichen. Um seiner Würde willen muß ihm eine möglichst weitgehende Entfaltung seiner Persönlichkeit gesichert werden. Für den politisch sozialen Bereich bedeutet das, daß es nicht genügt, wenn eine Obrigkeit sich bemüht, noch so gut für das Wohl vom ‚Untertanen' zu sorgen; der einzelne soll vielmehr in möglichst weitem Umfange verantwortlich auch an den Entscheidungen für die Gesamtheit mitzuwirken ...

Da Menschenwürde und Freiheit jedem Menschen zukommen, die Menschen insoweit gleich sind, ist das Prinzip der Gleichbehandlung aller für die freiheitliche Demokratie ein selbstverständliches Postulat[6]."

Dieses „demokratische Menschenbild" läßt sich auch als „Leitbild des mündigen Menschen" umschreiben. Danach soll der Mensch „einerseits autonomes Individuum, andererseits verantwortungsbewußter Staatsbürger sein. Er gilt in einer demokratischen Gesellschaft als ein primär sich selbst verantwortliches Wesen. Sein eigenverantwortlicher Wille darf nur insoweit fremder Herrschaft und fremder Macht unterworfen sein, wie das zur Erfüllung der jeweiligen Funktionen unerläßlich ist. Was Menschen freiwillig und selbstverantwortlich tun können und wollen, soll ihnen nicht befohlen werden ... Der Mensch ist soweit wie möglich an der Herrschaft zu beteiligen, der er sich unterwerfen soll. Er muß die Chancen haben, sie in dem Ausmaß zu kontrollieren, als er ihr selbst unterworfen ist[7]."

Diese Freiheitsräume in möglichst großem Umfang zu eröffnen und gleichzeitig die Menschen fähig zu machen, die Freiheiten auch nutzen zu können[8], ist m. E. der Kern der Bemühungen um Demokratisierung. Diese Bemühungen sind Ausdruck eben jener Einsicht, daß Demokratie weniger etwas Fertiges, weniger etwas Erreichtes denn Erstrebtes und Erhofftes, aber in Annäherung auch Erreichbares ist.

6.2.2. Diskrepanz zwischen Verfassungsmöglichkeit und Ordnungsrealität

Aus der Erkenntnis nun, daß de jure zugeschriebene Freiheitsräume de facto nicht ausgefüllt werden bzw. nicht ausgefüllt werden können, weil sie nicht erkannt oder weil wesentliche gesellschaftliche Realbedingungen ein Ausfüllen verhindern, erwächst einerseits die Notwendigkeit, die gesellschaftliche Entwicklung ständig mit einer auf derartige Diskrepanzen gerichteten kritischen Analyse zu begleiten, deren Quintessenz m. E. zutreffend erfaßt ist, wenn formuliert wird: „Damit lassen sich als Gefährdungen oder Unterhöhlungen der Feiheitsgrade solche Tendenzen her-

[6] Zitiert nach *Ellwein*, T. (68), S. 32 f.
[7] *Apel*, G. (7), S. 70.
[8] Vgl. *Bulla*, E. (43), S. 239, Fußnote 104.

ausstellen, die bei den gegebenen wirtschaftlichen und politischen Bedingungen als eindeutig unnötige Verhaltensfixierungen nachzuweisen sind, die man als die Selbstbestimmung des einzelnen untergrabende Impulse identifizieren kann und die als Verhaltenszumutungen entlarvt werden können, die zwar im Namen des Gemeinwohls gefordert werden, letztlich aber nur dem Interesse bestimmter Teilgruppen dienen[9]."

Aus einer solchen Erkenntnis ergibt sich dann aber auch andererseits die Notwendigkeit, solche freiheitsuntergrabenden Impulse möglichst abzubauen bzw. die Voraussetzungen dafür zu schaffen, sie möglichst gar nicht erst entstehen zu lassen. Präzise darauf sind die Bemühungen um die Demokratisierung der Gesellschaft gerichtet, die ihre verfassungsmäßige Begründung im neben dem Rechtsstaatsprinzip verankerten Sozialstaatsprinzip des Art. 20 GG findet und das sich in etwa folgendermaßen umschreiben läßt:

„Das Prinzip der Sozialstaatlichkeit soll wohl besagen, daß der Staat nach den Grundsätzen der sozialen Gerechtigkeit aufgebaut sein soll oder daß das Recht eine soziale Tendenz haben soll ... Soziale Gerechtigkeit ist jenes Verteilungsprinzip, das jeder Schicht oder Gruppe in der Bevölkerung die ihr zukommenden Rechte einräumt, insbesondere die der wirtschaftlichen und kulturellen Lebensfähigkeit auf einem angemessenen Niveau (Standard). Sozial ist danach ein allgemeines Programm für den Gesetzgeber, das in Zusammenhang gestellt werden muß mit der Koalitionsfreiheit (Art. 9), mit dem Ausschluß des Arbeitszwanges (Art. 13), mit der Pflichtigkeit des Eigentums (Art. 14) und mit der Vergesellschaftung von Grund und Boden, Naturschätzen und Produktionsmitteln (Art. 15), das aber über alle diese Einzelforderungen noch hinausgeht, wohl auch ein (nicht detailliertes) Bekenntnis zum betrieblichen Mitbestimmungsrecht ablegt, obschon dieses an keiner Stelle des GG ausdrücklich genannt ist. Ein sozialer Staat ist hiernach ein Staat, der die wirtschaftliche oder kulturelle Unterdrückung oder schwere Benachteiligung einer Schicht oder Gruppe ablehnt, bekämpft und zu beheben sucht[10]."

In einer Kurzfassung läßt sich ein solcher Begriff von Demokratie folgendermaßen auf einen Nenner bringen: „Es wird davon ausgegangen, daß Demokratie durch Eigenverantwortlichkeit und Selbstbestimmung des einzelnen, praktiziert innerhalb einer rechts- und sozialstaatlich organisierten Gesellschaft, gekennzeichnet ist[11]."

---

[9] *Bolte*, K. M.: Freiheit in der Gesellschaft (32), S. 147.

[10] *Mauntz*, T. (168), S. 68 f.

[11] *Holzer*, H. (115), S. 211.

6.3. Demokratisierung auch der Wirtschaft als Konsequenz des sozialen Gestaltungsauftrags des Grundgesetzes

Diese Eigenverantwortlichkeit und Selbstbestimmung, die Entfaltungsfreiheit also der Individuen, im höchstmöglichen Umfang zu gewährleisten und zu fördern, müssen und sollen die gesellschaftlichen Entscheidungsprozesse entsprechend gestaltet werden. Wie aus dem obigen Zitat m. E. mit aller Deutlichkeit hervorgeht, gelten solche Forderungen nach Demokratisierung entsprechend des Sozialstaatsprinzips insgesamt für die Gesellschaft gleichermaßen wie für ihre Teilbereiche, also auch für das ökonomische System[12].

6.3.1. Soziale Marktwirtschaft und Demokratisierung

Da sich besonders im ökonomischen System, wie gesagt wurde, die Situation der Arbeit zumindest teilweise als unter den Bedingungen der Fremdbestimmung und Entfremdung stehend erscheint, ergibt sich aus der spezifischen Wertorientierung des Konzepts der Gesamtordnung die Forderung, im Prozeß der Demokratisierung bzw. der Bemühungen um Demokratisierung nach Wegen zu suchen, die es ermöglichen, die gesellschaftlich notwendigen Leistungen unter Bedingungen zu erbringen, die der demokratischen Leitmaxime entsprechen, also die Möglichkeiten zu eigenverantwortlicher Selbstbestimmung zu erhöhen in der Lage sind und d. h. auch die Chancen auf freie Entfaltung bzw. auf Durchsetzung der Interessen aller Gesellschaftsmitglieder anzugleichen vermögen.

Wie schon einmal angedeutet, sind daher m. E. alle Maßnahmen, die Entscheidungen so gestalten, daß deren Wirkungen Chancenangleichung und Selbstbestimmung zur Folge haben bzw. Voraussetzungen dafür schaffen, als Demokratisierungsschritte zu Klassifizieren. Zu solchen Maßnahmen gehören Entscheidungen der Wirtschaftspolitik mit ihren Absichten zur Erlangung von Preisniveaustabilität, Vollbeschäftigung, Wachstum und auch eines Außenwirtschaftsgleichgewichts; Entscheidungen im Rahmen der Sozialpolitik mit dem ganzen Intsrumentarium materieller Sicherung gegenüber möglichen Risiken, die die individuelle Existenzfähigkeit gefährden; die Regelungen des Arbeitsrechts; die Absicherung der Tarifautonomie; Anstrengungen in Richtung einer Verbesserung bestehender ungleicher Vermögensverteilung durch Vermögensbildungshilfen; Bemühungen um den Erhalt bzw. die Intensivierung

[12] In Anlehnung an die Rechtsprechung des Bundesverfassungsgerichtes [BVerfGE 22, S. 180 (204)] vgl. *Bulla*, E. (43, S. 235): „Das sozialstaatliche Verfassungsbekenntnis (Art. 20 Abs. 1 GG) intendiert die umfassende Verantwortung des Staates für die Herstellung und Wahrung der sozialen Gerechtigkeit in Gesellschaft und Wirtschaft und die fortdauernde Verwirklichung des Staatszieles und seiner Verheißungen."

eines funktionsfähigen Wettbewerbs; und schließlich gehören auch die Bemühungen um eine unmittelbare Mitwirkung der Arbeitnehmer an den Entscheidungsprozessen der Unternehmen in diesen Kanon.

Die Summe derartiger Maßnahmen in Kombination mit der dem Lenkungssystem der Marktwirtschaft zugrunde liegenden Prinzip weitgehend autonomer privater unternehmerischer Entscheidungen macht im Kern das System der „sozialen" Marktwirtschaft[13] aus; stellt den Versuch eines Kompromisses zwischen einem rein auf dem Eigentum an den Produktionsmitteln basierenden ökonomischen Herrschaftssystems in Verbindung mit einem nur an ökonomischen Erfolgsgrößen sich orientierenden volkswirtschaftlichen Lenkungssystem und einer sich generell gültig und zuständig begreifenden demokratischen Gesellschaftsordnung dar, ist also, pointiert formuliert, Ausdruck eines im historischen Kontext des Möglichen und Machbaren sich vollziehenden Prozesses einer „Versöhnung" zwischen Kapitalismus und Demokratie[14].

„Hauptanliegen dieser Konzeption ist es, eine Synthese zwischen dem Ziel individueller Freiheit und dem der sozialen Bindung menschlicher Verhaltensweisen zu finden. Die zwischenmenschlichen Beziehungen in der Gesellschaft und insbesondere im wirtschaftlichen Lebensbereich sollen durch Wettbewerb — dem dominierenden Gestaltungsprinzip dieser Konzeption — geregelt sein. Den Wettbewerb und die durch ihn geschaffenen Spielräume autonomer Planung und Entscheidung zu sichern, ist oberstes Ziel der Ordnungspolitik. Zugleich soll der Wettbewerb ein hohes Maß an individuellen Initiativen und Aktivitäten freisetzen, um die ökonomische Potenz einer Gesellschaft zu stärken und so ihre dauerhafte wirtschaftliche Leistungsfähigkeit zu sichern. Wirtschaftliche Leistungsfähigkeit gilt wiederum als Voraussetzung dafür, soziale Zielsetzungen zu realisieren. Persönliche Freiheit, soziale Gerechtigkeit und ökonomische Leistungsfähigkeit sind wesentliche und untrennbar miteinander verbundene Bestandteile des Konzepts der Sozialen Marktwirtschaft[15]."

Eine solche Beschreibung des Konzepts der sozialen Marktwirtschaft macht eindringlich auf den im Rahmen dieser Arbeit als gravierend an-

---

[13] Der Begriff geht auf *Müller-Armack* zurück, hat seine theoretischen Wurzeln in der sog. Freiburger Schule der Neoliberalen um *Eucken* u. a. und ist zum „Markenzeichen" durch die erfolgreiche Handhabung durch *Erhard* geworden. Vgl. *Müller-Armack*, A. (179). Und: *Müller-Armack*, A. (180). Und: *Erhard*, L. - *Müller-Armack*, A. (70).

[14] Diese pragmatische These von der Notwendigkeit einer Versöhnung geht zurück auf H. *Pross*, die ihre Ansicht mehrfach in Gesprächen mit Unternehmern und auch auf einer Veranstaltung der H. *Böckler*-Gesellschaft vor Gesellschaft vor Gewerkschaftsvertretern vorgetragen hat. Vgl. u. a.: „Durch Räte kein besseres Leben." In: Der Spiegel Nr. 27 vom 2. 7. 1973, S. 56 ff.

[15] *Thieme*, J. (232), S. 16.

gesehenen Zusammenhang zwischen produktivem und normativem Aspekt einer Gestaltung gesellschaftlicher Leistungsprozesse aufmerksam und qualifiziert die Bemühungen um die Realisierung des Konzepts der sozialen Marktwirtschaft, d. h. der sozialen Bindung ökonomischen Tuns bei Steigerung der Leistungspotenz, auch zu Bemühungen von Demokratisierung.

Das Phänomen der Demokratisierung allein also auf die Mitbestimmung beschränken zu wollen, wie es sowohl bei Befürwortern als auch bei Gegnern in der Diskussion häufig den Anschein hat, ist von daher m. E. als unzulässige Einengung des Problems zu begreifen.

Vielmehr ist davon anzuzugehen, daß den oben genannten Maßnahmen insgesamt eine Demokratisierungsqualität zuzusprechen ist, daß sie sich also nicht als substitutiv, neutral oder konträr zueinander verhaltend, wohl aber als prinzipiell gleichwertige Elemente von Demokratisierung zu beachten sind.

Die gesellschaftliche Praxis muß beweisen, ob die über diesen Weg angestrebte inhaltliche Demokratisierung bei sich wandelnden Bedingungen (z. B. wachsender Konzentration der Unternehmen, internationaler Verflochtenheit [Währungssystem], spezifische Abhängikeiten [Rohstoffzulieferungen] von national nicht direkt zu beeinflussenden Monopolen) langfristig zu erreichen bzw. zu erhalten ist, oder ob möglicherweise zu anderen Steuerungsmitteln und d. h. anderen Prinzipien der Gestaltung ökonomischer Prozesse und der ihnen zugrunde liegenden Entscheidungen gegriffen werden muß. Man muß dabei wohl davon ausgehen, daß das Grundggesetz sich nicht auf ein bestimmtes, inhaltlich konkretisierendes Wirtschaftsordnungs- und damit Demokratisierungskonzept festgelegt hat; demzufolge die Marktwirtschaft zwar mit dem Grundgesetz konform geht, aber nicht selbst Bestandteil der darin niedergelegten Ordnungsvorstellung ist[16].

6.3.2. Demokratisierung und Mitbestimmung

„Demokratisierung der Wirtschaft besagt somit nur, daß sich die Verfassung der Wirtschaft als Organisation zweckrationaler Vorgänge an bestimmten, in den Grundrechten, der Sozialpflichtigkeit der Rechtsinstitute und in allgemeinen Rechtsanschauungen enthaltenen Wertvorstellungen orientieren muß[17].“ Eine solche Orientierung bei der konkreten

[16] „Das Grundgesetz garantiert weder die wirtschaftspolitische Neutralität der Regierungs- und Gesetzgebungsgewalt noch eine nur mit marktkonformen Mitteln zu steuernde soziale Marktwirtschaft ... Die gegenwärtige Wirtschafts- und Sozialordnung ist zwar eine nach dem GG mögliche Ordnung, keineswegs aber die allein mögliche.“ [BVerfGE 4, S. 6 (17 f.)] Hier zitiert nach *Bulla*, E. (43), S. 230 f. Zur Diskussion des Problems insgesamt vgl. *Bulla* (43), S. 225 ff.

[17] *Biedenkopf*, K. H. (19), S. 133.

Gestaltung ökonomischer Entscheidungsprozesse ist demnach der beidseitigen funktionalen Erwartung nach gleichzeitig produktiver und demokratisch-normativer Leistungseffizienz verpflichtet. Das gilt zugleich für die bereits getroffenen bzw. noch zu treffenden Maßnahmen in ihrer Gesamtheit, also auch in ihrem Verhältnis untereinander, wie auch für die Maßnahmen im einzelnen, also auch z. B. für die je konkreten Mitbestimmungsregelungen.

Dennoch kommt der Mitbestimmungsproblematik insofern eine besondere Bedeutung zu und ist daher auch in den Mittelpunkt der Auseinandersetzungen um eine Demokratisierung der Wirtschaft geraten, weil in ihr der unmittelbarste Bezug zum Problem gesellschaftlicher Machtunterworfenheit, zur Frage der Möglichkeit individueller Selbstbestimmung, zum Herrschaftsproblem also, transparent wird. In ihr leuchtet am direktesten der Stand der Übereinstimmung bzw. der Diskrepanz zwischen politischem und ökonomischem Herrschaftssystem auf.

Da die kapitalistische Herrschaft auf der Verfügung aus privatem Eigentum an den Produktionsmitteln basiert, Herrschaft also aus einer Rechtsposition ohne Zustimmung und Kontrolle der Herrschaftsunterworfenen abgeleitet wird, besteht zunächst ein prinzipieller Widerspruch zur demokratischen Herrschaft, die durch eben diese Zustimmung und Kontrolle gekennzeichnet ist.

Demokratisierung in bezug zu diesem Herrschaftsaspekt bedeutet dann, den Versuch einer Annäherung des ökonomischen Herrschaftssystems in seiner Struktur an das Prinzip demokratischer Legitimation und Teilhabe an der Ausübung von Herrschaft zu unternehmen.

Aus dem bisher Gesagten geht jedoch hervor, daß auch ein solcher Annäherungsversuch nicht losgelöst von zu erfüllenden produktiven Erwartungen an das ökonomische System und auch nicht losgelöst von den sonstigen Demokratisierungsbemühungen bzw. den bestehenden rechtlichen Freiheitsgarantien gesehen werden darf.

Das hat zum einen die Konsequenz, daß einerseits bestimmte Formen von Mitbestimmung zu wählen sind, die den produktiven Erfordernissen eindeutiger und flexibler Entscheidungsfindung Rechnung zu tragen vermögen, sie also ihrerseits nicht noch zusätzliche Bürokratisierungsimpulse freisetzen, und daß andererseits das Problem zu beachten ist, daß die Partizipation an herrschaftlich fixierter Macht notwendig auch die Übernahme einer damit verbundenen Verantwortung beinhaltet, Mitbestimmung also nicht ausschließlich als fordernde Rechtsposition, sondern in gleichem Umfang als Verpflichtung für das Funktionieren des ganzen zu begreifen ist. Das setzt sowohl den Willen als auch die Fähigkeit zu partizipativer Kooperation voraus[18].

Damit hängt eng zusammen, daß Mitbestimmung nicht irgendwie diffus als Mitwirkung aller bei allen Entscheidungen im Raum schweben bleiben darf, sondern auf den jeweils spezifischen Rollenzusammenhang hin zu präzisieren und damit von der Illusion zu lösen ist, als sei mit ihr eine all-vernünftige Entscheidungsqualität im Sinne einer letztendlich doch möglichen Interessenharmonisierung zu realisieren, Mitbestimmung sollte m. E. gerade der unendlichen Vielfalt differierender, rollenbezogener Einzelinteressen hochgradig entsprechen können, was ihre ausschließliche Fixierung auf den kollektiven und globalen Gegensatz zwischen Kapital und Arbeit verbietet. Die Schwierigkeit der Mitbestimmungsregelung ist dann darin zu sehen, sie als Intsrument der Artikulation mannigfacher und verzahnter Interessen im produktiven Organisationszusammenhang noch praktikabel handhabbar zu machen[19].

6.3.3. Der Kompromiß zwischen gesellschaftlichem und privatem Produktionsmitteleigentum

Der Versuch, kapitalgebundenes bestehendes ökonomisches Herrschaftssystem und demokratisches Herrschaftsmuster einander anzugleichen, hat zum anderen die Konsequenz, nicht allzu sorglos mit anderen demokratischen Rechten, wie vor allem mit dem Eigentum, umzugehen und darüber hinaus nicht der Suggestion zu unterliegen, alles Übel in bezug auf die Arbeitssituation der abhängig Beschäftigten sei auf eben dieses Eigentum zurückzuführen. Denn da Eigentum insgesamt als ein Freiheit begründendes, d. h. das Individuum in seiner gesellschaftlichen Abhängigkeit reduzierendes und positive Identifikationen mit Selbstgeschaffenem ermöglichendes Element der Rechtsordnung gewertet wird und daher im Rahmen der Verfassung in den Rang eines Grundrechts gehoben wurde[20], sind einerseits rein rechtlich Grenzen für eine Einengung der mit dem Eigentum verbundenen Verfügungsrechte zu beachten, wie andererseits die leistungsinitiierende und Selbstverantwortung begründende Wirkung privaten Eigentums nicht unterschätzt werden sollten.

Wenn auch die besondere Problematik vor allem des anonymen Eigentums an Produktionsmitteln, dessen Wirkungen ja weit über die eben

---

[18] Zum Zusammenhang zwischen Demokratisierung und Leistungssteigerung vgl. *Hondrich*, K. O. (116), besonders S. 19 ff. Auch: *Naschold*, F. (185), besonders S. 62 ff.

[19] Vorschläge für eine daraus zu ziehende Konsequenz für die Gestaltung organisationsinterner Entscheidungsprozesse finden sich vor allem bei F. *Naschold* (185).

[20] Zu diesem Aspekt, der deutlich die bürgerliche Tradition der Verfassungskonzeption zeige, aber auch zu der in der ungleichen Verteilung des Eigentums liegenden Problematik, daß damit die mit dem Eigentum verknüpften Freiheitschancen ebenfalls ungleich verteilt seien, vgl. *Bulla* E. (43), S. 241 ff. Ebenfalls *Maunz - Dürig - Herzog* (169), Art. 14, S. 6 ff.

genannten, an die einzelne Person des Eigentümers gebundenen positiven Funktionen hinausgehen, hier nicht im einzelnen erläutert werden kann, muß dennoch betont werden, daß jedoch gerade aus dem Produktionsmitteleigentum die umstrittene negative Funktion von Eigentum erwächst, nämlich die durch die Ausübung des daran geknüpften Herrschaftsrechts freiheitsbegrenzende Wirkung für die Arbeitnehmer.

An dieser Wirkung setzt die Demokratisierungsdiskussion, speziell die Mitbestimmungsforderung an und verlangt Abbau des Disfunktion durch Beteiligung am Herrschaftsrecht. Die Mitbestimmung ist insofern eine qualitative Alternative zu solchen Forderungen, die das private Eigentum und damit das private Herrschaftsrecht durch Überführung der Produktionsmittel in Gemeineigentum generell beseitigen wollen — eine Position, die im Art. 15 des Grundgesetzes ihre legale Grundlage findet, jedoch wegen ihrer sonstigen Auswirkungen auf die Grundrechte in ihrer letzten Konsequenz als nicht verfassungskonform anzusehen ist[21]. Das Mitbestimmungskonzept reflektiert demgegenüber vor allem, daß selbst wenn die Überführung in Gesellschaftseigentum, die entsprechend der Verfassung nur über den Entschädigungsweg möglich, und daher mit erheblichen Kosten verbunden ist, durchgeführt wird, damit längst nicht alle Fremdbestimmungs- und Entfremdungsmerkmale aufgehoben sind. Industriell-bürokratische Wirtschaftsorganisation bedingt eine Einengung individueller Entfaltungsräume auch ohne privates Eigentum an den Produktionsmitteln und bedarf daher ganz unabhängig von der Eigentumsordnung der Überprüfung auf eine eventuelle Mitbestimmungsnotwendigkeit bzw. Mitbestimmungsmöglichkeit.

Von daher kann man davon ausgehen, daß das Ordnungselement der Mitbestimmung auf eine Demokratisierung des industriell-bürokratischen ökonomischen Herrschaftsprozesses generell gerichtet ist, wie es zugleich einen Kompromiß zwischen gesellschaftlichem und privatem Eigentum an den Produktionsmitteln widerspiegelt — ein Kompromiß, der darin besteht, daß im Prinzip die Verfügung über Sachen aus Eigentum, also der freiheitssetzende Charakter, erhalten bleibt, während die daraus abgeleitete Verfügung über Menschen, also der freiheitsbegrenzende Charakter, zunehmend eine demokratisch strukturierte Einengung erfährt.

Wieweit allerdings nicht doch die Verfügung über Sachen ebenfalls eine substantielle Einengung durch bestimmte Formen der Mitbestimmung erfährt und damit auch dieser Teil des Eigentumsrechts angegriffen und insofern verfassungswidrig beschnitten wird, ist nicht eindeutig zu klären, wird unterschiedlich gewichtet und ist heftig umstritten[22].

---

[21] Vgl. ansatzweise zu dieser umfangreichen Problematik *Bulla*, E. (43). Auch: *Maunz - Dürig - Herzog* (169), Art. 15. Auch: *Scheuner*, U. (213), besonders Abschnitt A und B.

6.4. Charakteristische Antipositionen und Gemeinsamkeiten in der Demokratisierungsdiskussion

Umstritten ist jedoch nicht nur diese Teilfrage, sondern das Problem einer Demokratisierung insgesamt. Seit Bestehen der Bundesrepublik und der Institutionalisierung des Grundgesetzes treffen immer wieder ganz unterschiedliche Interpretationsversionen von einer demokratischen Gesellschaftsordnung aufeinander. Es ist das einerseits ein Zeichen für die pluralistische Offenheit[23] des Grungesetzkonzepts einer Demokratie, wie es andererseits den jeweils existierenden Dissens wichtiger gesellschaftlicher Gruppen sowohl über das zu erreichende Ziel selbst wie vor allem auch über die zur Erreichung bestimmter Inhalte anzuwendenden Methoden bzw. Wege offenlegt.

Dabei ist nicht zu verkennen, daß es, hier besonders hinsichtlich der Demokratisierung der Wirtschaft, bei den vor allem betroffenen Gruppen der Arbeitnehmer und Arbeitgeber und ihrer Interessenverbände mühsam erreichte, aber doch deutlich feststellbare Verschiebung und auch Annäherung der Argumentationspositionen gibt, die insofern auch die legitimitätsbewahrende Konsenskraft des Grundgesetzes und der auf diesem aufbauenden realen Ordnung der Gesellschaft der Bundesrepublik dokumentiert.

Um die aktuell zu beobachtende Neigung, sich wiederum im ideologischen Bereich stärker prinzipiell gegeneinander abzugrenzen, angemessen relativieren zu können und das gewachsene Konsenspotential für eine konstruktive Weiterentwicklung der demokratischen Ordnung auch für die Wirtschaft nicht zu verschütten, sondern sich für die praktische Arbeit bewußt zu machen und damit nutzen zu können, scheint es mir wichtig, einige Schlaglichter auf die sich vollzogen habende und noch vollziehende Auseinandersetzung um eine Demokratisierung der Wirtschaft und den speziellen Stellenwert der Mitbestimmung in diesem Zusammenhang zu werfen. Beiden Seiten, vor allem den Arbeitgeberverbänden und den Gewerkschaften, fällt es dabei offenbar schwer, sich von

[22] Die in jünster Zeit intensivierte Argumentation um eine mögliche Verfassungswidrigkeit bestimmter Mitbestimmungsmodelle greift immer wieder auch auf den Gehalt des Art. 14 GG zurück. Vgl. u. a. BDA (Bundesvereinigung der Deutschen Arbeitgeberverbände) (Hrsg.) (48), besonders S. 19 ff., S. 42 ff., S. 50 ff., S. 58 ff. Zu einer Zusammenfassung der im Auftrag der Bundesregierung erstellten Gutachten, die zu einer prinzipiellen Vereinbarkeit von paritätischer Mitbestimmung und GG kommen vgl. *Scholz*, R. (219), S. 91 ff. Und: *Raiser*, T. (202), S. 273 ff. Zur Stellungnahme der Gewerkschaften vgl. „Verfassungsrechtliche Angriffe gegen die Mitbestimmung". In: Das Mitbestimmungsgespräch Nr. 11/74, S. 216 ff. Zur offiziellen Position der Arbeitgeber vgl. BDA (Hrsg.) (49).

[23] Zum Pluralismuskonzept des Grundgesetzes allgemein vgl. *Bolte*, K. M. (31), S. 47 f.; im Zusammenhang der Mitbestimmung vgl. *Bolte*, K. M.: Mitbestimmung (32), S. 231 f.

liebgewordenen Interpretationsschemata zu lösen, beide neigen sehr leicht dazu, sich gegenseitig Demokratiegefährdung vorzuwerfen — ein propagandistisches Nebenprodukt, das dazu beiträgt, bisweilen die Fronten unnötig zu verhärten.

6.4.1. Arbeitgeber: Vorsichtige neue Ansätze bei überwiegend konservativer Grundhaltung

So führen die Spitzenverbände der Industrie (BDA und BDI) in einer Grundsatzerklärung 1950 zum Problem einer Demokratisierung der Wirtschaft aus: Nach ihrer Meinung ist eine Demokratisierung der Wirtschaft, „wenn man die ihres Schlagwortcharakters entkleidet und rein sachlich analysiert, eine Verkennung wirtschaftlicher und politischer Tatbestände. Innerbetrieblich lassen sich die für das politische Gemeinwesen entwickelten und richtigen Formen der Demokratie auf die Gemeinschaft der Arbeitskräfte in einem wirtschaftlichen Betriebe nicht übertragen. Eine Parlamentarisierung der Unternehmensleitungen widerspricht deren Wesen und Aufgabenstellung. (...) In der überbetrieblichen Ebene bedeutet aber staatspolitisch die Aufspaltung der Demokratie in eine politische Demokratie und in eine Wirtschaftsdemokratie in unausweichlicher Konsequenz die Auflösung der Einheit des Staates und damit letztlich des Staates überhaupt[24]."

An einer solchen Aussage, die teilweise eine verblüffende Ähnlichkeit mit früher bereits zitierten Äußerungen von Arbeitgeberseite um die Jahrhundertwende[25] und Ausführungen auch noch heutiger führender Vertreter[26] aufweist, fällt besonders die Identifizierung von Demokratie mit dem Verfahrensmechanismus des Parlamentarismus und die Annahme auf, daß durch eine Demokratisierung der Wirtschaft eine Aufspaltung in zwei Demokratien erfolge. Die dadurch befürchtete Gefährdung des Staates dokumentiert m. E. eindringlich eine Denktradition in Kategorien des Demokratie- und Gesellschaftsmodells des weiter oben herausgearbeiteten liberal-konservativen bürgerlichen Rechtsstaats. Eine solche Position hat es insofern schwer, sich mit der veränderten Interpretation der Verfassung primär als einer demokratischen Gesellschaftsverfassung denn nur als einer Staatsverfassung zu identifizieren.

Bemerkenswert hinsichtlich auch der Bewußtseinswirkungen des im Sinne unseres hier entwickelten Begriffes sich tatsächlich vollzogen habenden Demokratisierungsprozesses erscheint mir dann, daß im Rahmen

[24] Das Problem des Mitbestimmungsrechts. Stellungsnahme und Vorschläge der Unternehmerschaft, o. O., 1950, S. 4. Zitiert nach *Schneider - Kuda* (218), S. 192 f..

[25] z. B. S. 165 und S. 175 dieser Arbeit.

[26] z. B. *Schleyer*, H. (215).

der Ablehnungsargumentation gegen den Regierungsentwurf eines Mitbestimmungsgesetzes heute nicht mehr gegen eine Demokratisierung schlechthin, sondern gegen bestimmte Unvereinbarkeiten des Entwurfs mit anderen Demokratieelementen (z. B. Eigentumsgarantie und Tarifautonomie) angegangen wird[27].

Darüber hinaus ist ein durchaus neuer Tenor zu verzeichnen, wenn gesagt wird: „Erklärtes Ziel der Bundesregierung ist eine Mitbestimmung, die dem „Grundsatz der Gleichberechtigung und Gleichgewichtigkeit von Arbeitnehmern und Anteilseignern“ entspricht. Dieser Grundsatz ist in seiner abstrakten Formulierung zwar unbestritten. In seiner konkreten Verwirklichung bedarf es jedoch einer jeweils funktionsgerechten Ausfüllung[28].“

Dieses vorsichtige neue Denken wird in seiner Qualität auch nicht dadurch gemindert, daß gleichzeitig davon ausgegangen wird, daß der Grundsatz der Gleichheit „in der Wirtschafts- und Gesellschaftsordnung der Bundesrepublik Deutschland inzwischen bereits verwirklicht ist“, und im Forderungskatalog für eine zukünftige Unternehmensmitbestimmung zu lesen ist: „Unverzichtbare Forderung an jede Neuregelung der Mitbestimmung im Unternehmen ist eine klare und institutionell abgesicherte Mehrheit der Eigentümervertreter im Aufsichtsrat[29].“

Einmal abgesehen von der schwierig zu bewertenden möglichen Interesseneinseitigkeit einer solchen Regelung, ist der Einwand nicht einfach von der Hand zu weisen, daß eine Besetzung von Aufsichtsräten, die zu einer „Pattsituation“ in Entscheidungsfällen führen kann, dem funktionalen Gebot einer funktionierenden Entscheidungsfähigkeit von Unternehmern nicht entsprechen würde[30].

Mit aller Deutlichkeit wird hier am konkreten Beispiel erkennbar, daß es eben in der Tat nicht ausreicht, sich nur am demokratisch-normativen Aspekt zu orientieren, um eine bestimmte Maßnahme bereits als Demokratisierungsschritt zu qualifizieren. Erst wenn auch die Erwartung nach Erhalt bzw. Steigerung der produktiven Leistungspotenz des ökonomischen Systems und seiner Untergliederung angemessen in der konkreten Strukturierung von Entscheidungsprozessen Berücksichtigung gefunden hat, ist im Sinne einer allseitigen Verbesserung der Qualität der Entscheidungen m. E. von tatsächlicher Demokratisierung zu sprechen — eine Einsicht, die z. B. auch eine wichtige Rolle im Rahmen der Grundlagen der Empfehlungen der sogenannten „Mitbestimmungskommission“ spielen[31].

[27] Bundesvereinigung der Deutschen Arbeitsgeberverbände (49), S. 12 ff.

[28] BDA (49), S. 7.

[29] BDA (49), S. 7 und 31.

[30] BDA (49), S. 11 f.

[31] Bericht der Sachverständigenkommission (209), besonders S. 99 ff.

Von daher lassen sich ebenfalls solche Positionen als zu eng argumentierend beschreiben, deren Kriterium für eine Demokratisierung ausschließlich an der Beteiligung orientiert ist: „Je höher die direkte Beteiligung des Individuums am Willensbildungs- und Entscheidungsprozeß sowie an der Willensdurchsetzung, desto höher ist der Demokratisierungsgrad der betreffenden Organisation anzusehen[32].“ Eine solche Aussage gilt eben nur unter bestimmten Bedingungen, auf die im einzelnen weiter oben bereits verwiesen wurde.

Insofern kommt der Argumentation auch der Arbeitgeber in der öffentlichen Auseinandersetzung um eine Demokratisierung der Wirtschaft eine wichtige Korrektivfunktion gegenüber solchen Positionen zu, die sich überwiegend nur an normativen Aspekten bei ihren Forderungen orientieren.

Über die grundsätzliche Auseinandersetzung um die Herrschaftsproblematik an Hand der Forderungen nach einer Ausweitung der paritätischen Mitbestimmung, die primär von den Verbänden der Arbeitgeber getragen werden, hinaus aber haben sich auch in der Bundesrepublik eine ganze Reihe von einzelnen Unternehmern wiederum mit individuellen Versuchen um eine pragmatische Demokratisierung im Bereiche ihrer Unternehmen bemüht. Neben verschiedenen Mitbestimmungselementen gründen sich diese Experimente zumeist auf eine Einbeziehung der Arbeitnehmer in den Gesamtzusammenhang des Unternehmens auf der Basis von materiellen Beteiligungen am Unternehmensergebnis nicht nur über Löhne und Gehälter, sondern auch über Gewinnanteile[33].

Solche Versuche, die sich, wenn auch in relativ geringer, aber steigender Zahl, am ehesten, durch die persönliche Überzeugungen ihrer Initiatoren begründet, an einem umfassenden Demokratisierungsbegriff orientieren, tragen in ihrer Summe doch auch erheblich zu einer Situation der Arbeit bei, die durch eine im Vergleich zu früher gesunkene Entfremdung und Fremdbestimmung, also „humaner“ charakterisiert ist. M. E. sind diese eher in der Stille sich vollziehenden faktischen Demokratisierungen bisher noch nicht ausreichend gewürdigt und auch noch nicht auf ihre mögliche Tragfähigkeit im größeren Umfang untersucht worden. Vielleicht liegt hier ein wesentlich größeres Alternativpotential zu den von den großen Verbänden vertretenen Demokratisierungsmodellen, als gemeinhin angenommen wird[34]. Sie alle stellen zumindest interessante

---

[32] *Graetz*, W. (95), S. 17.

[33] Stellvertretend sei auf so unterschiedliche Ansätze verwiesen sie *Porst* (Nürnberg), *Fuchs* (Meinerzhagen), *Behrend* (Ahrensburg), *Bertelsmann* (Gütersloh), *Wilkhahn* (Eimbeckhausen). Ein Teil dieser so aktiven Unternehmer ist lose organisiert in der Arbeitsgemeinschaft Partnerschaftlicher Betriebe (AGP).

Für nähere Informationen vgl. *Jungbluth*, M. (121). Auch: *Fricke*, W. - *Geisler*, A. (Hrsg.) (87), besonders S. 139 ff.

Varianten eines pluralistischen Lösungsmodells industrieller Konflikte dar.

6.4.2. *Arbeitnehmer: Zwischen Klassenkampf und Sozialpartnerschaft*

Zu einer im Prinzip ebenfalls pluralistischen Interpretation des Mitbestimmungsproblems, wenn auch von einem anderen Ansatz aus, ringen sich im Verlauf der Entwicklung auch die Vertreter der Arbeiterschaft, vor allem die SPD und die Gewerkschaften durch. Dieser Weg ist gekennzeichnet durch ein allmähliches Abweichen des für die ausschließliche Erklärung und Lösung ökonomischer Konflikte im Rahmen einer rechts- und sozialstaatlichen Ordnung wie der Bundesrepublik doch inzwischen als zu grob empfundenen Klassenschemas und einer sich verändernden Haltung gegenüber dem vom Grundgesetz umrissenen gesellschaftlichen Demokratiekonzepts.

Noch 1954 wird auf dem Bundeskongreß des DGB in einer programmatischen Rede betont: „Unsere Forderungen gehen aber dahin, die Prinzipien dieser Wirtschaft zu ändern. Insbesondere sollte verhindert werden, daß aus der Mitbestimmung, unbeschadet ihrer Bedeutung, eine Ersatzlehre entwickelt wird, die unsere grundsätzlichen Forderungen in den Hintergrund treten lassen[35]."

Bis heute kehren solche Stellungnahmen, häufig in bezug auf einen eher diffusen Begriff der Systemkritik, immer wieder, in letzter Zeit sogar verstärkt. Unter der Forderung, daß jeder „Mitbestimmungsansatz" systemkritischer Natur sein müsse, wird festgestellt: „Kein noch so ausgeklügeltes Mitbestimmungssystem kann den ambivalenten Charakter der Mitbestimmung selbst ignorieren. Sie ist permanent in Gefahr, zum Partnerschaftsmodell herabzusinken[36]." Und als Beispiel extremster Gegenposition pluralistischer Regelungen: „Mit Mitbestimmung hat das BetrVG nichts zu tun, sicher aber etwas mit den verschiedenartigen Methoden, mit denen die herrschende Klasse den Kampf gegen die Arbeiter-

---

[34] Als Beispiele der auch wissenschaftlich noch sehr geringen Beschäftigung mit den Problemen dieser Ansätze vgl. *Ballerstedt*, E. (14). Und: *Maier*, K. (161). Zu Einzelaspekten vgl. die Schriftenreihe der AGP.

[35] *Agartz*, V., zitiert nach *Stolz*, O. (229), S. 120 f. Was damit im einzelnen gemeint ist, siehe bei *Oertzen*, P. v. (191). Zu einer anthologischen Übersicht über Modellvorstellungen, die auf der Klassenthese aufbauen und daher nicht zur Mitbestimmung im pluralen Sinne als Ziel streben, sondern durch Arbeiterräte zur Selbstverwaltung kommen wollen, vgl. *Mandel*, E. (Hrsg.) (159); deren Ziel deutlich wird, wenn formuliert wird: „... einen Gesamtüberblick über die Entwicklung der Ideen und Aktionen zu bieten, die seit fast einem Jahrhundert die Arbeiter dazu bringen, das Kapitalverhältnis durch die Übernahme der Macht in den Betrieben aufzuheben und die organisierte Arbeiterklasse an den Arbeitsplätzen als Beherrscherin des Produktionsprozesses zu ersetzen." (S. 9)

[36] *Schneider - Kuda* (218), S. 214 und 216.

schaft und folglich auch gegen die Gewerkschaften führt. In diesem Zusammenhang muß das BetrVG gesehen werden." Und weiter: „Wirkliche Mitbestimmung und Kontrolle setzten aber da an, wo die ‚partnerschaftliche Zusammenarbeit' mit den Unternehmern und dem Staat zerbricht und der Gegenüberstellung der Klasseninteressen Platz macht[37]."

Eine deutlichere Absage an das plurale Konzept des Grundgesetzes läßt sich kaum denken. Es ist immer wieder die Furcht vor der Realisierung solcher Konzepte, die u. a. hinter der Ablehnung nicht nur der Arbeitgeber von weitreichenden, vor allem von Funktionären als Interessenvertretern getragenen Mitbestimmungsplänen aufleuchten, und deren Rückführung auf den Begriff der Demokratie die Vermutung einer damit notwendig gekoppelten „Radikaldemokratisierung" aufkommen läßt, die eben zur „Agonie der Freiheit" überhaupt führe[38].

So verständlich solche Furcht bisweilen sein mag, währe es m. E. dennoch oder gerade deswegen unangebracht, auf den im Sinne des Grundgesetzes positiven und evolutionären Begriff der Demokratisierung zu verzichten. Denn Überzeugungskraft extremistischer Position erwächst für die Masse der Gesellschaftsmitglieder, wie mir scheint, in der Regel nicht so sehr aus der Theorie selbst, sondern aus erlebten Mißständen einer gegebenen Gesellschaftsordnung. Das Erhalten und die Steigerung der Glaubwürdigkeit einer konkreten Ordnung gerade also durch aktiven Abbau von Mißständen über den Weg reformerischer, sukzessiver Demokratisierung, die praktisch realisierte Freiheit der Individuen gegen dogmatisch versprochenes Zukunftsheil als überzeugendes Argument zu setzen vermag, erscheint von daher die geeignete Alternative, auf extremistische Herausforderung zu reagieren[39].

Die großen Organisationen, die für sich in Anspruch nehmen, primär die Interessen der Arbeitnehmer zu vertreten, bekennen sich schließlich zu einem solchen Vorgehen. Auf Grund der sichtbaren Erfolge des ökonomischen und politischen Systems der Bundesrepublik und gedrängt auch durch die Bejahung dieser Leistung durch die mehrheitliche Zustimmung der Wähler, ringen sich zunächst die SPD und dann auch die Gewerkschaften zu einer konstruktiven Unterstützung des im Grundgesetz niedergelegten Ordnungskonzepts durch[40].

---

[37] *Deppe*, F. u. a. (60), S. 124 und S. 221.

[38] Vgl. *Hennis*, W. (109), S. 33 ff.

[39] Es ist m. E. genau diese Überzeugungskraft, die aus einer Interpretation des Sozialstaatsprinzips (Art. 20 GG) erwächst, die, wie oben bereits mehrfach angesprochen, daraus geradezu einen „Verfassungsauftrag" zur demokratischen Durchdringung der ganzen Gesellschaft ableitet. Vgl. hier *Ridder*, H. K. J.: Meinungsfreiheit. In: *Neumann - Nipperdey - Scheuner:* Die Grundrechte, II. Berlin 1954. Ähnlich: *Sontheimer*, K.: Die Demokratisierung der Universität. In: *Schwan - Sontheimer* (222), S. 63 ff.

[40] SPD im „Godesberger Programm" (240) von 1959 und der DGB im „Düsseldorfer Grundsatzprogramm" (63) von 1963.

In der Präambel des DGB-Grundsatzprogramms bekennen sich die Gewerkschaften zum Integrationsfaktor der durch das Grundgesetz gegebenen Wirtschafts- und Sozialordnung, fordern jedoch als Ausgleich für die ihrer Meinung nach wiederhergestellten alten Besitz- und Machtverhältnisse die Ausweitung der Mitbestimmung. „Damit wollen sie eine Ungestaltung von Wirtschaft und Gesellschaft einleiten, die darauf abzielt, alle Bürger an der wirtschaftlichen, kulturellen und politischen Willensbildung teilnehmen zu lassen[41].“

Von führenden Gewerkschaftsvertretern wird diese Position und immer wieder auch ihre Verbindung zur politischen Demokratie häufig unterstrichen. Die Mitbestimmung solle „unsere Wirtschaftsstruktur mit demokratischem Geist und mit demokratischen Einrichtungen (durchdringen), um damit letzten Endes ihre Gesamttendenz im Sinne einer Wirtschaftsführung wirklich zum Wohle aller zu verändern[42].“

Die unmittelbare Anerkennung der verfassungsmäßigen Ordnungsgrundlage wird darüber hinaus deutlich, wenn formuliert wird, durch Demokratisierung (Mitbestimmung) der Wirtschaft allein komme man „zu jener freiheitlich-demokratischen Sozialordnung, von der im Grundgesetz die Rede ist“[43]. Aus einer solchen Äußerung wird aber auch klar, welche Bedeutung man der Wirtschaft insgesamt und einer Verbesserung der Arbeitssituation im besonderen für die Erreichung der im Grundgesetz formulierten Ziele beimißt.

Wichtig erscheinen mir in diesem Zusammenhang klare Hinweise darauf, welchen neuen und eigenständigen Stellenwert die Mitbestimmung nach Meinung solcher Arbeitnehmervertreter einnimmt, die sich zum pluralistischen Modell bekennen und damit am eindeutigsten den Wandel in der Einschätzung der sich im Rahmen eines solchen Modells eröffnenden Chancen auf eine soziale Befriedigung erkennen lassen. Stellvertretend sei auf folgende Interpretation verwiesen: „Die Eigentumsverhältnisse werden durch die Mitbestimmung nicht grundlegend geändert. Lediglich wird die Verfügungsmacht über das Eigentum eingeschränkt.“ Und als Konsequenz: „Die Mitbestimmung auf allen Wirtschaftsebenen ist also keine Station auf dem Weg zur Demokratisierung der Wirtschaft, sondern ihr ständiger Bestandteil[44].“

Ganz im Sinne eines solchen Denkens wird zudem auf die Beziehung zwischen Demokratisierung und dem Erhalt des Bestands von Demokratie als solcher verwiesen, wenn in einer Parlamentsrede unter Hinweis auf den „Widerspruch zwischen politischer Demokratie und wirtschaftlicher

[41] DGB (Hrsg.) (63), S. 4.

[42] *Brenner*, O. (41), S. 753.

[43] *Brunner*, O. (42), S. 11.

[44] *Michels*. In: Protokoll des 7. Ordentlichen Bundeskongresses des DGB in Berlin 1966, S. 416.

Autokratie" gesagt wird: „Aus der Kritik an wirtschaftlicher Autokratie, aus der Notwendigkeit, der Demokratie neue Bereiche zu erobern, wenn sie nicht untergehen soll, ergibt sich unsere Forderung nach wirtschaftlicher Demokratie. Ihr Instrumen ist die Mitbestimmung der Arbeitnehmer, ihr Inhalt der Aufbau gleichberechtigter Gegenmachtpositionen[45]."

Es sind natürlich immer wieder Formulierungen wie die des letzten Satzes, die auf Skepsis stoßen und Widerspruch hervorrufen. Und in der Tat scheinen sie einerseits wieder Erinnerungen an überholt geglaubte Klassenkampfpositionen zu wecken, insofern hier die Betonung auf dem Kampf „gegen" etwas oder jemanden eher zu liegen scheint als auf dem Kampf „für" etwas; wie sie andererseits allerdings m. E. auch ein Zeichen für eine nach innen, auf die eigenen Reihen derer gerichtetes taktisches Element beinhalten können, die es noch für die neue programmatische Linie zu gewinnen gilt und die durchaus auch innerhalb der Gewerkschaften selbst nicht unwidersprochen ist, wenn auch angenommen werden darf, daß die Mehrheit der Arbeitnehmer hinter ihr steht[46].

---

[45] *Matthöfer*, H.: Zitiert nach *Fischer*, R. (80), S. 57.

[46] Ausdruck findet die offizielle Programmatik zur Mitbestimmungspolitik der Gewerkschaften in: DGB (Hrsg.) (64). Und: DAG (Hrsg.) (61). Umstritten ist z. T. innerhalb der Gewerkschaften weniger die Forderung nach Mitbestimmung selbst, als vielmehr ihr strategischer Stellenwert.

7. Probleme der Demokratisierungsqualität von Mitbestimmungsansätzen

Wurde in den bisherigen Überlegungen primär der These nachgegangen, daß eine Demokratisierung der Wirtschaft möglich, aus der allgemeinen Idee der Demokratie als einer gesellschaftsumgreifenden Ordnungsmaxime erforderlich, im speziellen mit dem Demokratiekonzept des Grundgesetzes der Bundesrepublik vereinbar und aus ihm ableitbar ist und schließlich sich als historischer Prozeß seit langem vollzieht, was im besonderen am Beispiel der Geschichte der Mitbestimmung zu zeigen versucht wurde, soll in einem letzten Schritt hinweisend dem Problem nachgegangen werden, wie und wo denn Mitbestimmung stattfinden soll bzw. stattfinden kann, und welche Bedingungen gegeben bzw. zu schaffen sind, damit dem Anspruch der Entsprechung produktiver und normativer Erwartungen Genüge getan und die inhaltlichen Ziele der Mitbestimmung, nämlich Abbau von Fremdbestimmung und Entfremdung und d. h. positive Erweiterung freier Entfaltungschancen für alle Gesellschaftsmitglieder bzw. speziell der Arbeitnehmer, auch realiter erreicht werden können und nicht im Nebel formeller Regelungen versinken.

Denn zum einen besteht die Gefahr, daß sowohl manche theoretische Ansätze der Mitbestimmung in bezug auf die Beteiligung Leerformelcharakter haben[1], wie andererseits sich auch bewußtseinsmäßig für die betroffenen Arbeitnehmer das sich in Apathie ausdrückende praktische Faktum häufig einstellt, daß Mitbestimmung für sie ein eher unbekanntes und unverbindliches Phänomen darstellt[2].

Darüber hinaus ist vor allem darauf zu verweisen, daß es mit der Einführung rechtlicher Regelungen deshalb nicht sein Bewenden haben kann, weil man nicht auf inhaltlich und organisationsstrukturell bisher nach anderen Kriterien ausgerichtete Entscheidungsprozesse neue, in ihrer Substanz z. T. typisch abweichende Regelungen aufpfropfen kann, ohne ihre Effizienz zu gefährden. „Denn da der Erlaß von Gesetzen nicht gleichbedeutend mit ihrer Anwendung ist, wird durch die gesetzlich erzwungene Einführung der Unternehmens-Mitbestimmung in der gesamten Wirtschaft noch keineswegs gewährleistet, daß die Ziele der Arbeitnehmer als erreicht angesehen werden können. Vielmehr schafft die

---

[1] Vgl. *Naschold,* F. (185), S. 20.

[2] Zum empirisch feststellbaren Phänomen einer Partizipationspathie vgl. *Naschold,* F. (185), S. 36 ff. Auch: *Schappf,* F. (211), S. 34 f.: hier auch weitere Literatur.

Unternehmens-Mitbestimmung nur Voraussetzungen für die Durchsetzung veränderter Strukturen und Zielsetzungen im Unternehmen; diese Veränderungen müssen aber im Rahmen der gewandelten Entscheidungsstrukturen ... realisiert werden[3]."

Damit ergeben sich für die Unternehmensführung und ihre Organisation insgesamt sowie vor allem auch für die Betriebswirtschaftslehre gravierend neue Fragestellungen, die bisher nur in Ansätzen wissenschaftliche[4] und praktische Behandlung erfahren haben, auf die hier nicht im Detail eingegangen werden kann, deren Beantwortung aber m. E. entscheidend darauf Einfluß hat, inwieweit aus der Demokratisierungschance tatsächliche Demokratisierung erwächst. Insofern läßt sich vorhersagen, daß nach und möglicherweise neben weiteren politischen Auseinandersetzungen um rechtliche Regelungen der Mitbestimmung eine Phase intensiver Bemühungen Platz greifen muß und wird, den rechtlichen Rahmen mit inhaltlicher Praxis durch theoretische und praktische Neuansätze ökonomischer Organisation zu füllen. Von diesen Bemühungen wird es u. a. weitgehend abhängen, den in der Summe für alle Beteiligten bisher erheblichen Erfolg des bundesrepublikanischen Gesellschaftssystems insgesamt auch in die Zukunft zu prolongieren.

7.1. Strukturelle Merkmale des Leistungssystems Unternehmen

Um die primär normativ begründeten Mitbestimmungsintentionen in bezug auf den von ihnen gemeinten produktiven Leistungszusammenhang eines Unternehmens und seine Leistungsbedingungen angemessen im Hinblick auf den dualen Aspekt des im Rahmen dieser Arbeit entwickelten Begriffs von Demokratisierung einordnen zu können, erscheint es sinnvoll, einige grundsätzliche Charakteristika des Leistungssystems Unternehmen vorab herauszuarbeiten.

7.1.1. Das Unternehmen als offenes und dynamisches soziales System

Aus soziologischer Sicht stellt sich die Produktionseinheit Unternehmen, wie gesagt, als Organisation dar. Die Organisation wurde als ein soziales Gebilde bzw. System definiert, das auf spezifische Zwecke gerichtet, mit interner Rollendifferenzierung ausgestattet, der Intention nach rational (d. h. nach dem Wirtschaftlichkeitsprinzip) gestaltet ist und einen angebbaren Mitgliederkreis umfaßt[5].

---

[3] *Küller*, H.-D. (139).

[4] Erste allgemeine Ansätze finden sich, wie gesagt, z. B. bei *Bleicher*, K. (22) und *Ulrich*, H. (234) Speziellere Abhandlungen z. B. bei *Fässler*, K. (78); *Graetz*, W. (95); *Naschold*, F. (185). In allen genannten Arbeiten Hinweise auf weitere Spezialliteratur.

[5] Vgl. *Mayntz*, R. (170), S. 36.

Dabei sind wirtschaftliche Organisationen in der Regel „soziomechanische Systeme (Mensch - Maschine - Systeme), das sind Systeme, die mittels zwischenmenschlicher Kooperation und Koordination von Menschen und Sachen der Leistungserstellung dienen“[6].

Kooperation und Koordination bedürfen der Gestaltung. Die Gestaltung findet ihren Niederschlag in Struktur (Aufbau) und Prozessen (Abläufe) des sozialen Systems Unternehmen. Dieses läßt sich daher auch beschreiben als „eine planvoll organisierte Wirtschaftseinheit, in der eine Kombination von Produktionsfaktoren (dispositive und ausführende Arbeit, Betriebsmittel und Werkstoffe) mit dem Ziel erfolgt, Sachgüter zu produzieren und Dienstleistungen bereitzustellen“[7].

All diese Definitionen verweisen auf die Außenleistungen als das entscheidende Orientierungskriterium für das Gestalten betrieblicher Produktionsprozesse. Von daher erscheint es sinnvoll, die Organisation Unternehmen als offenes und dynamisches System zu beschreiben, das charakterisiert ist „durch einen ständigen Prozeß von Einsatz (input), Umwandlung (transformation) und Ausstoß (output)“[8].

Der Charakter der Offenheit verweist darauf, daß das Unternehmen kein autonomes Gebilde ist, das aus sich selbst heraus existieren kann. Das Unternehmen produziert, d. h. es verwandelt in der Regel etwas, das es von der Außenwelt erhalten hat, in etwas, das die Außenwelt von ihm erhält. Das Unternehmen kann also nur leben, wenn der ständige Prozeß des Austausches mit der Umwelt weitgehend ungestört verläuft.

Das, was das Unternehmen von der Außenwelt erhält — Betriebsmittel und Werkstoff — bekommt es zumeist von anderen Unternehmen. Die Tätigkeit dieser anderen Organisationen oder besser das Ergebnis dieser Tätigkeiten, nämlich die erstellten Leistungen, sind in Qualität, Menge und Preis Größen, an denen sich das Unternehmen unmittelbar orientieren muß. Da es zudem nicht allein als Abnehmer in Frage kommt, sieht es sich der Konkurrenz anderer Nachfrager konfrontiert.

Wieviel sich das einzelne Unternehmen aus dem Gesamtangebot sichern und welche Chancen es wahrnehmen kann, hängt auf lange Sicht davon ab, wie der Teil der Umwelt, der seinerseits wiederum als Abnehmer der erstellten Leistungen des Unternehmens in Frage kommt, diese Leistungen bewertet. Auch hier sieht sich das Unternehmen der Konkurrenz von Mitbewerbern ausgesetzt[9].

---

[6] *Löffelholz*, J. (151), S. 79.

[7] *Wöhe*, G. (248), S. 22. Dabei sei darauf verwiesen, daß der soziologische Organisationsbegriff ein Gebilde bezeichnet, „derjenige der betriebswirtschaftlichen Organisationslehre eine Tätigkeit bzw. das Ergebnis dieser Tätigkeit, eine zielgerichtete Ordnung“ (*Mayntz*, R. [170], S. 37). Siehe auch *Wöhe*, G. (248), S. 142 ff.

[8] *Kahn*, R. L. (u. a.) (122), S. 12.

Entscheidender Maßstab also für die gesellschaftlich funktionale Wirkung betrieblicher Leistungsprozesse und damit auch für die Weite des je konkret gegebenen Entscheidungsraumes ist der Erfolg des Unternehmens bei dem Bemühen, der vom Markt geforderten Art der Leistung gerecht zu werden.

7.1.2. Führung und Organisation

Gesellschaftliche Leistungseffizienz ist demnach nur dann zu erreichen, wenn die Organisation Unternehmen — verstanden als zielgerichtetes Gebilde mit formal geregelten Machtbeziehungen, als Herrschaftssystem also — mit genügender Flexibilität und auch Entschlossenheit sich einerseits veränderten Konkurrenzbedingungen anpassen und andererseits ausreichende Innovationsfähigkeit bezüglich neuer Produktionstechnik und neuer Güter zur Verfügung stellen kann.

Nun verweist die Definition des Unternehmens als soziales System bereits darauf, daß die Wirtschaftseinheit Unternehmen nicht automatisch, nicht als solche wirksam wird. Vielmehr muß der Leistungsprozeß durch Interaktionen der beteiligten Menschen initiiert und durchgeführt werden.

Diese leistungsbezogene Ausrichtung der Handlungen der Organisationsmitglieder ist Gegenstand und Inhalt des Führungsprozesses[10].

Da industrielle Produktion wesentlich durch die Kombination von an Menschen gebundener Arbeit und sachlicher Produktionsausrüstung gekennzeichnet ist, umfaßt Führung im weiteren Sinne alle auf Personen und Sachen gerichteten betrieblichen Gestaltungsakte. Gestaltungsakte dieser Art sind zunächst und vor allem Entscheidungen. Das Unternehmen läßt sich von daher charakterisieren als „eine Entscheidungseinheit, die durch Entscheidungsprozesse gekennzeichnet wird“[11].

Da das System Unternehmen ein auf Dauer gerichtetes Gebilde darstellt, müssen willensbildende (zielsetzende) und willensdurchsetzende (zielerreichende) Vorgänge relativ unabhängig von jeweils konkreten Einzelpersonen und ihren divergierenden Qualifikationen und Interessen in struktureller und prozeßhafter Hinsicht in Form einer übersubjektiven Ordnung verankert werden. „Eine derartige integrative Strukturierung des Sozialsystems kommt im Tatbestand der Organisation zum Ausdruck[12].“

---

[9] An dieser Stelle wird noch einmal deutlich, welche gesellschaftlich positive Wirkung von funktionsfähigem Leistungswettbewerb ausgeht.

[10] Hier wird Führung bewußt weitergefaßt, als häufig vor allem in der betriebswirtschaftlichen Literatur üblich. Vgl. z. B. *Heinen*, E. (108), S. 187.

[11] *Albach*, H. (3), S. 111.

[12] *Heinen*, E. (108), S. 187. Vgl. auch *Gutenberg*, E. (101), S. 11.

Um den Leistungsforderungen an das Unternehmen genügen zu können, d. h. um Flexibilität, Entschlossenheit und Innovationsfähigkeit zu ermöglichen, muß für die Organisation das „Grundprinzip des Gleichgewichts“ gelten. Das Prinzip beinhaltet, daß die Unternehmung weder unter- noch überorganisiert sein darf. „Bei Überorganisation als zu starker Strukturierung bleibt zu wenig Spielraum für freie und bewegende Dispositionen im Einzelfall, bei Unterorganisation dagegen werden umgekehrt zu wenig Tatbestände genereller Strukturierung unterworfen. Dadurch entstehen in beiden Fällen Gleichgewichtsstörungen. Es ist daher ein ausgewogenes Verhältnis von Organisation, Improvisation und Disposition von größter Bedeutung[13].

7.1.3. Demokratisierung als Strategie der Erhaltung von Leistungsbereitschaft

Diese formelle Organisation, d. h. die gesetzte und gewollte Ordnung des Unternehmens, beschreibt allerdings nur einen Sollzustand, von dem die tatsächliche Organisationsrealität durch Überformung mit informellen, d. h. nicht geplanten und auch nicht planbaren Erscheinungen mehr oder weniger stark abweicht[14].

In diesen Abweichungen kommt zum Ausdruck, daß die durch die Organisation geschaffenen formalen Rollen, d. h. die an die einzelnen Organisationsmitglieder gerichteten Verhaltenszumutungen und Verhaltenserwartungen, den komplexen Bedürfnissen der konkreten Menschen allein nicht gerecht werden können. Aus der Konfrontation mit den Verhaltenserwartungen aus anderen als an den Betriebszweck gebundenen sozialen Beziehungen der im Unternehmen tätigen Menschen ergeben sich Konflikte, die zu Verhaltensweisen führen können, die den Erwartungen des Unternehmens zuwiderlaufen bzw. nur z. T. entsprechen.

Die wichtigste Erwartung des Unternehmens gegenüber seinen Mitgliedern ist die auf eine bestimmte Leistung gerichtete. Nun ergibt sich eine besondere Schwierigkeit der Orientierung der Organisationsmitglieder auf die geforderte Unternehmensleistung daher, daß die meisten Mitglieder der Organisation nicht deshalb angehören, „weil sie die produzierten Güter oder geleisteten Dienste für sich selber wollen, sondern weil sie in der Organsation ihren Lebensunterhalt verdienen“[15]. Die meisten Unternehmensangehörigen sind zur Leistung also nicht primär, d. h. unmittelbar motiviert, sondern ihre Leistungsbereitschaft ergibt sich mittelbar, vermittelt eben durch die individuelle und gesellschaftliche

---

[13] *Kosiol*, E. zitiert nach *Löffelholz*, J. (151), S. 82.

[14] Zu einer kurzen Darstellung des Verhältnisses von formaler Organisation und informellen Erscheinungen vgl. *Block*, J. (26).

[15] *Mayntz*, R. (170), S. 60.

Notwendigkeit, materielle Existenz durch die Bereitstellung von Leistungsbeiträgen zur Produktion erarbeiten zu müssen.

In dem Maße, wie die Angewiesenheit auf qualifizierte Arbeit als Beitrag zur Gesamtleistung des Unternehmens wächst, und in dem Maße, wie die materielle soziale Abhängigkeit der Arbeitnehmer durch Intensivierung der Sicherungsleistungen des Sozialstaats zunimmt und die gesellschaftliche Stärke der kollektiven Interessenvertretung, der Gewerkschaften, ausgebaut wird, in dem Maße kann die notwendige Leistung immer weniger über Zwang, sei er direkt oder indirekt, von den Arbeitnehmern erreicht werden. Führung als das Bemühen, leistungsbezogene Handlungen der Organisationsmitglieder zu initiieren, kann nicht mehr gegen bzw. ohne Zustimmung der Leistensollenden erfolgen.

Zur Effizienz von Führung gehört daher in zunehmendem Umfang die Lösung der Frage, wie weit die Interessen und Bedürfnisse der Organisationsmitglieder zu berücksichtigen sind, um deren Leistungsbereitschaft möglichst hochgradig zu intensivieren.

Von diesem aus dem produktiven Aspekt von Unternehmensführung abgeleiteten Problemaufwurf her leuchtet die unmittelbare Beziehung zum Fragenkomplex des normativen Aspekts von Unternehmensführung auf. Insofern nämlich, als aus Gründen der Leistungsmotivation der Arbeitnehmer eine umfassendere Berücksichtigung von deren Interessen und Bedürfnissen bei der Gestaltung betrieblicher Entscheidungsprozesse als notwendig erachtet wird und die Konsequenz einer solchen Erkenntnis sich in einer entsprechenden tatsächlichen Umgestaltung der Entscheidungsprozesse niederschlägt, haben wir es mit einem Schritt von Demokratisierung zu tun. Solchermaßen ist der Schluß zulässig, daß bestimmte Elemente von Demokratisierung geradezu als Teile einer Strategie zur Erhaltung der Leistungsbereitschaft der Arbeitnehmer und damit zur Erhaltung der produktiven Funktion ökonomischer Leistungsprozesse insgesamt gewertet werden müssen.

Wenn auch aus ganz unterschiedlichen Motiven gespeist, treffen sich damit die Bemühungen um eine Demokratisierung der Wirtschaft, zumindest in Teilbereichen, sowohl derer, die sich eher dem produktiven Aspekt als auch derer, die sich eher dem normativen Aspekt verpflichtet glauben. Dieses Konsenspotential auszuloten und intensiv zu nutzen, scheint mir eine der wichtigen Zukunftsaufgaben zu sein[16].

---

[16] Zu einer Übersicht von Aspekten, die sich für die zukünftige Unternehmensorganisation ergeben, vgl. *Rauch*, H. (203), S. 12 ff.

7.2. Mitbestimmung als Versuch der Beseitigung der Interesseneinseitigkeit herrschaftlich fixierter Entscheidungsprozesse

Darüber hinaus kann jedoch nicht vergessen werden, daß in der bisherigen Realität von Unternehmensführung durch die eigentumsgebundene Herrschaftsordnung eine prinzipiell interessen-einseitige Fixierung der Möglichkeit, die obersten Ziele zu setzen und die konkret Herrschenden zu legitimieren, besteht. Genau auf die Umstrukturierung dieses Herrschaftssystems selbst und seine legale Interesseneinseitigkeit zielen primär die Absichten jener Demokratisierungsbemühungen, die sich des Intsruments der Mitbestimmung bedienen. Da hier weniger der eher neutrale Produktivitätsaspekt zur Diskussion steht, sondern ganz handfeste Interessen unterschiedlicher gesellschaftlicher Gruppierungen angesprochen sind, nimmt es nicht Wunder, wenn die öffentlichen Auseinandersetzungen in diesem Fall besonders heftig sind und leider den eben angedeuteten Demokratisierungskonsens in Mitleidenschaft ziehen, und zwar von allen Seiten.

Unter diesem spezifischem Spannungsmoment muß auch die folgende Darstellung der verschiedenen Mitbestimmungsaspekte gesehen werden.

7.2.1. Einfluß von Mitbestimmung auf Legitimation und Zielbereich von Herrschaft

Faßt man Mitbestimmung zunächst als Oberbegriff für jede Art institutioneller, d. h. gesetzlich oder durch Betriebsvereinbarungen oder durch Organisationsstatute fixierter und damit verbindlich gemachter Mitwirkung bei den Entscheidungsprozessen der Unternehmer, also den bisher überwiegend eigentumsgebundenen Herrschaftsbereichen selbst, dann wird einerseits nochmals klar, daß alle weiter oben genannten Demokratisierungselemente mit Ausnahme der Mitbestimmung zwar chancen-egalisierende Wirkungen entfalten, dies aber bei prinzipieller Beibehaltung des auf dem privatem Eigentum aus den Produktionsmitteln basierenden ökonomischen Herrschaftssystems geschieht, das Herrschaftsrecht der Kapitaleigner als solches also nicht aufgehoben wird, sondern der Einflußbereich bzw. der Zielbereich[17] und die Auswirkungen der Herrschaft Kraft Eigentums in materieller Hinsicht eingeschränkt bzw. öffentlich korrigiert werden.

Hinsichtlich der Mitbestimmung wird andererseits deutlich, daß sie auf ein Einwirken auf die herrschaftlichen Entscheidungen selbst gerich-

---

[17] Unter Zielbereich läßt sich die Summe aller der Entscheidungstatbestände verstehen, für die auf Grund der formalisierten Kompetenz Entscheidungszuständigkeit bzw. Entscheidungshoheit besteht. Zum Begriff im einzelnen vgl. *Hondrich*, K. O. (116), S. 63 ff.

tet ist, sich z. T. durch „Verbreitung und Verstärkung von Beteiligungs-Rechten“[18] zwar ebenfalls als Einschränkung des Zielbereichs der Herrschaft darstellt, z. T. aber auch durch die Veränderung der Legitimationsgrundlage eine Änderung des Charakters dieser Herrschaft beinhaltet. Insofern, da Mitbestimmung grundsätzlich Entscheidungsteilhabe bedeutet, kann Mitbestimmung jeweils nur dort ansetzen, wo organisatorisch Entscheidungen zustandekommen, womit die Art der Entscheidungsstrukturen in ihrer Gesamtheit relevant werden.

Um die Problembereiche von Mitbestimmung und die durch die rechtlichen Regelungen bewirkten bzw. zu bewirkenden Entscheidungsstrukturveränderungen zu verdeutlichen, wird im folgenden ein kurzer Überblick über die von der Mitbestimmung tangierten, insgesamt zwar interdependenten, dennoch hinsichtlich ihres unmittelbaren Wirkungsbereichs unterscheidbaren Entscheidungsfelder der Unternehmen gegeben. Als gebräuchlich und zweckmäßig hat sich die Unterscheidung in die Ebenen des Unternehmens im engeren Sinne, des Betriebes und des Arbeitsplatzes ergeben[19].

7.2.2. Verbreiterung von Herrschaftslegitimation durch Mitbestimmung im Aufsichtsrat

Hinsichtlich der Ebene des Unternehmens, dieses verstanden als höchste Entscheidungsinstanz für die gesamte Geschäftspolitik, gibt es, allerdings abhängig von der Größe und der formalen Rechtskonstruktion des Unternehmens, zwei institutionelle Mitbestimmungsmöglichkeiten, die Geschäftsleitung bzw. den Vorstand und den Verwaltungs- bzw. Aufsichtsrat. Hier wird der Einfachheit halber von der Rechtsform einer Aktiengesellschaft ausgegangen.

Aufgaben und Kompetenzen von Vorstand und Aufsichtsrat werden grundlegend entsprechend dem Aktiengesetz von 1965 geregelt. Der Vorstand führt danach verantwortlich die Geschäfte des Unternehmens. Die Vorstandsmitglieder sind gesamtschuldnerisch tätig, d. h. die einzelnen Vorstandsmitglieder sind jeweils für die gesamte Vorstandspolitik verantwortlich. Die Vorstandsmitglieder sind also die Personen, denen die Ausübung der Herrschaftsmacht generell von den Eigentümern übertragen wird. Die Berufung und die Kontrolle der rechtmäßigen und satzungsmäßigen Geschäftsführung des Vorstandes obliegt dem Aufsichtsrat, der gewähltes Vertretungsorgan in der Hauptversammlung zusammengeschlossenen Eigentümer (Aktionäre) ist. Darüber hinaus können

---

[18] *Hondrich*, K. O. (116), S. 68.

[19] Stellvertretend für die in der Literatur immer wieder anzutreffenden Unterscheidungen vgl. *Bolte*, K. M. (32), S. 247 ff. Hinsichtlich der in der Betriebswirtschaftslehre gebräuchlichen Abgrenzungen, die z. T. von der hier vorgenommenen abweichen, vgl. *Wöhe*, G. (248), S. 2 ff.

dem Aufsichtsrat per Satzung Beratungs- und Zustimmungsrechte bei wichtigen Vorstandsvorhaben eingeräumt werden, wodurch dieser zu einer echten Entscheidungsinstanz wird.

Insofern der Aufsichtsrat den Vorstand beruft und kontrolliert, geht von ihm die eigentliche Legitimation der im Unternehmen wirksam werdenden Herrschaft aus.

Das Betriebsverfassungsgesetz von 1952, dessen Vorschriften für diesen Bereich auch für das Betriebsverfassungsgesetz von 1972 Gültigkeit haben, bestimmt ergänzend zum Aktiengesetz, daß ein Drittel der Sitze des Aufsichtsrats von den Arbeitnehmern durch Wahl besetzt werden, wobei auch Arbeitnehmervertreter gewählt werden können, die nicht Arbeitnehmer des Unternehmens sind.

Mit einem Drittel der Stimmen sind also die Arbeitnehmer an der Legitimation des Vorstandes, d. h. der mit der Ausübung der Herrschaft Beauftragten, beteiligt. Insofern geht das Recht zur Herrschaft nurmehr geteilt von den Eigentümern aus[20].

Für den Bereich der Eisen- und Stahl erzeugenden Industrie und des Bergbaus bestimmt das Montanmitbestimmungsgesetz von 1951 ergänzend zum Aktiengesetz, daß die Hälfte der Aufsichtsratssitze (ein zusätzlicher „neutraler“ Sitz soll das mögliche Stimmenpatt verhindern) von den Arbeitnehmern zu besetzen sind. Wobei allerdings statt durch Wahl aller Arbeitnehmer die Besetzung der Sitze durch Vorschläge des Betriebsrats und der im Unternehmen vertretenen Gewerkschaften erfolgt, eine Regelung, die zweifelsohne die unmittelbare Mitwirkung der Beschäftigten stark beschneidet und vor allem die Stellung der Gewerkschaften stärkt.

Da im Montanbereich die Sitze des Legitimationsorgans gleichermaßen von Arbeitnehmern und Eigentümern besetzt werden, ist hier die einseitige Herrschaft auf Grund von Eigentum an den Produktionsmitteln eindeutig gebrochen, die Gleichheit von Arbeit und Kapital entsprechend den Forderungen z. B. der Gewerkschaften[21] prinzipiell hergestellt, und die volle Legitimation des Vorstands auch durch die Arbeitnehmer ist gewährleistet.

---

[20] Daß längst auch auf der Eigentümerseite ein Demokratieproblem in der Wahrung des Einflusses der Kleinaktionäre gegenüber den Großaktionären bzw. Banken entstanden ist, kann hier nicht im einzelnen erörtert werden. Hingewiesen sei auch auf eine weitere Komplizierung des Problems dadurch, daß zu den Kleinaktionären inzwischen in erheblichem Umfang Arbeitnehmer gehören, die dadurch ganz unterschiedliche Rolleninteressen wahrzunehmen haben, und daß die Gewerkschaften, sei es direkt oder indirekt, als Arbeitgeber und Kapitaleigner in großem Maße Interessen partiell auch gegen Arbeitnehmer vertreten.

[21] Vgl. DGB (Hrsg.) (63).

In der öffentlichen Diskussion und parlamentarischen Auseinandersetzung befindet sich im Augenblick ein Regierungsentwurf, der dieses Legitimationsmodell im Prinzip auf alle Großunternehmen der deutschen Wirtschaft ab 2000 Beschäftigten ausdehnen will[22].

Wie immer diese Regelungen dann gesetzliche Form annehmen, als Trend kann herausgestellt werden, daß zumal die Großunternehmen ihres Charakters einer nur privaten Veranstaltung entkleidet sind, daß der Vorstand öffentlich, im Sinne einer breiten Beteiligung, legitimiert ist und daß als Bezugspunkt aller am unternehmerischen Leistungsprozeß Beteiligten immer weniger der Unternehmer bzw. das Interesse irgendwelcher Eigentümer, sondern das Unternehmen selbst als gemeinsame Leistungsveranstaltung dominiert, an dessen Wohlergehen, d. h. produktiver und normativer Entfaltung, viele gesellschaftliche Gruppen hohes Interesse haben[23]. Man kann diesen Prozeß als allmähliche Lösung der traditionellen Identität von Unternehmen und Kapital bzw. Kapitaleigentum beschreiben.

7.2.3. Beeinflussung des Zielbereichs von Unternehmensherrschaft durch Mitbestimmung des Betriebsrats

Die gesellschaftliche Leistungsfähigkeit des Unternehmens zu erhalten und zu steigern, ist die formalisierte effiziente Koordination und Integration von Teilleistungen, also Herrschaft, nach wie vor notwendig. Auch wenn jedoch die Legitimationsbasis dieser Herrschaft verbreitert wurde, bleibt innerhalb des Herrschaftsverbandes Unternehmen die konkrete Arbeitsleistung fremdbestimmt und soll daher die Möglichkeit haben, auf die inhaltliche Bestimmung des Leistungsprozesses und der Bedingungen, wie diese Leistung erreicht werden soll, Einfluß zu nehmen[24].

Insofern es um die Zielsetzung und die allgemeine Geschäftspolitik geht, sind der Ort der Entscheidungen und damit der Mitbestimmung Aufsichtsrat und Vorstand bzw. Geschäftsleitung.

Der Einfluß im Aufsichtsrat geschieht über die Besetzung von Sitzen; der direkteste Einfluß auf den Vorstand über die Besetzung von Vor-

---

[22] Bundestagsdrucksache 200/74. Die Problematik der Einzelregelungen soll hier nicht erörtert werden. Besonders kontrovers sind vor allem das Wahlverfahren der Arbeitnehmervertreter und die Aufrechterhaltung der Entscheidungsfähigkeit des Aufsichtsrats bei möglicher Stimmengleichheit. Das Argument zudem der Opposition, ein so weitreichender Schritt solle nur im Zusammenhang mit einem neu zu gestaltenden Unternehmensrecht und auch der Vermögenspolitik behandelt werden, ist nicht einfach zu negieren.

Zu einer Übersicht der vorgesehenen Regelungen und einiger Meinungskontroversen vgl. *Block*, J. (24).

[23] Vgl. *Block*, J. (25), S. 13 ff. und die Niederschrift der Diskussion, S. 50 ff.

[24] Eindringlich auf diesen Zusammenhang hingewiesen und eine entsprechende Begründung zur Mitbestimmung hat die von der Regierung eingesetzte Sachverständigenkommission zur Mitbestimmung gegeben (209, S. 63 ff.).

standspositionen, wie sie im Montanmitbestimmungsgesetz durch die besondere Position des Arbeitsdirektors vorgesehen ist. In allen anderen Unternehmen, in denen von der Rechtsform solche Möglichkeiten nicht gegeben sind, geschieht der Einfluß sowohl auf die Belange des Unternehmens insgesamt als auch auf die des Betriebes (dieser gemeint als der Ort der Produktionsdurchführung), wo Fragen der generellen und speziellen Arbeitsbedingungen, z. B. in sozialer, personeller, wirtschaftlicher Hinsicht und in bezug auf die allgemeine Gestaltung der Arbeitsplätze zur Entscheidung anstehen, durch die gewählten Arbeitnehmervertreter des Betriebsrats.

Formal bedeutet die Institutionalisierung von Positionen mit gesetzlich fixierten Einwirkungsrechten, daß dadurch neue Herrschaftspositionen geschaffen werden, die nicht durch Eigentum, sondern durch Wahl der Herrschaftsunterworfenen legitimiert sind. Der Wirkungsbereich der auf die Verfolgung der materiell-ökonomischen Unternehmensziele primär ausgerichteten traditionellen Herrschaftspositionen wird damit teils direkt (Entscheidungen nicht ohne Zustimmung des Betriebsrats, z. B. bei Kündigungen), teils indirekt (Beratungsrecht des Betriebsrats, z. B. bei Personalplanung) eingeschränkt.

Die Mitbestimmungspositionen bilden daher in ihrer Gesamtheit (vor allem in Großbetrieben deutlich sichtbar) eine weitere formale Organisation, die ein von der ursprünglichen Organisation abweichendes Zielbündel verfolgt, nämlich die unmittelbare soziale Existenzgestaltung der Arbeitnehmer im Rahmen des Produktionsprozesses. Diese Gesamtheit der Mitbestimmungspositionen als „Nebenhierarchie“[25] zu charakterisieren, scheint weniger angebracht als die Beschreibung des Betriebes „als die Verknüpfung zweier dualistischer sozialer Organisationen“, „d. h. als zwei ineinander verschränkte, von unterschiedlichen Zielen her strukturierte Systeme sozialer Rollen“[26].

Praktisch kommt in der Existenz dieser dualistischen Gesamtorganisation zum Ausdruck, daß sich offiziell das Leistungsfeld der Unternehmen erweitert hat. Neben die rein ökonomischen Leistungsziele tritt die unmittelbare Befriedigung der rollenspezifischen sozialen Bedürfnisse der abhängig Leistenden selbst. Im Sinne der Differenzierung und Definition des Unternehmens als eines offenen Systems heißt das: neben das Außenziel der Zurverfügungstellung von Gütern und Dienstleistungen tritt das Binnenziel der Befriedigung der Organisationsmitglieder.

Dabei stehen beide Zielkomplexe, wie gesagt, in einem engen Interdependenzverhältnis. Zum einen ist die materielle und nichtmaterielle

[25] *Schelsky*, H.: Industrie und Betriebssoziologie. In: *Gehlen*, A. und *Schelsky*, H. (Hrsg.) (93), S. 192.

[26] *Kluth*, H. (129), S. 38.

Befriedigung der im Unternehmen arbeitenden Menschen zumindest zum Teil die Voraussetzung zur Erhaltung von deren Leistungsbereitschaft und damit notwendiger Bestandteil produktiver Gesamtleistung, z. T. allerdings auch Leistungsziel eigener Art. Zum anderen jedoch bleibt die Erbringung einer positiv von der Umwelt bewerteten Außenleistung die absolute Voraussetzung für die Befriedigung aller wie auch immer gearteter Befriedigungsansprüche an das Unternehmen.

Diese Sichtweise des gegenseitigen Aufeinandergewiesenseins ist für alle Seiten, sowohl die Eigentümer, die traditionelle Hierarchie als auch die Mitbestimmungsträger und die Masse der hinter diesen stehenden Arbeitnehmer, noch immer schwer zu realisieren. Altes Mißtrauen und Vorurteile lassen sich auch nur in einem langwierigen Prozeß positiver Erfahrungen abbauen. Die Voraussetzungen dafür zu schaffen, ist eine der wichtigsten Führungsaufgaben der Zukunft, sowohl von seiten des Managements als auch der Gewerkschaften. Der Gesetzgeber hat dieser Notwendigkeit insofern Rechnung getragen, als er im Rahmen des Betriebsverfassungsgesetzes Arbeitgeber und Betriebsrat darauf verpflichtet hat, vertrauensvoll zum Wohle des Arbeitnehmers und des Betriebes zusammenzuarbeiten (§ 2), und Maßnahmen des Arbeitskampfes gegeneinander untersagt (§ 74, 2). „Aus diesem Grundkonzept wird deutlich, daß die Betriebsverfassung nicht als Kampfinstrument der Arbeitnehmer gegen die Arbeitgeber verstanden werden soll und kann. Das Betriebsverfassungsgesetz soll vielmehr dazu dienen, die Zusammenarbeit zwischen Arbeitgeber und Belegschaft zu beiderseitiger Zufriedenheit zu gestalten[27]."

Eine derartige Kooperation kann aber nur gelingen, wenn die Demokratisierung den Leistungsprozeß insgesamt befördert. Die wichtigsten Bedingungen für eine positive Korrelation dieser beiden Größen sind darin zu sehen, daß Übereinstimmung hinsichtlich der zu erreichenden Ziele besteht (Außen- und Binnenleistung), und daß die Qualifikation der Mitbestimmungsträger, d. h. der Belegschaftsvertreter ausreicht, die formal zugeschriebenen Rechte auch sachangemessen wahrzunehmen[28]. Besonders die Bedingung ausreichender Qualifikation bedarf, neben den auf Grund von Erfahrungen ablaufenden Lernprozessen, umfangreicher Ausbildungs- und Schulungsunterstützung, die im Minimum vom Gesetzgeber im Betriebsverfassungsgesetz (§ 37) verankert, seit langem von den Gewerkschaften gewährt und in steigendem Umfang auch von den Unternehmensleitungen als notwendig erkannt werden.

---

[27] *Block*, J. (23), S. 2.

[28] Vgl. *Hondrich*, K. O. (116), S. 29 ff.

7.3. Entfaltungschancen der Individuen im Arbeitsprozeß

Abgesehen von weiteren Detailkomplettierungen könnte es damit bis auf weiteres sein Bewenden haben. Doch im Rahmen der politischen Entwicklungen und der Etablierung einer demokratischen Gesellschaftsverfassung hat sich die Forderung nach Demokratisierung als des Bemühens um die freie Entfaltung der je einzelnen Persönlichkeit verselbständigt zu einer allgemeinen ethisch-moralischen Maxime gesellschaftlicher Gestaltung.

7.3.1. Autoritäre Erfahrungswelt und persönliche Qualifikation zur Selbstbestimmung

So wird etwa von kirchlicher Seite festgestellt, „daß dem Menschen eine besondere Würde gegeben ist, die ihren Ausdruck in der Berufung zur Mündigkeit und zur Weltgestaltung findet". Und weiter: „In Menschen, die nur gehorchen sollen, entsteht Widerwille und Gleichgültigkeit. Es ist aber nicht gut, wenn sich die Menschen ohne innere Anteilnahme und Mitverantwortung lediglich anpassen ... Eine freiheitliche gesellschaftliche Ordnung setzt eine Bürgerschaft voraus, die von Jugend auf in der Familie, im beruflichen Leben der Arbeitsgruppe und in den Organisationen der Freizeitwelt in eine aktiv gestaltende Mitverantwortung einbezogen ist[29]."

Eine in vielfältiger Weise hochtechnisierte und bürokratisierte gesellschaftliche Umwelt, die dem einzelnen häufig genug als anonym und wenig transparent gegenübertritt, ist jedoch der Entwicklung eigenverantwortlicher und freier Persönlichkeiten nicht gerade förderlich. Die tägliche Erfahrungswelt, vor allem auch der Arbeitsbereich, zwingt den einzelnen noch zu oft in einseitige Gehorsamsverhältnisse und reproduziert auch im Familienbereich ständig autoritäre Verhaltensmuster und Einstellungen. Gerade die Masse der abhängig Beschäftigten in den unteren Statusschichten der bundesrepublikanischen Gesellschaft ist stark an solchen autoritären Mustern orientiert, wie Untersuchungen zahlreich deutlich gemacht haben[30].

Orientierungen dieser Art bilden sich jedoch weniger an abstrakten, als Klassengegensatz zwischen Kapital und Arbeit oder als bürokratisierte Organisation erscheinenden Herrschaftsformen, sondern in der täglichen Erfahrung vor allem am Arbeitsplatz in der Konfrontation mit Vorgesetzten, Untergebenen und Kollegen. Wer ständig in seiner unmittelbaren Umgebung durch Erziehung und Erfahrung autoritär sozialisiert

---

[29] Kammer für soziale Ordnung des Rates der Evangelischen Kirche Deutschlands (EKD): Sozialethische Erwägungen Mitbestimmung in der Wirtschaft der Bundesrepublik Deutschland. 1968. Zitiert nach: *Fischer*, R. (80), S. 37 ff.

[30] Vgl. *Mollenhauer*, K. (178).

und damit in seinem Verhalten und Denken strukturiert wird, ist letztlich der notwendigen Sensibilität entkleidet, Entscheidungen und Verantwortung auf sich zu nehmen, als entscheidende Elemente, derer es zur Formung eines mündigen Bürgers einer freien Gesellschaft bedarf[31].

Die Voraussetzungen für das Werden solcher demokratischen Persönlichkeiten zu schaffen, ist daher eine weitere Funktion von Demokratisierung. „Hier liegt doch der geistige Kern der Mitbestimmung: das Selbstbestimmungsrecht des einzelnen, die Möglichkeit, sich zu behaupten in einer für ihn immer schwerer durchschaubar werdende Welt[32]."

Neben entsprechend gestalteten Erziehungs- und Bildungsprozessen wird dabei die Gestaltung der täglichen Erfahrungswelt des Arbeitsplatzes[33] eine der entscheidenden Auseinandersetzungsfronten um die Ausgestaltung einer demokratischen Gesellschaft und letztlich um den Bestand einer ganzen Wertordnung sein.

„Werden diese Chancen nicht wahrgenommen, so droht die Entwicklung der Betriebe zur zentralen, völlig überlasteten Entscheidungsinstanz, die über ein Heer von verantwortungsscheuen, da innerlich unbeteiligten Funktionsträgern befiehlt. In einer Gesellschaft von verantwortungsbewußten Staatsbürgern darf aber der Betrieb kein autoritär gelenkter Fremdkörper sein. Eine größere Mündigkeit des Arbeitnehmers beinhaltet ein größeres Recht, aber auch eine größere Pflicht zur Mitbestimmung am Arbeitsplatz. Damit ist zweifellos auch eine neue Bürde verbunden: An die Stelle unbeteiligter Hinnahme des Betriebsgeschehens tritt die verantwortungsbewußte Mitwirkung im Arbeitsvollzug. In der Bereitschaft, diese Verantwortung mit den Kollegen zu teilen und gleichzeitig für ihre wohlverstandenen Interessen einzutreten, liegt aber die Würde begründet, die humanisierte Arbeit ihren Trägern zu vermitteln vermag[34]."

7.3.2. Gestaltungschance und Leistungsmotivation

Natürlich ist ein Teil von Demokratieprozessen nur repräsentativ möglich. Aber das Bemühen um Demokratie kann nicht sein Bewenden bei der Gestaltung kollektiver Vertretungen haben. Damit rückt ins Bewußtsein, daß es nicht ausreicht, wenn in beinahe neu-patriarchalischer Form nahezu alle Vertretungsrechte von Beauftragten wahrgenommen werden.

Es besteht dann die Gefahr, daß sich eine neue Expertenoligarchie bildet und Demokratie, statt durch die Gesellschaftsmitglieder bzw. die Ar-

---

[31] Zur psychologischen Begründung vgl. u. a. *Mitscherlich*, A. u. N. (177), S. 52 f.

[32] *Katzer*, H. (124), S. 7.

[33] Vgl. *Correll*, W. (55), S. 11 ff.

[34] *Fürstenberg*, F. (89), S. 181 f.

beitnehmer selbst, für sie gemacht wird. Nun scheint sich die Diskussion um die Mitbestimmung in der Tat in erheblichem Umfang eben zu einer solchen Sache von Experten entwickelt zu haben. Für die Masse der Arbeitnehmer scheint sich, trotz heftigen Aufklärungsaufwands, vor allem seitens der Gewerkschaften, kein ihre Situation wesentlich bestimmendes Gewicht mit der Mitbestimmung zu verbinden, wie aus Befragungen immer wieder zu entnehmen ist.

Natürlich liegt das z. T. daran, daß mit dem Begriff Mitbestimmung mitunter ganz verschiedene Inhalte verbunden werden, daß bisweilen auch andere Bezeichnungen sinngemäß dasselbe wie Mitbestimmung meinen, daß vor allem der komplexe und komplizierte Rechtsbereich der Mitbestimmungsgesetze nicht gewußt und daß dennoch positiv zur Mitbestimmung gestanden wird. Ein wesentlicher Grund der Distanz liegt also darin, daß Wortsinn und Begriff der Mitbestimmung für viele Arbeitnehmer auseinanderfallen[35].

In überwiegendem Maße ist m. E. diese relative Geringwertung darauf zurückzuführen, daß die bisher praktizierten Mitbestimmungsformen eine zu große Ferne zur unmittelbaren Erlebniswelt des einzelnen aufweisen, daß eben fast ausschließlich repräsentative Mitbestimmung und damit wiederum nur indirekte Demokratie praktiziert wird.

Wenn im Zentrum der Bemühungen um Demokratisierung die freie Entfaltung des einzelnen stehen soll, dann müssen auf Grund der durch empirische Befunde gestürzten These, „daß es Entfremdungserscheinungen zwischen Mitgliedern und Funktionären in allen Bereichen gibt, wo Interessen nur rein repräsentativ vertreten werden[36]", vor allem die Gewerkschaften Anstrengungen machen, den Bezug zur Basis zu intensivieren. Für sie gilt es vor allem der Versuchung zu widerstehen, zum einen den in dem Expertenwissen begründeten Vorsprung ihrer Vertreter nicht unversehens zum Alibi für eine aufrechterhaltene Unmündigkeit der Arbeitnehmer werden zu lassen und andererseits Demokratisierung nicht mit den verselbständigten Organisationsinteressen der Gewerkschaft gleichzusetzen und die Durchsetzung von Demokratieeffekten nicht auf eine Stärkung der Organisationsmacht zusammenschrumpfen zu lassen.

Es geht also, wie eingangs dieser Arbeit bereits betont, um die Frage der Emanzipationsfunktion gesellschaftlicher Teilbereiche, hier der Arbeitswelt, es geht um das Problem der Schaffung für den einzelnen erlebbarer Demokratieräume.

Ein solches Programm müßte, bei Bewußtwerden der Zusammenhänge, insofern gute Chancen zur Realisierung haben, als zum einen die produktivitätsorientierte Organisationsrationalität industrieller Unterneh-

---

[35] Vgl. *Dahrendorf*, R. (57), besonders S. 20 ff.

[36] *Fürstenberg*, F. (89), S. 175.

men dahin tendiert, wie gerade angesprochen, die Leistungsinitiativen und -reserven der einzelnen Organisationsmitglieder stärker nutzen zu müssen, und als andererseits ein Zusammenhang besteht zwischen Leistungsbereitschaft und Arbeitszufriedenheit, im engeren Sinne zwischen Leistungsmotivation und der Möglichkeit, die einen unmittelbar angehenden Probleme mitgestalten zu können[37].

Außerdem kann davon ausgegangen werden, daß nirgends sonst die oben genannten Bedingungen für einen Erhalt bzw. eine Steigerung von Leistung bei Demokratisierung schärfer noch, durch Demokratisierung so günstig vorhanden sind wie dort, wo die Qualifikation der Mitwirkungsträger und die Zielübereinstimmung durch den direkten und überschaubaren Arbeitszusammenhang und die Sachkenntnis der Beteiligten unmittelbar sich ergeben.

7.3.3. Praktische und pragmatische Humanisierung der Arbeitswelt

Da der einzelne Arbeitnehmer zugleich sowohl als Positionsinhaber Träger einer ökonomisch-technisch bezogenen Funktionsrolle, er als solcher und auch außerhalb der Formalorganisation in vielfältige Handlungsbeziehungen (Interaktionen) mit anderen Rollenträgern einbezogen und schließlich immer auch Träger bestimmter Interessen ist und mit den Interessen anderer konfrontiert wird, diesem „Sachverhalt entsprechend können Demokratisierungspotentiale funktionsbezogen, auf kooperative Prozesse bezogen und auf Träger von Interessenlagen bezogen erörtert werden“[38].

Diese Erörterung im einzelnen durchzuführen, würde den Rahmen dieser Arbeit sprengen. Hier sei darauf verwiesen, daß mit der Ausdifferenzierung arbeitsteiliger Produktion sehr schnell im Entwicklungsgang die umfassende Herrschafts-, d. h. Entscheidungskapazität des Unternehmers erschöpft ist. Das zwingt eben aus besagter Organisationsrationalität zur Dezentralisation der Leistungsfunktion. „Von der umfassenden Rolle des kapitalistischen Unternehmers fallen nach und nach Rollen-Segmente nach unten und werden von Untergebenen aufgefangen. Aber auch diese — Direktoren, Abteilungsleiter, Meister — erreichen bei fortschreitender Produktionsausdehnung und den damit verbundenen Neuerungen bald die Kapazitätsgrenze ihrer Leistung und müssen sich durch Funktionsabgabe nach unten entlasten[39].“

[37] Erkenntnisse, die bereits den Anfang der modernen Betriebssoziologie begleiteten. Vgl. *Blumenberg*, P. (27), S. 14 ff. *Littek*, W. (149), S. 23 ff. *Hondrich*, K. O. (149), S. 19 ff. An einem Fallbeispiel *Meyer*, E. (174). Zur Gesamtübersicht einschlägiger Motivationstheorien vgl. *Grothus*, H. (100).

[38] *Fürstenberg*, F. (89), S. 176.

[39] *Hondrich*, K. O. (116), S. 51.

Diese Dezentralisation, die ja eine Delegation von Aufgaben und Kompetenzen, also eine Delegation von Entscheidungsmöglichkeiten ist, ist insofern bereits eine Demokratisierung, als durch Ausweitung von Entscheidungsrechten eine Verbreiterung von Beteiligungsrechten an zuvor geschlossener Herrschaft erfolgt[40]. Allerdings bleibt die generelle Legitimation der Herrschaft in diesem Prozeß unangetastet, wenn im Detail eine Legitimationsergänzung durch die zunehmende Koppelung von Sachqualifikation und Überzeugungsfähigkeit an Entscheidungspositionen erfolgt, durch die funktionale neben Amtsautorität tritt und diese, auf die Person des Stelleninhabers bezogen, zusätzlich legitimiert.

Die Durchgängigkeit eines solchen Demokratisierungseffektes ist allerdings begrenzt. Dort, wo Arbeitsabläufe von den technischen Sachzwängen her objektiv vorgegeben bzw. durch Rationalisierungsbestrebungen ständig mehr formalisiert und systematisiert erscheinen, liegen keine Entscheidungsspielräume mehr vor, kann Entscheidungskompetenz schlechterdings auch nicht delegiert werden. Hier wird es für die Zukunft darauf ankommen, nach solchen Möglichkeiten der Gestaltung von technischen Prozessen zu suchen, die ein Höchstmaß an spontaner Kreativität bei Berücksichtigung der technischen Rationalität zulassen. Hier werden sich die Arbeitswissenschaften mit einer für sie weitgehend neuen Zielorientierung zu beweisen haben[41].

Vor allem Versuche, die unter den Schlagworten ‚job-rotation' (Arbeitsplatzwechsel), ‚job-enlargement' (Arbeitsbereichsvergrößerung) und ‚job-enrichment' (Arbeitsanreicherung) inzwischen durch spektakuläre Versuche auch der Auflösung der reinen Serienfertigung zu spezifizierter Gruppenfertigung am Fließband bekannt geworden sind, gehören in diesen Zusammenhang[42]. Wie wenig dieser Problembereich noch gesicherte Erkenntnisse zur Verfügung hat, wird aus der Formulierung des § 90 des Betriebsverfassungsgesetzes deutlich, wonach der Arbeitgeber mit dem Betriebsrat alle Maßnahmen hinsichtlich Arbeitsplatz-, Arbeitsablauf- und Arbeitsumgebungsgestaltung zu beraten hat, dieser den Maßnahmen dann widersprechen bzw. Aktionen zur Abwendung von Belastungen verlangen kann, wenn die beabsichtigten Maßnahmen „den gesicherten arbeitswissenschaftlichen Erkenntnissen über die menschengerechte Gestaltung der Arbeit" zuwider laufen. Nichts also von positiver Bemühung in dieser Richtung, sondern immer noch Abwehr[43].

---

[40] Vgl. *Seidel*, E. (224).

[41] Vgl. die instruktive Artikelserie von *Lauterburg*, C. (144).

[42] Vgl. u. a. *Kaminsky*, G. (123).

[43] Vgl. die Materialiensammlung „Die §§ 90 und 91 des Betriebsverfassungsgesetzes" in: Das Mitbestimmungsgespräch, Heft 5/6 1974. Allerdings unternimmt soeben die Bundesregierung einen gesetzlichen Vorstoß, der Vorschläge zur „Humanisierung" der Arbeitsplätze umschreibt.

Insgesamt eröffnen sich hier jedoch eine Reihe von Chancen, auch Rationalisierungsmaßnahmen in dem Sinne zu humanisieren und zu einem Bestandteil von Demokratisierung zu machen, daß „der arbeitende Mensch vom Gegenstand der Rationalisierung zu ihrem Träger und Vollender werden[44] kann.

In der Praxis werden zur Ausschöpfung von Rationalisierungsreserven dann möglicherweise wieder so relativ einfache Einrichtungen wie das betriebliche Vorschlagswesen zu neuen Ehren kommen.

7.3.4. Vom Untergebenen zum Mitarbeiter

Wesentlich weniger aufwendig, dafür aber im Prinzip alle Unternehmensangehörigen erfassen könnend, ist ein Demokratisierungsfeld, das, von Theorie und Praxis bereits seit längerem behandelt, bei seiner Realisierung aus vielerlei Gründen noch mit Schwierigkeiten zu kämpfen hat und wegen seiner häufig zu einseitigen tradiitonellen Leistungsbetonung im Rahmen von Demokratisierungsbemühen bisher nicht ausreichend gewürdigt worden ist: die Änderung im Verhalten von Vorgesetzten und Untergebenen. Schlagwortartig ist hiermit die Veränderung vom autoritärgeprägten zum kooperativen Führungsstil gemeint[45]. Grundlage ist die schon mehrfach angeführte Einsicht, daß, wer die verantwortungsbewußte Arbeit haben will, diese nicht auf dem Wege autoritärer, d. h. im Trend willkürlicher und einseitiger Befehlsverhältnisse erreichen kann. Andererseits ist der leistungsbewußte sowie selbständig denkende und selbständig handeln wollende Mitarbeiter nicht bereit, sich von autoritären Vorgesetzten schurigeln zu lassen.

Aus ökonomisch-technischer Leistungsrationalität folgert unmittelbar, daß ein Organisationsprinzip, das auf der Delegation von Entscheidungskompetenz basiert, nicht den Spezialisten per Befehl und Mißtrauenskontrolle, sondern nur indirekt über den Weg der Leistungsmotivation führen lassen kann. Andererseits wird darauf hingewiesen, daß der einzelne sich nur dann mit dem Ziel seines Tuns zu identifizieren vermag, wenn er an der Formulierung dieses Ziels beteiligt ist und zudem die Möglichkeit hat, über Sachprobleme und Interessenprobleme auf dem Wege des Gesprächs sich mit seinem Vorgesetzten und seinen Kollegen auseinanderzusetzen[46]. Für den Vorgesetzten ergibt sich daraus die Notwendigkeit, „in zunehmendem Maße die spontane Kooperation der Untergebenen zu gewinnen, um die Durchsetzung seiner Leistungsansprüche zu ermöglichen. Er muß dabei seine Autorität durch die Erfordernisse der Produktion selbst legitimieren“[47].

[44] *Fürstenberg*, F. (89), S. 179.

[45] Zum Sprachgebrauch vgl. *Bleicher*, K. (21).

[46] Für eine umfassende Darstellung des Zusammenhangs von Führungsstil und Organisation vgl. *Höhn*, R. (113), S. 259 ff.

[47] *Lepsius*, R. (147), S. 25.

Der Übergang zu einem kooperativen Führungsstil erscheint jedenfalls als ein wichtiges Element auf dem Wege vom Untergebenen zum Mitarbeiter. Auch hier ist jedoch noch viel praktische Arbeit zu tun und mancher Ballast abzuwerfen. So müssen viele Arbeitgeber noch einsehen, daß ein kooperativer Führungsstil kein Ersatz für institutionelle Mitbestimmungsformen sein kann[48]. Und bei den Gewerkschaften muß mehr und mehr gesehen werden, daß es nicht ausreicht, will man den mündigen Arbeiter, ihn repräsentativ zu vertreten. Zu wirklichen Verhaltensänderungen zu kommen ist jedenfalls ein langer, ein lohnender, aber auch ein enttäuschungsreicher Weg.

Auch hinter folgender Formulierung verbirgt sich m. E. ein Irrtum: „Wir sagen ..., daß die Mitbestimmung sich nicht gegen notwendige, sondern gegen autoritäre Führungsstrukturen richtet. Die Verantwortung im Unternehmen wird keineswegs verwischt. Wer auf Grund der Mitbestimmungsgesetze in Unternehmenspositionen aufrückt, trägt die gleiche Verantwortung für das Unternehmen wie alle anderen Vorstandsmitglieder ...[49]." Für das Gesamtsystem ist das natürlich richtig, man kann an der praktischen Erfahrung jedoch nicht vorbei, daß sich seit Einführung der Arbeitsdirektoren in der Montanindustrie oder etwa in gewerkschaftseigenen Unternehmen nicht wesentlich mehr als in anderen Unternehmen auch an der im Detail autoritären Führungssituation geändert hat.

Vielmehr erscheint die Ansicht richtig zu sein, die erstmals offiziell zugestanden worden ist im Rahmen der Begründung zum Regierungsentwurf zum neuen Betriebsverfassungsgesetz, daß nämlich trotz aller repräsentativen Mitbestimmung z. B. durch die Betriebsräte es bisher nicht gelungen sei, bei der Mehrheit der Arbeitnehmer das Gefühl vom Objektsein zugunsten eines Gefühls des Subjektseins zu wandeln. Daraus eben ergaben sich die Forderung nach Mitwirkung „rund um den Arbeitsplatz"; ein Ansatz, dem der Oppositionsentwurf einen noch breiteren Raum widmet[50].

So ist auch folgender, aus langjähriger Praxis gewonnener Meinung zuzustimmen: „Die Industrie hat zwar alles mögliche produziert, nur keinen adäquaten Führungsstil, der dem Verhalten im Entscheidungsraum formell und materiell Richtung und Zielsicherheit geben und damit für alle ein verläßlicher Peilstrahl sein könnte." Und: „Darüber hinaus ist ... ein makrosoziologischer Aufschluß zu gewinnen über den Stand der Entwicklung vom Betriebsuntertanen zum mündigen Mitarbeiter, der in der Lage und Willens ist, ‚alternative Wahlhandlungen' vorzunehmen, sich auch ‚unter Unsicherheit' zu verhalten, damit echt zu

[48] Vgl. *Bolte*, K. M. (32), S. 259 ff.
[49] *Gescheidle*, K., in: Vorstand der SDP (Hrsg.) (241).
[50] Der Bundesminister f. Arbeit (Hrsg.) (46), S. 96.

entscheiden und darüber Rechenschaft abzulegen. Die andere Seite des Aufschlusses besteht in der Feststellung, ob die Vorgesetzten überhaupt derartig ‚entwickelte' Mitarbeiter haben möchten, weil sie z. T. instinktiv merken, daß eine derartige Führung ganz spezifische Anforderungen stellt, denen man sich nicht ohne weiteres gewachsen glaubt[51]."

Daß über den unmittelbaren Bereich des Arbeitsplatzes hinaus die Handlungsmaximen eines kooperativen Führungsstils wichtige Funktionen im gesamten Bemühen um den Abbau autoritärer Verhaltensmuster zu erfüllen vermögen, ist eine nicht zu gering einzuschätzende Begleiterscheinung[52].

Allerdings kann man an dem Umstand nicht vorbei, daß es einerseits häufig die obersten Führungskräfte sind, die sich in der Praxis nur schwer von autoritären Verhaltensattitüden trennen können und sich nur mühsam den Spielregeln eines kooperativen Führungsstils unterwerfen, wie sie andererseits gerade durch ihr eigenes Verhalten den Stil bzw. das Führungsklima des ganzen Unternehmens sowohl positiv als auch vor allem negativ beeinflussen und zu prägen vermögen[53].

7.3.5. Mögliche Fortschritte einer Demokratisierung am Arbeitsplatz

Dennoch scheint für die nähere Zukunft begründete Hoffnung zu bestehen, daß gerade auch im Bereich der Mitbestimmung am Arbeitsplatz Fortschritte möglich sind. Diese Hoffnung gründet sich zum einen auf die Tatsache, daß immer mehr Unternehmen bzw. Unternehmensleitungen die Bedeutung dieses Bereichs vor allem unter dem produktiven Aspekt zu würdigen wissen und sowohl organisatorische als auch besonders schulungsmäßige Anstrengungen unternehmen, um durch Schaffung sachlicher und personeller Voraussetzungen, hier vor allem ausreichende Information und Vermittlung psychologischer Kenntnisse und Fähigkeiten an die Führungskräfte aller Ebenen, das Produktivitätspotential motivierter Arbeitnehmer auszuschöpfen.

Zum anderen ist nicht zu verkennen, daß auch innerhalb der Gewerkschaften, allerdings z. T. mit charakteristischen Verschiebungen, die Diskussion über die Arbeitsplatzproblematik intensiv in Gang gekommen ist, wobei besonders die Praktiker aus den Unternehmen auch die Führungsfrage ins Gespräch gebracht haben[54]. Ein spezifisches Mißtrauen

---

[51] *Raidt,* F. (201), S. 73 f.

[52] Vgl. Die an einem Führungsmodell beispielhaft abgeleiteten Gedanken bei *Bolte,* K. M. (34).

[53] Vgl. *Argyris,* C. (9). Zu empirischen Befunden über Einstellungen von Managern in Deutschland zu Fragen des Führungsstils (Entscheidungsstils) vgl. *Pross,* H. - *Boetticher,* K. W. (200), S. 78 ff.

[54] Als erste gründliche Analyse von Führungsmodellen vgl. *Bieding,* F. - *Scholz,* K. (20). Zu einem Beispiel vgl. *Bume,* O. - *Breuer,* W. M. (28). Beiden

jedoch gegenüber einer allzu isolierten Behandlung dieses Fragenkomplexes im Verhältnis zu ihren sonstigen Ambitionen ist nicht zu verkennen und muß noch abgebaut werden.

Gerade die hier zu beobachtende Skepsis verweist noch einmal zum Schluß dieser Gedanken auf den Umstand, daß zweifelsohne das Mitbestimmungsproblem als Komplex und als ganzes zu sehen ist, kein Teil daraus also für sich allein bestehen und behandelt werden kann, daß es andererseits aber auch töricht wäre, auf den Ausbau eines Teilbereiches zu verzichten, nur weil in anderen Bereichen kein oder nach eigener Meinung ein zu geringer Fortschritt erzielt wurde bzw. als erzielbar erachtet wird.

7.4. Weitere Demokratisierung auch der Wirtschaft als Aufgabe der Zukunft

Möglichkeiten und Begrenzungen von Demokratisierungsbemühungen im Zusammenhang mit den ökonomischen Leistungsprozeß darzustellen, war Inhalt dieser Arbeit.

Demokratisierung, verstanden als die vielfältigen Bemühungen, den einzelnen Gesellschaftsmitgliedern ein Höchstmaß an Entfaltungschancen zu eröffnen, sollte auch und gerade in Zukunft ein die Entwicklung der Bundesrepublik kennzeichnender Vorgang und eine der vornehmsten Aufgaben sein. Die Moralität der Verfassungsgrundlage gebietet es m. E., alle gesellschaftlichen Kräfte, vor allem auch diejenigen, die in irgendeiner Form Führungsverantwortung tragen bzw. tragen werden, diesem Ziel zu verpflichten. Ein demokratisches System wie das unsere verlangt von allen gesellschaftlichen Führungskräften, mit ihrem eigenen Verhalten leitbildhaft Funktionen wahrzunehmen.

Getragen von der Erkenntnis, daß, wer sich nicht von anderen disziplinieren lassen will, sich in mündiger Kooperation selbst disziplinieren muß, erscheint Demokratie m. E. mithin als ein System mündiger Bürger, was mündige Mitarbeiter aber auch mündige Vorgesetzte einschließt. Die institutionellen und materialen Voraussetzungen einer derartigen Freiheit zu schaffen, zu verbessern oder zu erhalten ist Sinn und Zweck des Demokratisierungsprozesses. Als Teil dieses Prozesses hat auch die Mitbestimmung zu gelten, von der es, unabhängig hier von Detailregelungen und Detailproblemen, festzuhalten gilt, daß ihr Gesamtkonzept

Veröffentlichungen, besonders der zweiten, ist eigen, daß an manchen Stellen die Aussagen als allzu sehr von einer heftig geführten Kontroverse zwischen den Gewerkschaften und der „Akademie für Führungskräfte der Wirtschaft" und ihrem Leiter beeinflußt erscheinen. Dieser Eindruck entsteht nicht bei der bisher wohl systematischsten Auseinandersetzung mit dem Führungsproblem bei der Studie im Rahmen der Veröffentlichungen der „Stiftung Mitbestimmung" und der „Hans-Böckler-Gesellschaft": Arbeitsgemeinschaft „Engere Mitarbeiter der Arbeitsdirektoren Eisen und Stahl" (8).

im Prinzip ebenfalls auf dem Boden jenes Versuchs steht, auch die Wirtschaft nach den Grundsätzen eines pluralen demokratischen Modells zu ordnen.

Dieser pluralistische Lösungsweg ist es, dessen Fähigkeit, mit den produktiven und normativen Anforderungen an das ökonomische System fertigzuwerden, alternativ zu den behaupteten oder tatsächlichen Fähigkeiten einseitiger Modelle zur Diskussion steht; der m. E. nur lebensfähig ist, wenn er von einem prinzipiellen Konsens der Beteiligten getragen wird und durch Offenheit gegenüber Veränderungsnotwendigkeiten seine Ordnungsleistungsfähigkeit unter Beweis stellt[55].

Das gilt auch dann oder gerade dann, wenn man konstatieren kann, daß mit der Konsolidierung der wirtschaftlichen Verhältnisse, mit der Einbindung der Bundesrepublik in ein europäisches Wirtschaftssystem und ein westliches politisch-militärisches Bündnis sich im Laufe der Jahre das poltische System stabilisiert hat und das den gesellschaftlichen Beziehungen zugrundeliegende demokratische Ordnungskonzept mehr und mehr zur von allen wesentlichen gesellschaftlichen Kräften bejahten und zur in bereits seit 25 Jahren kontinuierlicher Entwicklung sich als tragfähig erwiesen habenden Basis geworden ist.

Die Ordnung der Bundesrepublik hat für die Menschen in dieser Gesellschaft identitätsbildende Kraft in einer Weise entwickelt, wie es die erste Demokratie der Weimarer Republik nicht im entferntesten zu schaffen vermochte. Um die Grundlagen im Prinzip muß in der Regel nicht mehr gerungen werden, wohl aber um ihre weitere Ausgestaltung und die Übertragung all ihrer Chancen auf mgölichst jedes Gesellschaftsmitglied.

Wie tragfähig diese Ordnungsgrundlage tatsächlich ist, wird sich an der Bewältigung von Konflikten beweisen müssen, die nicht mehr, wie überwiegend in den ersten zwanzig Jahren der Geschichte der Bundesrepublik, aus dem Scheitern eines abenteuerlichen Ordnungsversuchs der Vergangenheit abgeleitet werden können, sondern die nach einer, wie eingangs dieser Arbeit erwähnten Phase des neuen politischen, ökonomischen und sozialen Aufbaus nunmehr aus den Problemen einer gegenwärtigen, hochentwickelten Industriegesellschaft mit mannigfachen internationalen und weltweiten Verflechtungen unter den Bedingungen nachlassenden Gesamtwachstums, vielfältiger konjunktureller und struk-

---

55 Auf die Tendenz zu Konservatismus und zur Befriedigung etablierter und saturierter Gruppen und damit zu einer gewissen Inflexibilität gegenüber neuen Konflikten ist mehrfach warnend hingewiesen worden. U. a. vgl. *Scharpf*, F. (211, S. 53): „Seine (des Pluralismus, Anm. d. Verf.) spezifische Gefahr liegt in der möglichen Akkumulation verdrängter Konflikte, die dann entweder unter Preisgabe der freiheitlichen Ziele des Modells gewaltsam unterdrückt werden müssen oder in einer krisenhaften Entladung das pluralistische System selbst zerstören können."

tureller Störungen interner und externer Art, heftig gefährdeter Funktionsfähigkeit vor allem der internationalen Lenkungsmechanismen und zunehmender Neigungen, nationale und internationale Verteilungskämpfe politischer, ökonomischer und sozialer Art vom Standpunkt interessenegoistischer Positionen auszuführen.

Unter solchen Voraussetzungen wird es schwieriger, erscheint es mir allerdings um so dringlicher, den Versuch fortzuführen, die Gesellschaft der Bundesrepublik in dem Sinne demokratisch funktionsfähig zu erhalten, daß Entscheidungsprozesse zugleich den produktiven (was unter den gegebenen Bedingungen vor allem bedeutet, die sachbezogene Entscheidungsfähigkeit organisierter Leistungsprozesse zu erhalten bzw. zu stärken) und den interessen-pluralen (was sowohl bedeutet, partiellen Interessen Artikulations- und Wirkmöglichkeiten zu erhalten bzw. weiter zu öffnen, als auch die Entscheidungsinstanzen — sei es in den Unternehmen oder sei es im Rahmen des Staates — koordinationsfähig, d. h. unabhängig genug von Einzelinteressen und ihren Organisationen zu bewahren bzw. zu machen) Erwartungen Rechnung zu tragen in der Lage sind.

Eine solchermaßen verstandene Kontinuität des Demokratisierungsprozesses bietet m. E. allein die Gewähr, die notwendige, sich in konsenshafter Zustimmung äußernde Legitimität eines freiheitlichen demokratischen Ordnungssystems zu erhalten.

8. Zusammenfassende Schlußbemerkungen

Ausgangspunkt dieser Arbeit war der konstatierte ordnungstheoretische Dissens über die Möglichkeit einer Übertragung des Demokratiemodells als Ordnungsraster auf den Bereich der Wirtschaft.

Anliegen dieser Arbeit war, aus sozialwissenschaftlicher Sicht die These zu überprüfen, daß die Übertragung demokratischer Ordnungskriterien auf die Wirtschaft als eines gesellschaftlichen Teilbereichs nicht nur möglich, sondern im Rahmen des Verständnisses von Demokratie als eines gesamtgesellschaftlichen Ordnungskonzepts und Ordnungsanspruchs als notwendig anzusehen ist, und daß der evolutionär-reformerische Prozeß einer Demokratisierung der Wirtschaft zugleich Ausdruck wie Notwendigkeit des historischen Vorgangs der allmählichen Durchdringung der Gesellschaft in ihrer Gesamtheit mit dem normativen Prinzip freier und gleicher Entfaltungschancen der Gesellschaftsmitglieder auf der Basis einer den produktiven Erfordernissen einer komplexen Industriegesellschaft genügenden ökonomischen Organisation darstellt.

Zunächst einmal war die Erkenntnis zu erläutern, daß die Auseinandersetzung um die Ordnungsgrundlagen der Gesellschaft selbst als ein historischer Prozeß zu begreifen ist, der sich u. a. aus der Notwendigkeit ableitet, Ordnungsregelungen den sich aus dem Wandlungsprozeß der Gesellschaft insgesamt ergebenden veränderten und sich weiter ändernden Umweltbedingungen anzupassen, der sich aber auch daraus herleitet, daß über die jeweils zu erreichenden Ziele und die zu ihrer Erreichung anzuwendenden konkreten Methoden und Maßnahmen nicht a priori Einigkeit besteht. Insofern sind auch die Auseinandersetzungen im Rahmen der aktuellen Demokratisierungsdiskussion als Teil des historischen Auseinandersetzungsprozesses um die Demokratie als gesellschaftliches Ordnungsprinzip und zugleich als positiver Ausdruck der Fähigkeit eines gegebenen Ordnungssystems zu bewerten, seine Grundlagen und konkreten Regelungen in offener Diskussion den veränderten Gegebenheiten anzupassen und sich dadurch im Prinzip funktionsfähig zu erhalten.

Solchermaßen konnten die Auseinandersetzungen um den als auch der tatsächlich sich vollziehende Prozeß der Demokratisierung gleichermaßen als Ausdruck der historischen Dimension und Dynamik demokratischer Ordnung qualifiziert werden.

Um im speziellen Fall die Kontroversen hinsichtlich einer Demokratisierung der Wirtschaft angemessen einordnen zu können, war auf die

Differenzen der unterschiedlichen Demokratieverständnisse einzugehen, die sich aus den abweichenden Bewertungen der grundsätzlich sich ergebenden Probleme bei der praktischen Umsetzung der demokratischen Leitmaxime vom freien und gleichen Entfaltungsrecht der Individuen ableiten lassen.

Als eines der grundlegenden Problemfelder wurde der Komplex divergierender Vorstellungen darüber herausgearbeitet, was im konkreten unter Selbstbestimmung verstanden werden kann bzw. soll und welche Hemmnisse qualitativer und organisatorischer Art einer Verwirklichung entgegenstehen.

Dabei wurde erkannt, daß Selbstbestimmung, verstanden als Mitwirkung aller bei allen Entscheidungen, unter den Bedingungen einer industriell entwickelten Großgesellschaft als praktisch unrealisierbare Illusion gewertet werden muß, auch demokratische Ordnung daher nicht auf überindividuell verbindlich strukturierte Entscheidungsprozesse verzichten kann.

Wenn man die Möglichkeit, sich in sozialen Beziehungen auch gegen Widerstreben anderer durchsetzen zu können, als Macht, und die institutionalisierte Möglichkeit, also das Recht, über andere Macht auszuüben, als Herrschaft definiert, verdichtet sich das Problem demokratischer Ordnung damit zu einer Frage spezifischer Herrschaftsregelung. Als Kriterien demokratischer Herrschaftsordnung wurden die Legitimation der jeweils Herrschenden durch die Zustimmung der Mehrheit der Herrschaftsunterworfenen, eine zeitliche Begrenzung des übertragenen Herrschaftsmandats und eine durch differenzierte Methoden gekennzeichnete öffentliche Kontrolle der Herrschenden herauskristallisiert.

Da die individuelle Freiheit im historischen Kontext zunächst primär als vom absoluten Regiment staatlicher Obrigkeit gefährdet erschien, bezogen sich die ersten praktischen Realisierungsschritte demokratischer Ordnung auf den Bereich staatlicher Herrschaft und fanden ihren Ausdruck in der Etablierung des demokratischen Rechtsstaats. Insofern konnte gesagt werden, daß Demokratie im historischen Vollzug als Demokratisierung des Staates seinen Anfang nahm.

Da hinter einer solchen Wertung jedoch die These aufscheint, daß Demokratie auch Gültigkeit noch für andere Bereiche der Gesellschaft über den Staat hinaus beansprucht bzw. beanspruchen könnte, ergab sich als weiteres und für die Diskussion um eine Demokratisierung der Wirtschaft wahrscheinlich das entscheidende Problemfeld der Reichweite demokratischer Ordnung.

Der Frage war also nachzugehen, ob Demokratie nur ein Modell politischer Ordnung oder ein Prinzip allgemeiner gesellschaftlicher Ordnung ist. Es wurde die Ansicht herausgestellt, daß, da herrschaftliche Prozesse universelle Erscheinungen, also nicht nur auf den staatlichen Bereich beschränkt seien, Entfaltungsfreiheit und Selbstbestimmung der Individuen also z. B. auch durch autokratische Entscheidungsstrukturen in der Wirtschaft beeinträchtigt würden, demokratische Herrschaftsordnung ebenfalls gesellschaftlich-universell zur Anwendung kommen müsse. Eine Demokratisierung der Wirtschaft wäre von einem solchen Denkansatz aus nur die konsequente Weiterführung des mit der Demokratisierung des Staates begonnenen Prozesses einer allgemeinen Durchdringung der Gesellschaft mit demokratischer Ordnung.

Diesem Ansatz jedoch und vor allem auch der damit verbundenen, dem Staat zugemuteten Rolle im Demokratisierungsprozeß standen und stehen sehr viel engere Demokratieinterpretationen entgegen. Darüber hinaus mußten ganz unterschiedliche Auffassungen über den einzuschlagenden Weg z. B. einer Demokratiesierung der Wirtschaft konstatiert werden. Es erschien daher notwendig, eine systematische Begründung für die Berechtigung der Forderung nach einer Demokratisierung der Wirtschaft, aber auch für ihre Begrenzungen bzw. Bedingungen zu erarbeiten.

Kernpunkt dieser Argumentation war die Definition der Gesellschaft als ein Handlungssystem, das die Gesamtheit aller Leistungsbeziehungen umfaßt, in die Individuen rollenbezogen verwoben, die der Bewältigung ihrer Existenz gewidmet und die daher im umfassenden Sinne auf die Befriedigung ihrer Bedürfnisse gerichtet sind.

Als Bedingung moderner Gesellschaft wurde ein hoher Grad an Komplexität herausgearbeitet, deren Reduktion und Erhalt auf angemessenem Niveau die Funktion sinnhaft differenzierter Subsysteme mit hoher Eigenkomplexität und der sich in ihnen und durch sie vollziehenden selektiven Entscheidungen ist.

Als Konsequenz für das Individuum ergab sich, daß es als Aktionssystem eigener Art außerhalb der sich ihm gegenüber verselbständigenden Handlungssysteme gesehen werden muß und daß sich seine Identität und Selbstverwirklichung nicht aus der partiellen Mitgliedschaft in einem Handlungssystem, sondern nur aus der Gesamtheit aller seiner Leistungsbeziehungen ableiten läßt. Seine Entfaltung unter der Bedingung hoher Umweltkomplexität ist daher als das Produkt der spezifischen produktiven und normativen Gestaltung gesellschaftlicher Entscheidungsprozesse zu erklären.

Von daher ist das Problem freier Entfaltung aller Gesellschaftsmitglieder ebenfalls nur als universell-gesellschaftliches Problem zu begreifen und die Forderung nach der Anwendung der auf ihre Realisierung gerichteten demokratischen Ordnung als gesellschaftsumgreifendes normatives Postulat zu gewichten. Dieses normative Postulat konnte als

Entsprechung der funktionalen Konsequenz hoher gesellschaftlicher Komplexität abgeleitet werden. Allerdings war dem politischen System als Träger verbindlicher Ordnungsleistungen für die Gesellschaft insofern eine Priorität einzuräumen, als die demokratische Agentenfunktion des Staates nur dann homogen wahrgenommen werden kann, wenn sein herrschaftliches Entscheidungshandeln selbst vorab demokratisch strukturiert ist. Diese dem Staat zugemutete Gestaltungsfunktion wurde aus seiner Beschreibung, in Ergänzung seiner Charakteristik als Rechtsstaat, als Sozialstaat abgeleitet und auf ein verändertes Verständnis der Verfassung als Gesellschaftsverfassung, in Erweiterung ihrer Interpretation als Staatsverfassung, zurückgeführt.

Darüber hinaus wurde auf den inhaltlichen Aspekt von Demokratie eingegangen, der die möglichst direkte Partizipation von Rollenträgern an Entscheidungen als Bedingung ihrer Repräsentanz und zugleich als Voraussetzung möglicher Selbstbestimmungserfahrung wertet. Eine Ermöglichung solcher Erfahrung wurde als Voraussetzung individueller Identifikation mit demokratischen Werten und Normen angesehen.

Aus allen angestellten Überlegungen war zu folgern, daß, um das demokratische Prinzip zum gesellschaftlich-universell gültigen zu machen und Friktionen zwischen inkompatiblen Ordnungsmustern zu vermeiden, Demokratie nur über den Weg einer Demokratisierung gesellschaftlicher Subsysteme zu erreichen ist.

Die normativ begründete Demokratisierungsforderung und -strategie darf jedoch nicht vergessen machen, daß die individuelle Entfaltungsfreiheit als Produkt des funktionierenden Zusammenwirkens aller Leistungsprozesse erwächst, die einzelnen Individuen rollenmäßig nicht nur als Erbringer von Leistungsbeiträgen, sondern auch als Empfänger von Leistungen den einzelnen Leistungssystemen verhaftet sind. Insofern besteht ein objektives Interesse an, im Begriff der Produktivität erfaßter Funktionsfähigkeit der Leistungssysteme ebenso wie an ihrer normativen Leistungsfähigkeit.

Als Ergebnis wurde daher die Notwendigkeit der Orientierung des Demokratisierungsprozesses am normativen Aspekt gleichermaßen wie am produktiven Aspekt gesellschaftlicher Leistungsprozesse betont und Demokratisierung definiert als allseitige Verbesserung der Interessenqualität gesellschaftlicher Entscheidungsprozesse.

Um den Bezugspunkt eines solchen Demokratisierungsbegriffes hinsichtlich des speziellen Problems einer Demokratisierung der Wirtschaft herauszuarbeiten, wurden sodann prinzipielle Determinanten des Wirtschaftens beschrieben und Arbeiten und Wirtschaften als generelle Erscheinungen gesellschaftlicher Existenz erläutert. Wirtschaften wurde definiert als Entscheidungsprozeß, dessen Objekt grundsätzlich die Art der Erstellung und der Verteilung gesellschaftlicher Leistungen ist. Der ökonomische Bereich ist demnach nur ein Bereich unter anderen, in dem gewirtschaftet wird; seine Unterscheidung von anderen ergibt sich daraus, daß er primär durch die Erstellung materieller Güter gekennzeichnet ist.

Gesellschaftliches Wirtschaften unterliegt der Bedingung, daß durch arbeitsteilige Produktionsprozesse im Wege der Zurverfügungstellung von Erstellungsleistungsbeiträgen der Gesellschaftsmitglieder, die im Begriff der Arbeit primär ihren Ausdruck finden, die Befriedigungsleistungen erst erstellt werden müssen, die zur Abdeckung der individuellen Bedürfnisse geeignet sind. Die verfügbaren Erstellungsleistungskapazitäten (die Ressourcen) sind in der Regel knapp und sollen daher so effizient wie möglich genutzt werden. Die Vermittlung zwischen Erstellung und Verteilung (Produktion und Bedarf) geschieht im Wege vielfältiger Tauschprozesse, deren Basis die bewerteten Leistungsbeiträge sind.

Solchermaßen ist Arbeit als an die Person gebundener Erstellungsbeitrag zunächst einmal zweckrationale Funktion der Bedingung, Befriedigungsleistungen zu erhalten. Insofern sich aber im Vollzug der Arbeit individuelles Leben selbst entfaltet, gerät Arbeit zum Wert an sich, muß Arbeit auch unter dem wertrationalen Aspekt gesehen werden, und werden daher die Bedingungen, unter denen Arbeit zu erbringen ist, zu einer gesellschaftlichen Qualität eigener Art.

Wirtschaften wurde daher zum einen als Prozeß unter produktiven funktionalen Erwartungen und zum anderen unter normativen funktionalen Erwartungen analysiert. Denn die Arbeitsbedingungen ergeben sich z. T. daher, so wurde entwickelt, welches Effizienzkriterium als oberstes Ziel fixiert wird. Wer, unter bestimmten Rahmenbedingungen, die sich aus der Gesamtkonstruktion der Austauschprozesse ergeben, in einem konkreten Leistungssystem dieses oberste Ziel festlegen kann, hat damit die Möglichkeiten, seine Verwertungsinteressen mit Priorität zu verfolgen. Damit wird die Konkretisierung von Effizienz zum Machtproblem. Insofern die Zielfixierungsmöglichkeit institutionalisiert wird, ist es ein Herrschaftsproblem. Der Doppelcharakter konkreten Wirtschaftens ist es also, nämlich zugleich produktiver und Herrschaftsprozeß zu sein, den es festzuhalten galt. Beide Aspekte, der produktive und der normative, sind es deshalb auch, die eine Demokratisierung zu beachten hat, wenn es um die Verbesserung der Interessenqualität von Entscheidungen geht.

Der spezifischen Ausformung des Wirtschaftens im historischen Verlauf und dem Nachweis, daß Entwicklungsstand der Produktionstechnik und Herrschaftsordnung schon immer den ökonomischen Bereich zugleich bestimmten und damit die je konkrete Arbeitssituation prägten, galten die nächsten Überlegungen.

Um die typischen Veränderungen gegenüber der Industriegesellschaft zu verdeutlichen, wurde ein kurzer Überblick über mir wichtig erscheinende Merkmale vorindustrieller Gesellschaften vorangestellt. Neben der Feststellung eines insgesamt geringen, wenn auch mit fortschreitender Entwicklung zunehmenden Grades von Komplexität und der überwiegend noch personalen Integration und der daraus erwachsenden individuellen Sicherheit konnte als wichtigstes Ergebnis die wachsende Bedeutung des privaten Eigentums an den Produktionsmitteln als herrschaftliche Basis ungleicher gesellschaftlicher Entfaltungschancen festgemacht werden. Da es vor allem der Boden war, der in der Agrargesellschaft Priorität als Produktionsfaktor hatte, waren es die Feudalherren, die als Eigentümer im Rahmen des darauf aufgebauten Herrschaftssystems Interessendominanzen genossen.

Im Laufe der Entfaltung der Industriegesellschaft, deren Produktion durch zunehmende Spezialisierung und Arbeitsteiligkeit, durch organisatorische Verselbständigung und Konzentration der um die produzierten Großwerkzeuge gruppierten Produktionsprozesse, die Entwicklung einer eigenen Berufswelt und eine immer größere, traditionelle Ländergrenzen auch überschreitende Dimensionen der Austauschprozesse, also durch einen wachsenden Grad hoher Komplexität gekennzeichnet ist, gewinnt der Produktionsfaktor Kapital mehr und mehr an Bedeutung und wird in der Praxis, vermittelt durch die Eigentumsordnung, zur Grundlage interessen-einseitiger Herrschaftsordnung, die ihren Ausdruck in der Konkretisierung der allgemeinen Effizienz zur Rentabilität des eingesetzten Kapitals findet.

Der ursprüngliche Charakter privat-patriarchalischer Unternehmensführung, der dem besonderen Leistungsbemühen des Eigentümer-Unternehmers verpflichtet war, und die Theorie von der sich durch Wettbewerb auf einem freien Markt in ihrer Macht gegenseitig begrenzenden und kontrollierenden Einzelunternehmen schwinden mit zunehmender Entwicklung der Großunternehmen. Die ungebrochene Herrschaftslegitimation jedoch Kraft Eigentums bleibt bestehen und begründet eine wachsende gesellschaftliche Macht des Kapitals, während gleichzeitig sich, zunehmend mit der Bildung von Kapitalgesellschaften, das Verzinsungsinteresse in anonymer Form vom Arbeitszusammenhang verselbständigt.

Als Folge konnte der Charakter von Fremdbestimmung und Entfremdung individueller und kollektiver Arbeit und der Wandel der Wirtschaft von einer privaten zu einer mehr und mehr öffentlichen Angelegenheit festgestellt werden. Die der demokratischen Rechtsstaatsidee zuwiderlaufende tatsächliche soziale Entwicklung, von Kritikern als Klassengegensatz von Kapital und Arbeit beschrieben, führte zu einer intensiven Auseinandersetzung mit dem System der rechtsstaatlichen Demokratie schlechthin, förderte die Neigung, ökonomische Konflikte in den politischen Bereich zur Lösung zu verlagern und provozierte den Staat, selbst ordnend in den ökonomischen Bereich einzugreifen.

In der Auseinandersetzung mit der sozialen Frage wurde daher der Grundstein, wie abgeleitet wurde, für die Erweiterung der Charakteristik des Staates als Sozialstaat, für die Wandlung des Lenkungssystems der freien zur sozialen Marktwirtschaft, insgesamt für die Transformation der individuellen, gegenüber staatlicher Obrigkeit zu schützende Freiheit in die soziale, vom Staat zu sichernde Freiheit gelegt. In seiner Gesamtheit läßt sich dieser Prozeß als auf die Beseitigung bzw. Minderung interessen-einseitiger Wirkungen staatlicher und ökonomischer Herrschaft und der durch sie determinierten Entscheidungsprozesse gerichtet beschreiben und konnte daher als Bemühen um eine evolutionär-reformerische Demokratisierung des Staates und auch der Wirtschaft charakterisiert werden.

Am Beispiel der Geschichte der Mitbestimmung wurden sodann in einer gerafften Übersicht Belege für die These der sich historisch seit dem Beginn der Industriegesellschaft bereits vollziehenden, also möglichen Demokratisierung auch der Wirtschaft beigebracht. Eine solche Beweisführung erscheint gleichermaßen gewichtig gegenüber solchen Positionen in der aktuellen Diskussion, die eine Demokratisierung der Wirtschaft überhaupt für ausgeschlossen halten, wie gegenüber solchen Positionen, für die Demokratisierung gleichbedeutend mit Beseitigung des privaten Eigentums an den Produktionsmitteln und damit Demokratie gleichbedeutend mit Verzicht auf eine kompromißhaft-pluralistische politische Ordnung ist.

Auf der Grundlage eines knappen Aufrisses des durch das Grundgesetz umschriebenen Demokratiemodells der Bundesrepublik, wobei besonderer Wert auf die ihm zugrundeliegende Wertentscheidung des mündigen Bürgers als des demokratischen Menschenbildes, aus dem das Recht und die Befähigung zu eigenverantwortlicher Selbstbestimmung der Gesellschaftsmitglieder abgeleitet wird, und den Charakter des Grundgesetzes in erster Linie als einer Gesellschaftsverfassung, woraus sich der Gestaltungsauftrag des Staates zur Verwirklichung und materialen Wahrnehmung der gesetzlich den einzelnen Gesellschaftsmitgliedern eingeräumten Entfaltungsfreiheiten herleitet, gelegt wurde, nach diesem Abriß wurde noch einmal betont, daß Demokratisierung nicht ausschließlich mit Mitbestimmung zu identifizieren ist, daß vielmehr, stellt man auf die Wirkungen gesellschaftlicher Entscheidungen ab, das ganze Instrumentarium des Ordnungssystems der sozialen Marktwirtschaft von der intervenierenden Wirtschafts- und Wettbewerbspolitik, über das Arbeitsrecht und die soziale Sicherung bis zur Ausbildungs- und Bildungspolitik ebenfalls als Mittel einer Demokratisierung der Wirtschaft gewertet werden muß.

Nach einigen Hinweisen darauf, daß sich aus der Veränderung bzw. Verschiebung der Argumentationen der Interessenvertreter von Kapital und Arbeit im Verlauf der sich bewährenden Gesellschaftsordnung der Bundesrepublik herleiten läßt, daß sich, auf Grund der vorsichtigen Hinwendung beider Seiten zu einer prinzipiellen Anerkennung des Gleichgewichts von Kapital und Arbeit und damit zu einer Anerkennung der daraus erwachsenden zumindest gleichwertigen Interessenansprüche hinsichtlich der Gestaltung ökonomischer Entscheidungen und also einer Anerkennung des pluralistischen Demokratiekonzepts, das vorhandene Konsenspotential für eine stabile Weiterentwicklung der freiheitlich-demokratischen Grundordnung als größer erweisen könnte, als es in der aktuellen Auseinandersetzung den Anschein hat, nach diesen Hinweisen wurde in einem letzten Kapitel gleichsam zugleich als Bestandsaufnahme und als Ausblick auf praktisch noch zu Leistendes bzw. noch Mögliches und theoretisch noch zu Klärendes die interdependenten, gleichzeitig als Einheit und hinsichtlich ihrer Problemrelevanz nicht zu substituierenden Ebenen des Mitbestimmungskomplexes, wie sie in bezug auf Entscheidungstatbestände des Unternehmens, des Betriebes und des Arbeitsplatzes unterschieden werden, einer Analyse unterzogen.

Es kam dabei vor allem darauf an, unter Bezug auf einerseits die Außenleistung (Produktivität) des Unternehmens als objektivem Existenzkriterium und der zu ihrer Erreichung notwendigen effizienten Organisation und Führung und andererseits auf den Anspruch nach möglichst freier Entfaltung und Selbstbestimmung der Arbeitnehmer die umfasde Beeinflussung des Zielbereichs von Herrschaft durch Mitbestimmungsformen zu hinterfragen. Neben der Behandlung der Verbreiterung der Legitimation der Herrschaft durch Mitbestimmung im Aufsichtsrat und der Beeinflussung des Zielbereichs von Herrschaft durch Mitbestimmung im Aufsichtsrat und vor allem durch den Betriebsrat in personellen, sozialen und wirtschaftlichen Angelegenheiten, also durch gesetzlich institutionell verankerte Mitbestimmungsrechte, wurde besonderes Gewicht auf die noch wesentlich zu gering beachteten verschiedenen Möglichkeiten der Mitbestimmung am Arbeitsplatz gelegt, also der Ebene, auf der sich Mitwirkungsintentionen weniger im Bereich des eher abstrakten Gegensatzes zwischen Kapital und Arbeit bzw. Arbeitgeber und Arbeitnehmer, als vielmehr im Bereich des unmittelbaren Arbeitszusammenhangs zwischen rollenspezifischen Funktionsträgern ansiedeln. Weitere Delegation von Entscheidungskompetenzen, Schaffung kreativer Arbeitsbereiche und Umstellung auf einen kooperativen Führungsstil wurden als Demokratisierungspotentiale genannt. Wegen des Zusammenhangs zwischen Gestaltungschance und Leistungsmotivation, also wegen der weitgehenden unmittelbaren Entsprechung zwischen produktiven und normativen Erwartungen konnte hier von einer großen Demokratisierungschance gesprochen werden.

Wie sich also zeigte, ist sowohl aus theoretischen als auch aus praktisch vorfindbaren Gründen eine Demokratisierung der Wirtschaft, immer eingedenk ihrer produktiven und normativen Funktionalität, möglich und vor allem wegen des normativen Anspruchs auf gesellschaftlich-universelle Gültigkeit der grundgesetzlichen Ordnungskonzeption auch nötig. Ob sich der bundesrepublikanische Ordnungsweg in Zukunft auch unter erschwerten äußeren Umweltbedingungen wird bewähren können, scheint u. a. von der Identifizierung der Masse der Gesellschaftsmitglieder mit seinen Wert- und Normengrundlagen abzuhängen. Solche Identifizierungen aber vermögen nur positive Erfahrungen auch in der Arbeitssituation zu vermitteln. Insofern wäre eine weitere Demokratisierung der Wirtschaft auch bewußtseinsmäßig Teil einer Strategie zur Bewahrung der produktiven und normativen Leistungsfähigkeit freiheitlicher Gesellschaftsordnung schlechthin.

Literaturverzeichnis

(1) *Adorno*, W. (Hrsg.): Spätkapitalismus oder Industriegesellschaft? Stuttgart 1969

(2) *Agnoli*, J. - *Brückner*, P.: Die Transformation der Demokratie. Frankfurt/M. 1968

(3) *Albach*, H.: Betriebliche Organisation. In: Handwörterbuch der Sozialwissenschaft. Stuttgart - Tübingen - Göttingen 1964

(4) *Alemann*, U. v.: Demokratisierung der Gesellschaft. In: Beilage zur Wochenzeitung Das Parlament, B 7/75, 15. 2. 1975, S. 3 ff.

(5) *Altmann*, N. - *Bechtle*, G.: Betriebliche Herrschaftsstruktur und industrielle Gesellschaft. München 1971

(6) *Anthes*, J. - *Blume*, O. - *Bosch*, H.-D. - *Breuer*, W. M. - *Kohne*, A.-L. - *Koplin*, R. - *Rölke*, P.: Mitbestimmung. Reinbek bei Hamburg 1972

(7) *Apel*, G.: Mitbestimmung. München 1969

(8) Arbeitsgemeinschaft „Engere Mitarbeiter der Arbeitsdirektoren Eisen und Stahl“: Führungsstil, Führungsorganisation und Mitbestimmung. Köln 1973

(9) *Argyris*, C.: Und der Boss gibt doch den Ton an. In: Plus, Nr. 12/1973, Harvard Business Review, S. 57 ff.

(10) *Arndt*, H.: Wirtschaftliche Macht. München 1974

(11) *Bachrach*, P. - *Baratz*, M.: Dicisions and Non-dicisions. In: American Political Science Reviue 1963

(12) *Bahrdt*, H. P.: Industriebürokratie. Stuttgart 1958

(13) *Bahrdt*, H. P. - *Jüres*, E. A. - *Kesting*, H.: Das Gesellschaftsbild des Arbeiters. Tübingen 1957

(14) *Ballerstedt*, E.: Soziologische Aspekte innerbetrieblicher Partnerschaft. München 1971

(15) *Baran*, P. A. - *Sweezy*, P. M.: Monopolkapital. Frankfurt/M. 1967

(16) *Baumanns*, H. L. - *Grossmann*, H.: Deformierte Gesellschaft? Reinbek bei Hamburg 1970

(17) *Bergsträsser*, L.: Geschichte der politischen Parteien in Deutschland. München 1960

(18) *Besson*, W.: Friedrich Ebert. Göttingen - Berlin - Frankfurt 1963

(19) *Biedenkopf*, K.: Mitbestimmung. Köln 1972

(20) *Bieding*, F. - *Scholz*, K.: Personalführungssysteme. Köln 1971

(21) *Bleicher*, K.: Führungsstile, Führungsformen und Organisationsformen. In: Zeitschrift für Organisation, 1969, S. 32 ff.

(22) *Bleicher*, K.: Perspektiven für Organisation und Führung von Unternehmungen. Baden-Baden und Bad Homburg v. d. H. 1971

(23) *Block*, J.: Das neue Betriebsverfassungsgesetz. Bad Harzburg 1972

(24) *Block*, J.: Der Streit um die Mitbestimmung. In: VARTA-Reporter, Nr. 2 u. 3, 1975

(25) *Block*, J.: Mitbestimmung im Betrieb. In: Katholische Sozialakademie Österreichs (Hrsg.): Betriebliche Mitbestimmung. Wien 1971, S. 5 ff.

(26) *Block*, J.: Zur Frage der informellen Beziehungen im Betrieb. In: Harzburger Hefte, 10/72, S. 560 ff.

(27) *Blumberg*, P.: Industrial Democracy. London 1968

(28) *Blume*, O. - *Breuer*, W. M.: Das „Harzburger Modell" — ein Modell für den öffentlichen Dienst? Stuttgart 1972

(29) *Boettcher*, E.: Kooperation und Demokratie in der Wirtschaft. Tübingen 1974

(30) *Boettcher*, E. - *Hax*, K. - *Kunze*, O. - *Nell-Breuning*, O. v. - *Ortlieb*, H.-D. - *Preller*, L.: Unternehmensverfassung als gesellschaftspolitische Forderung. Berlin 1968

(31) *Bolte*, K. M.: Bundesrepublik wohin? Bad Harzburg 1974

(32) *Bolte*, K. M.: Der achte Sinn. Bad Harzburg 1971

(33) *Bolte*, K. M.: Deutsche Gesellschaft im Wandel. Opladen 1966

(34) *Bolte*, K. M.: Die gesellschaftspolitische Bedeutung des Harzburger Models. Bad Harzburg 1972

(35) *Bolte*, K. M.: Entwicklungen und Probleme der Berufsstruktur. In: *Bolte* - *Neidhardt* - *Holzer* (38), S. 279 ff.

(36) *Bolte*, K. M.: Freiheit in der Gesellschaft. In: Führung in der Wirtschaft. Bad Harzburg 1966, S. 271 ff.

(37) *Bolte*, K. M. - *Kappe*, D. - *Neidhardt*, F.: Soziale Ungleichheit. Opladen 1974

(38) *Bolte*, K. M. - *Neidhardt*, F. - *Holzer*, H.: Deutsche Gesellschaft im Wandel, Band 2. Opladen 1970

(39) *Born*, K. E. (Hrsg.): Moderne deutsche Wirtschaftsgeschichte. Köln - Berlin 1966

(40) *Boulding*, K. E.: Einführung in die Wohlfahrtsökonomik. In: *Gäfgen*, G. (Hrsg.) (91), S. 77 ff.

(41) *Brenner*, O.: Strategie und Taktik der Gewerkschaften im gegenwärtigen Stadium der gesellschaftlichen Entwicklung. In: Frankfurter Hefte, Nr. 11/1968

(42) *Brenner*, O.: Zur Einführung. In: *Naphtali*, F. (182)

(43) *Bulla*, E.: Wirtschaftsordnung und Grundgesetz. In: *Ortlieb* - *Molitor* - *Krone* (Hrsg.) (194), S. 223 ff.

(44) Bundesgeschäftsstelle der CDU (Hrsg.): Ahlener Programm. Bonn o. J.

(45) Bundeskartellamt (Hrsg.): Bericht. Bundesdrucksache 7/2250

(46) Bundesminister für Arbeit (Hrsg.): Entwurf des neuen Betriebsverfassungsgesetzes. Bonn 1970

(47) Bundesminister für innerdeutsche Beziehungen (Hrsg.): Bericht der Bundesregierung und Materialien zur Lage der Nation 1972

(48) Bundesvereinigung der Deutschen Arbeitgeberverbände (Hrsg.): Kritik aus wissenschaftlicher Sicht. Köln 1974

(49) Bundesvereinigung der Deutschen Arbeitgeberverbände (Hrsg.): Stellungnahme des Arbeitskreises Mitbestimmung. Köln 1974

(50) Bundesvorstand der Jungsozialisten in der SPD (Hrsg.): Beschlüsse. Bonn 1974

(51) *Burisch*, W.: Industrie- und Betriebssoziologie. Berlin 1971

(52) *Burnham*, J.: Das Regime der Manager. Stuttgart 1951

(53) *Cassel*, D.: Grundbegriffe der Makroökonomie. Hannover 1973

(54) *Conze*, W.: Vom „Pöbel" zum „Proletariat". In: *Wehler*, H.-U. (Hrsg.) (244), S. 112 ff.

(55) *Correll*, W.: Arbeit als Lernprozeß. In: gdi-topics, Nr. 6/1973

(56) *Correll*, W.: Lernen und Verhalten. Frankfurt 1971

(57) *Dahrendorf*, R.: Das Mitbestimmungsproblem in der deutschen Sozialforschung. Tübingen 1963

(58) *Dahrendorf*, R.: Gesellschaft und Demokratie in Deutschland. München 1966

(59) *Dahrendorf*, R.: Pfade aus Utopia. München 1967

(60) *Deppe*, F. - *Freyberg*, J. - *Kievenheim*, C. - *Meyer*, R. - *Werkmeister*, F.: Kritik der Mitbestimmung. Frankfurt 1969

(61) Deutsche Angestellten-Gewerkschaft (Hrsg.): Thesen zur Mitbestimmung. Hamburg 1968

(62) Deutscher Bildungsrat / *Roth*, H. (Hrsg.): Begabung und Lernen. Stuttgart 1971

(63) DGB-Bundesvorstand (Hrsg.): Grundsatzprogramm des Deutschen Gewerkschaftsbundes. Düsseldorf 1972

(64) DGB-Bundesvorstand (Hrsg.): Mitbestimmung — eine Forderung unserer Zeit. Düsseldorf 1968

(65) *Duverger*, M.: Die politischen Parteien. Tübingen 1959

(66) *Duverger*, M.: Die politischen Regime. Hamburg 1960

(67) *Ehmke*, H.: Wirtschaft und Verfassung. Karlsruhe 1961

(68) *Ellwein*, T.: Politische Verhaltenslehre. Stuttgart 1965

(69) *Engels*, F.: Anteil der Arbeit an der Menschwerdung des Affen. Berlin 1963

(70) *Erhard*, L. - *Müller-Armack*, A.: Soziale Marktwirtschaft. Frankfurt/M - Berlin - Wien 1972

(71) *Eschenburg*, T.: Staat und Gesellschaft in Deutschland. Stuttgart 1956

(72) *Eschenburg*, T.: Zur politischen Praxis in der Bundesrepublik, Band II. München 196

(73) *Euchner*, W.: Demokratietheoretische Aspekte der politischen Ideengeschichte. In: *Kress* - *Senghaas* (Hrsg.) (137), S. 45 ff.

(74) *Eucken*, W.: Die Grundlagen der Nationalökonomie. Berlin - Göttingen - Heidelberg 1959

(75) *Etzioni*, A.: Elemente einer Makrosoziologie. In: *Zapf*, W. (Hrsg.) (249)

(76) *Etzioni*, A.: The Active Society. New York 1968

(77) *Everling*, U.: Europäisches Gemeinschaftsrecht. In: Der Staat, 13. Bd. Heft 1. Berlin 1974, S. 73 ff.

(78) *Fässler*, K.: Betriebliche Mitbestimmung. Wiesbaden 1970

(79) *Fetscher*, I.: Von Marx zur Sowjetideologie. Frankfurt - Berlin - München 1971

(80) *Fischer*, R.: Wirtschaftliche Mitbestimmung. Neuwied - Berlin 1969

(81) *Fitting - Auffahrt - Kaiser:* Betriebsverfassungsgesetz (Handkommentar). München 1972

(82) *Fitting - Keaegeloh - Auffahrt:* Kommentar zum Betriebsverfassungsgesetz. Berlin - Frankfurt/M. 1966

(83) *Forsthoff*, E.: Der Staat der Industriegesellschaft. München 1971

(84) *Forwick*, F. (Hrsg.): Eigentum und Freiheit (Dokumente). München 1972

(85) *Fraenkel*, E. - *Bracher*, K. D. (Hrsg.): Staat und Politik (Das Fischer Lexikon). Frankfurt/M. 1957

(86) *Freese*, H.: Die konstitutionelle Fabrik. Berlin 1909

(87) *Fricke*, W. - *Geisler*, A. (Hrsg.): Demokratisierung der Wirtschaft. Hamburg 1973

(88) *Friedrich*, C. J.: Demokratie als Herrschafts- und Lebensform. Heidelberg 1959

(89) *Fürstenberg*, F.: Die Bedeutung der Mitbestimmung am Arbeitsplatz für die industrielle Demokratie. In: *Vilmar*, F. (237) (Hrsg.), S. 171 ff.

(90) *Gäfgen*, G.: Theorie der wirtschaftlichen Entscheidungen. Tübingen 1963

(91) *Gäfgen*, G. (Hrsg.): Grundlagen der Wirtschaftspolitik. Köln - Berlin 1966

(92) *Galbraith*, J. K.: Die moderne Industriegesellschaft. München - Zürich 1968

(93) *Gehlen*, A. - *Schelsky*, H. (Hrsg.): Soziologie. Düsseldorf - Köln 1966

(94) *Goldberg*, B. (Hrsg.): Karl Marx. München 1962

(95) *Graetz*, W.: Demokratisierung der Wirtschaft durch Mitbestimmung. Dissenhofen 1974

(96) *Grand*, J.: Das Problem der Macht in der Unternehmung. Zürich 1970

(97) *Grebing*, H.: Liberalismus, Konservativismus, Marxismus. In: *Kress - Senghaas* (Hrsg.) (137), S. 69 ff.

(98) *Grochla*, E. (Hrsg.): Handwörterbuch der Organisation. Stuttgart 1969

(99) *Grosser*, D. (Hrsg.): Konzentration ohne Kontrolle. Köln - Opladen 1969

(100) *Grothus*, H.: motiviert — engagiert — produktiv. Dorsten 1972

(101) *Gutenberg*, E.: Unternehmensführung. Wiesbaden 1962

(102) *Habermas*, J.: Öffentlichkeit. In: *Fraenkel - Bracher* (Hrsg.) (85), S. 220 ff.

(103) *Habermas*, J.: Strukturwandel der Öffentlichkeit. In: *Wehler*, H.-U. (Hrsg.) (244), S. 197 ff.

(104) *Habermas*, J. - *Luhmann*, N.: Theorie der Gesellschaft oder Sozialtechnologie. Frankfurt/M. 1971

(105) *Hallborn*, H.: Der deutsche Idealismus in sozialgeschichtlicher Bedeutung. In: *Wehler*, H.-U. (Hrsg.) (244), S. 85 ff.

(106) *Hartmann*, H. - *Bock-Rosenthal*, E. - *Helmer*, E.: Leitende Angestellte: Selbstverständnis und kollektive Forderungen. Münster 1973 (Manuskript)

(107) *Hauser*, A.: Sozialgeschichte der Kunst und Literatur. München 1967

(108) *Heinen*, E.: Grundlagen betriebswirtschaftlicher Entscheidungen. Wiesbaden 1971

(109) *Hennis*, W.: Demokratisierung — zur Problematik eines Begriffs. Köln - Opladen 1970

(110) *Hentig*, H. v.: Die Wiederherstellung der Politik. Stuttgart - München 1973

(111) *Hillmann*, G.: Die Befreiung der Arbeit. Reinbek bei Hamburg 1970

(112) *Höhn*, R.: Der Wandel im Führungsstil der Wirtschaft. In: Führung in der Wirtschaft. Bad Harzburg 1966, S. 9 ff.

(113) *Höhn*, R.: Führungsbrevier der Wirtschaft. Bad Harzburg 1974

(114) *Hofmann*, W.: Grundelemente der Wirtschaftsgesellschaft. Reinbek bei Hamburg 1973

(115) *Holzer*, H.: Massenkommunikation und Demokratie in der Bundesrepublik Deutschland. In: *Bolte - Neidhardt - Holzer* (38), S. 187 ff.

(116) *Hondrich*, K. O.: Demokratisierung und Leistungsgesellschaft. Stuttgart 1972

(117) *Hondrich*, K. O.: Theorie der Herrschaft. Frankfurt/M. 1973

(118) *Huffschmid*, J.: Die Politik des Kapitals. Frankfurt/M. 1969

(119) *Ipsen*, H. P.: Europäisches Gemeinschaftsrecht. Tübingen 1972

(120) *Joll*, J.: Die Anarchisten. Berlin o. J.

(121) *Jungbluth*, M.: Nicht vom Lohn allein. Hamburg 1973

(122) *Kahn*, R. L. (u. a.): Organizational Stress. New York 1964

(123) *Kaminsky*, G.: Menschengemäße Gestaltung der Arbeitsumgebung. In: *Vilmar*, F. (Hrsg.) (237), S. 56 ff.

(124) *Katzer*, H.: Offen sein für neue Strukturen. In: Soziale Ordnung, Nr. 11/1968

(125) *Kehr*, E.: Soziale und finanzielle Grundlagen der Tirpitzschen Flottenpropaganda. In: *Wehler*, H.-U. (Hrsg.) (244), S. 389 ff.

(126) *Kehr*, E.: Zur Genesis der preußischen Bürokratie und des Rechtsstaats. In: *Wehler*, H.-U. (Hrsg.) (244), S. 37 ff.

(127) *Kevenhörster*, P.: Zur neueren Diskussion von Demokratiemodellen in Politik und Wirtschaft. In: Institut für Wirtschaftspolitik an der Universität zu Köln (Hrsg.): Wirtschaftspolitische Chronik, Heft 1. Köln 1970, S. 32 ff.

(128) *Kluth*, H.: Die „Umwertung" des Berufs. In: Führen in der Wirtschaft. Bad Harzburg 1966, S. 257 ff.

(129) *Kluth*, H.: Soziologie der Großbetriebe. Stuttgart 1968

(130) *König*, R.: Soziologie. Frankfurt/M. 1958

(131) *König*, R. (Hrsg.): Handbuch der empirischen Sozialforschung, Band 2. Stuttgart 1969

(132) *Koselleck*, R.: Staat und Gesellschaft in Preußen, 1815 - 1848. In: *Wehler*, H.-U. (Hrsg.) (244), S. 55 ff.

(133) *Kosiol*, E.: Die Unternehmung als wirtschaftliches Aktionszentrum. Reinbek bei Hamburg 1966

(134) *Koubek*, N.: Arbeitsorientierte Einzelwirtschaftslehre (AOEWL), Mitbestimmung und Gewerkschaftspolitik. In: Gewerkschaftliche Monatshefte 11/1973

(135) *Krech*, D. - *Crutchfield*, R. S. - *Ballaghey*, E. L.: Individual in Society. New York 1972

(136) *Krech*, D. - *Crutchfield*, R. S.: Grundlagen der Psychologie, Band 1. Weinheim - Berlin - Basel 1971

(137) *Kress*, G. - *Senghaas*, D. (Hrsg.): Politikwissenschaft. Frankfurt 1969

(138) *Krysmanski*, H. J.: Soziologie des Konflikts. Reinbek bei Hamburg 1971

(139) *Küller*, H.-D.: Mitbestimmung und Betriebswirtschaftslehre. In: Betriebswirtschaftliche Forschung und Praxis, Heft 1, 1975, S. 26 ff.

(140) *Landshut*, S. (Hrsg.): Das Zeitalter der Gleichheit. Stuttgart 1954

(141) *Landshut*, S. (Hrsg.): Karl Marx — Die Frühschriften. Stuttgart 1952

(142) *Lange*, M. G.: Politische Soziologie. Berlin - Frankfurt 1970

(143) *Lasswell*, H. D.: Politics: Who gets What, When, How. Glencoe 1951

(144) *Lauterburg*, C.: Produktivität und Motivation. In: Blick durch die Wirtschaft, Hefte vom 30. 10. bis 21. 12. 1973

(145) *Leibholz*, G. - *Rinck*, H. J.: Grundgesetz — Kommentar. Köln 1971

(146) *Lenin*, W.-I.: Staat und Revolution. Berlin 1958

(147) *Lepsius*, R.: Strukturen und Wandlungen im Industriebetrieb. München 1960

(148) *Lewis*, W. A.: Die Theorie des wirtschaftlichen Wachstums. Tübingen - Zürich 1956

(149) *Littek*, W.: Industriearbeit und Gesellschaftsstruktur. Frankfurt 1973

(150) *Littmann*, C.: Die Unternehmung als soziales System. In: *Ulrich*, H. - *Ganz-Keppeler*, V. (Hrsg.) (234), S. 55 ff.

(151) *Löffelholz*, J.: Repetitorium der Betriebswirtschaftslehre. Wiesbaden 1970

(152) *Lohmar*, U.: Innerparteiliche Demokratie. Stuttgart 1963

(153) *Lohmar*, U.: Wo Schelsky irrt. In: Süddeutsche Zeitung, 1./2. 9. 1973

(154) *Lütge*, F.: Deutsche Sozial- und Wirtschaftsgeschichte. Berlin - Heidelberg 1966

(155) *Luhmann*, N.: Funktionen und Folgen formaler Organisation. Berlin 1964

(156) *Luhmann*, N.: Politische Planung. Opladen 1971

(157) *Luhmann*, N.: Soziologische Aufklärung. Köln - Opladen 1970

(158) *Maihofer*, W.: Ordnung durch Reform. In: Das Parlament, Nr. 9 vom 2. 3. 1974, S. 9

(159) *Mandel*, E. (Hrsg.): Arbeiterkontrolle — Arbeiterräte — Arbeiterselbstverwaltung. Frankfurt/M. 1971

(160) *Maslow*, A. H.: Motivation and Personality. New York - Evanston - London 1970

(161) *Maier*, K.: Interdependenzen zwischen Mitbestimmung und betrieblicher Partnerschaft. Berlin 1969

(162) *March*, J. G. - *Simon*, H. A.: Organizations. New York 1966

(163) *Markovic*, M.: Entfremdung und Selbstverwaltung. In: Folgen einer Theorie. Frankfurt/M. 1967

(164) *Marx*, K.: Das Kapital. Berlin 1951

(165) *Marx*, K.: Zur Kritik der politischen Ökonomie. Berlin 1951

(166) *Marx*, K. - *Engels*, F.: Manifest der Kommunistischen Partei. Berlin 1963

(167) Marx — Engels — Marxismus. Berlin 1961

(168) *Mauntz*, T.: Deutsches Staatsrecht. München 1968

(169) *Maunz*, T. - *Dürig*, G. - *Herzog*, R.: Grundgesetz — Kommentar. München 1973

(170) *Mayntz*, R.: Soziologie der Organisation. Reinbek bei Hamburg 1963

(171) *Mayntz*, R. (Hrsg.): Bürokratische Organisation. Köln - Berlin 1968

(172) *Mayntz*, R. - *Ziegler*, R.: Soziologie der Organisation. In: *König*, *R.* (Hrsg.) (131), S. 445 ff.

(173) *Messelken*, K.: Die politische Ökonomie des Parlamentarismus. In: *Ortlieb* - *Molitor* - *Krone* (Hrsg.) (194), S. 245 ff.

(174) *Meyer*, E.: Leistungssteigerung durch Motivation. In: Industrielle Organisation, Nr. 12/1973, S. 561 ff.

(175) *Michels*, R.: Zur Soziologie des Parteienwesens in der modernen Demokratie. Stuttgart 1925

(176) *Mills*, C.-W.: The Power Elite. New York 1956

(177) *Mitscherlich*, A. und N.: Die Unfähigkeit zu trauern. München 1967

(178) *Mollenhauer*, K.: Sozialisation und Schulerfolg. In: Deutscher Bildungsrat / *Roth*, H. (Hrsg.): a.a.O., S. 269 ff.

(179) *Müller-Armack*, A.: Wirtschaftslenkung und Marktwirtschaft. Hamburg 1948

(180) *Müller-Armack*, A.: Soziale Marktwirtschaft. In: Handwörterbuch der Sozialwissenschaften. Stuttgart - Tübingen - Göttingen 1956, Band 9

(181) *Nachtwey*, H.-J.: Ursprünge und Bedingungen totaler Herrschaft in Deutschland. Düsseldorf 1963

(182) *Naphtali*, F.: Wirtschaftsdemokratie. Frankfurt 1966

(183) *Narr*, W.-D.: Theoriebegriffe und Systemtheorie. Stuttgart 1969

(184) *Narr*, W.-D. - *Naschold*, F.: Theorie der Demokratie. Stuttgart 1971

(185) *Naschold*, F.: Organisation und Demokratie. Stuttgart 1969

(186) *Naschold*, F.: Systemsteuerung. Stuttgart 1969

(187) *Naumann*, F.: Ausgewählte Schriften. Frankfurt 1949

(188) *Neidhardt*, F.: Die Junge Generation. In: *Bolte* - *Neidhardt* - *Holzer* (38), S. 85 ff.

(189) *Nell-Breuning*, O. v.: Falscher Rentabilitätsbegriff. In: Soziale Ordnung, Nr. 7/8, 1970

(189a) *Neumann-Nipperdey*, T. - *Scheuner*, U.: Die Grundrechte, II. Berlin 1954

(190) *Nipperdey*, T.: Interessenverbände und Parteien in Deutschland vor dem Ersten Weltkrieg. In: *Wehler*, H.-U. (Hrsg.) (244), S. 369 ff.

(191) *Oertzen*, P. v.: Analyse der Mitbestimmung. Hannover 1965

(192) *Offe*, C.: Leistungsprinzip und individuelle Arbeit. Frankfurt/M. 1970

(193) *Offe*, C.: Politische Herrschaft und Klassenstrukturen. In: *Kress - Senghaas* (Hrsg.) (137), S. 155 ff.

(194) *Ortlieb*, H.-D. - *Molitor*, B. - *Krone*, W. (Hrsg.): Hamburger Jahrbuch für Wirtschafts- und Gesellschaftspolitik. Tübingen 1974

(195) *Parsons*, T.: Das Problem des Strukturwandels. In: *Zapf*, W. (Hrsg.) (249)

(196) *Parsons*, T.: Evolutionäre Universalien der Gesellschaft. In: *Zapf*, W. (Hrsg.) (249)

(197) *Parsons*, T. (Hrsg.): Theories of Society. New York 1961

(197a) *Popitz*, H. - *Bahrdt*, H. P. - *Jüres*, E. A. - *Kesting*, H.: Das Gesellschaftsbild des Arbeiters. Tübingen 1957

(198) *Popper*, K. R.: Die offene Gesellschaft und ihre Feinde. Band 2, Bern 1958

(199) *Preiser*, E.: Die Zukunft unserer Wirtschaftsordnung. Göttingen 1960

(200) *Pross*, H. - *Boetticher*, K. W.: Manager des Kapitalismus. Frankfurt/M. 1971

(201) *Raidt*, F.: Die „Ungleichung" Fusion. Bad Harzburg 1972

(202) *Raiser*, T.: Paritätische Mitbestimmung in einer freiheitlichen Wirtschaftsordnung. In: Juristenzeitung, Heft 9, 3. 5. 1974, S. 273 ff.

(203) *Rauch*, H.: Wie werden Wirtschaftsunternehmen in naher Zukunft organisiert sein? In: Die Industrie, Nr. 47/1973

(204) Regierungsentwurf eines Mitbestimmungsgesetzes vom 20. Februar 1974. Bundestagsdrucksache 200/74

(205) *Rich*, A.: Mitbestimmung in der Industrie. Zürich 1973

(206) *Robinson*, C.: Die fatale politische Ökonomie. Frankfurt/M. 1966

(207) *Rose*, K.: Grundlagen der Wachstumstheorie. Göttingen 1971

(208) *Rosenberg*, H.: Die Pseudodemokratisierung der Rittergutsbesitzerklasse. In: *Wehler*, H.-U. (Hrsg.) (244), S. 287 ff.

(209) Sachverständigenkommission zur Auswertung der bisherigen Erfahrungen bei der Mitbestimmung: Bericht. Bundestagsdrucksache VI/334. Auch: Stuttgart - Berlin - Köln - Mainz 1970

(210) *Schäfer*, G.: Demokratie und Totalitarismus. In: *Kress - Senghaas* (Hrsg.) (137)

(211) *Scharpf*, F.: Demokratietheorie zwischen Utopie und Anpassung. Konstanz 1970

(212) *Schelsky*, H.: Mehr Demokratie oder mehr Freiheit? In: Sonderdruck der Frankfurter Allgemeinen Zeitung, 20. 1. 1973

(213) *Scheuner*, U.: Die staatliche Einwirkung auf die Wirtschaft. Frankfurt/M. 1971

(214) *Schischkoff*, G. (Hrsg.): Philosophisches Wörterbuch. Stuttgart 1961

(215) *Schleyer*, H. M.: Das soziale Modell. Stuttgart 1974

(216) *Schmid*, C.: Politik und Geist. Stuttgart 1961

(217) *Schmidt*, R.: Wirtschaftspolitik und Verfassung. Baden-Baden 1971

(218) *Schneider*, D. - *Kuda*, R. F.: Mitbestimmung. München 1969

(219) *Scholz*, R.: Qualifizierte Mitbestimmung unter dem Grundgesetz. In: Der Staat, 13. Band, Heft 1. Berlin 1974

(220) *Schumpeter*, J. A.: Kapitalismus, Sozialismus und Demokratie. München 1950

(221) *Schumpeter*, J. A.: Theorie der wirtschaftlichen Entwicklung. Berlin 1952

(222) *Schwan-Sontheimer:* Reform als Alternative. Köln - Opladen 1969

(223) *Schwarz*, A.: Die Weimarer Republik. In der Reihe: *Just*, L. (Hrsg.): Handbuch der Deutschen Geschichte. Konstanz o. J.

(224) *Seidel*, E.: Führungswandel und Betriebsherrschaft. In: Zeitschrift für Organisation, 1974, S. 137 ff.

(225) *Silvermann*, D.: Theorie der Organisation. Graz 1972

(226) *Sontheimer*, K.: Deutschland zwischen Demokratie und Antidemokratie. München 1971

(227) *Stammer*, O.: Gesellschaft und Politik. In: *Ziegenfuß*, W. (Hrsg.) (250), S. 530 ff.

(228) *Stammer*, O.: Politische Soziologie. In: *Gehlen* - *Schelsky* (Hrsg.) (93), 277 ff.

(229) *Stolz*, O.: Die Gewerkschaften in der Sackgasse. München 1959

(230) *Sweezy*, P. M.: Theorie der kapitalistischen Entwicklung. Frankfurt/M. 1970

(231) *Teuteberg*, H. J.: Geschichte der industriellen Mitbestimmung in Deutschland. Tübingen 1961

(232) *Thieme*, J.: Wirtschaftspolitik in der Sozialen Marktwirtschaft. Hamburg 1974

(233) *Tormin*, W. (Hrsg.): Die Weimarer Republik. Hannover 1962

(234) *Ulrich*, H.: Die Unternehmung als produktives soziales System. Bern - Stuttgart 1968

(235) *Ulrich*, H. - *Ganz-Keppeler*, V. (Hrsg.): Strukturwandlungen der Unternehmung. Bern - Stuttgart 1969

(236) *Vetter*, H. O.: Verfassungsrechtliche Angriffe gegen die Mitbestimmung. In: Das Mitbestimmungsgespräch, Nr. 11/74

(237) *Vilmar*, F. (Hrsg.): Menschenwürde im Betrieb. Reinbek bei Hamburg 1973

(238) *Voegelin*, E.: Die neue Wissenschaft von der Politik. München 1965

(239) *Vogt*, W.: Theorie des wirtschaftlichen Wachstums. Berlin - Frankfurt 1968

(240) Vorstand der Sozialdemokratischen Partei Deutschlands (Hrsg.): Grundsatzprogramm der Sozialdemokratischen Partei Deutschlands. Bonn 1959

(241) Vorstand der Sozialdemokratischen Partei Deutschlands (Hrsg.): Tatsachen — Argumente. Nr. 266/1969, Bad Godesberg

(242) *Weber*, M.: Wirtschaft und Gesellschaft, 1. Halbband. Tübingen 1947

(243) *Weber*, M.: Wirtschaftsgeschichte. Berlin 1958

(244) *Wehler*, H.-U. (Hrsg.): Moderne deutsche Sozialgeschichte. Köln - Berlin 1966

(245) *Wertenbruch*, W.: Grundgesetz und Menschenwürde. Köln - Berlin 1958

(246) *Willenbrock*, E.: Stopp bei fünf Prozent. In: Deutsches Allgemeines Sonntagsblatt vom 16. 2. 1975

(247) *Witte*, E.: Führungsstile. In: *Grochla*, E. (Hrsg.) (98), S. 595 ff.

(248) *Wöhe*, G.: Einführung in die Allgemeine Betriebswirtschaftslehre. München 1973

(249) *Zapf*, W. (Hrsg.): Theorien des sozialen Wandels. Köln - Berlin 1969

(250) *Ziegenfuß*, W. (Hrsg.): Handbuch der Soziologie. Stuttgart 1956

(251) *Zorn*, W.: Typen und Entwicklungskräfte deutschen Unternehmertums. In: *Born*, K. E. (Hrsg.) (39), S. 25 ff.

Papier | Fördert gute Waldnutzung
FSC® C083411

Kolibri 360 GmbH
Ferdinand-Jühlke-Straße 7
99095 Erfurt, Deutschland
produktsicherheit@kolibri360.de

Druck:
CPI Druckdienstleistungen GmbH
im Auftrag der
Kolibri 360 GmbH
Ferdinand-Jühlke-Str. 7
99095 Erfurt